公共应急管理：理论与案例

刘泽照　著

南开大学出版社

天津

图书在版编目(CIP)数据

公共应急管理：理论与案例 / 刘泽照著. —天津：
南开大学出版社，2022.12
ISBN 978-7-310-05812-9

Ⅰ.①公… Ⅱ.①刘… Ⅲ.①突发事件－公共管理－
研究－中国 Ⅳ.①D630.8

中国版本图书馆 CIP 数据核字(2022)第 238938 号

公共应急管理：理论与案例
GONGGONG YINGJI GUANLI：LILUN YU ANLI

南开大学出版社出版发行
出版人：陈　敬
地址：天津市南开区卫津路 94 号　　邮政编码：300071
营销部电话：(022)23508339　营销部传真：(022)23508542
https://nkup.nankai.edu.cn

天津午阳印刷股份有限公司印刷　全国各地新华书店经销
2022 年 12 月第 1 版　　2022 年 12 月第 1 次印刷
240×170 毫米　16 开本　20.5 印张　2 插页　334 千字
定价：88.00 元

如遇图书印装质量问题，请与本社营销部联系调换，电话：(022)23508339

前　言

　　突如其来的新冠肺炎疫情表明，在一个充满高度不确定的现代风险社会，每个生命个体都可能遭遇内外部风险的来袭，应急管理的重要性、紧迫性、艰巨性愈发显著，对应急管理知识普及、相关人才培养和专业建设的需求更加迫切。当前，世界正进入新的动荡变革期，百年未有之大变局加速演进，各种"黑天鹅""灰犀牛"事件频频上演，常常令人猝不及防，人们对安全稳定的社会环境更加期待，对安全发展的心理需要更加渴求，这也对政府公共部门提出更高的治理要求。"促一方发展、保一方平安"。有效应对突发事件，维护社会和谐稳定，是公共管理核心职能的应有之义，也是各级党委、政府和领导干部必须担负的政治责任，突发事件处置和社会风险防范化解已经成为我国政府职能的重要构成和不可或缺的工作选项。时下，风险思维、安全观念、忧患意识以及应急问题正在唤起越来越多人的关注。

　　应急管理是国家治理体系和治理能力现代化的重要组成部分。自 21 世纪初"非典"事件以来，我国政府在应急管理理论与实践领域中不断探索进取，应急管理体系和能力建设取得跨越式发展，积累了诸多宝贵经验，中国特色应急管理制度规范基本形成。然而，与复杂多变的公共安全形势和治理现代化的目标相比，我们在风险治理、应急管理方面的理论研究和实践积累还远远不够，与广大民众的期待还有很大距离，迫切需要加强该领域的改革探索与能力提升。面对未来可能的突发事件风险，我们需要多一些准备、多一些预见，同时少一些侥幸、少一些盲目乐观。"未雨绸缪，防患于未然""吃一堑，长一智"……中国古人的精炼朴实见解赋予我们深刻启示，也应当成为应急管理建设的一个指导思想。治理的短板即为风险之所在，应急管理现代化需要坚持问题导向，持续补足短板，提高处理急难险重任务能力和驾驭复合性风险水平，增强韧性发展的后劲。这是应急管理研究者和实务工作者的共同期待。

　　笔者多年从事应急管理、公共安全等相关专业的本科生、研究生教研工作，其间深刻感受到这一领域研究的重大理论与现实意义，也真切体验到教学是一个双向的学习增能、互惠相长过程。在日常教学和指导学生参加各类竞赛过程中，笔者加深了对公共应急管理理论和应用的认知，学生团队的课程案例分析及优秀的参赛作品也给笔者带来一些启发。同时，学生们的普遍期望是理论与实践的深度结合，希望应急管理课程学习能够"接地气"，基础理论的论述尽可能平实明快、通俗易懂，贴近、映照社会实践，这种需求对那些在职学习的专硕学生、基层部门学员来说感受尤其强烈。基于此，本书整体框架设计和后续写作过程也倾向于能够对接这种广泛期待。

本书以现实性、实用性为导向，沿着公共应急管理"是什么""为什么""怎么办"的整体逻辑展开，采取理论阐述与案例剖析相结合、夹叙夹议的方式，将通用知识介绍和相应案例分析共同呈现出来，在写作风格上尽可能平实、易接受。特别地，在案例分析撰写部分，本书吸收"全国公共管理专业学位研究生教育指导委员会"有关专业型案例的编排写作格式进行展现，既贴合规范标准，也满足部分 MPA 学员的学习需求。

在本书理论篇撰写过程中，我的研究生顾润男做了大量的资料搜集、整理和部分章节的文字工作，杨嘉慧进行了文献格式校正，丁凌、金晶、詹超逸等人参与了前期资料检索、网络核查工作。案例分析篇内容主要根据笔者指导的研究生、本科生参加国家级、省级各类案例大赛及其优秀课程报告修正而成，这其中包括研究生马瑞、张玥、曲直，以及本科生王带宁、杨礼文、陈佳、陈苏云、郎纯嫣、吴嘉怡等。笔者在此基础上对本书的全部章节内容做了进一步修正、完善与统稿工作。

笔者一直认为，撰写一本应急管理的教科书是一件十分严肃的事情，若做不好就会误人子弟，因而自启动该工作以来总是秉持谦卑、严谨的态度去推进。本书的定位是应急管理通识性教材，因而整体论述相对浅显、大众化，适用于高等院校公共管理专业及应急管理方向的高年级本科生、专业学位研究生以及对该领域感兴趣的读者。当代应急管理覆盖面广泛，是一个实践性很强的跨学科专业领域，其发展非常迅速，相关论述不可避免会有一定滞后性，加之个人水平有限，本书难免存在不足之处甚至谬误，敬请各位读者批评指正。

本书结稿前夕，正值新冠肺炎疫情的冲击给世界各国带来一系列重大而深远影响，全球疫情和世界安全形势严峻复杂，我国面临的风险挑战前所未有之际，这也进一步凸显全面加强应急管理工作的极端重要性，本书的出版也算是略尽绵薄之力。习近平总书记在党的二十大报告中提出，要完善国家应急管理体系，构建全域联动、立体高效的国家安全防护体系。这为从事应急管理教研的高校理论工作者指明了前进方向，也为吾辈继续探索前方之路给以莫大的勇气。

最后，感谢南开大学出版社王霆编辑给予的大力支持。同时，本书在编写出版过程中得到江苏师范大学研究生培养质量工程教材建设专项（Y2021YJC0401）和江苏省博士后科研资助计划（2021K147B）的资助，在此一同表示感谢。

刘泽照

2022 年 11 月

目　录

上篇　理论基础

下篇　案例研究

上篇　理论基础

第一章 公共应急管理概述

导读

　　本章内容从相关概念出发，对公共应急管理进行框架性描述，总结概括国内外经典研究成果，引导学员系统全面地把握公共应急管理的基本理论及研究态势。在集体研讨中掌握突发事件、风险、灾害，公共危机等内涵界定，应对突发事件的基本要素环节，从整体上搭建概念链条。本章重点讲述了公共危机特征和类别，我国公共应急管理体系基本内容，以深化对新的历史时期我国公共突发事件应急管理问题的总体认识，形成公共应急管理基本概念和理论的认知框架。

学 习 目 标

➤　了解公共应急管理相关概念及内容

➤　理解公共应急管理主要目标

➤　了解公共应急管理理论的发展演进

➤　掌握公共突发事件基本特征和过程管理

第一节　基本概念和特征

一、相关概念界定

（一）突发事件

公共应急管理是以政府为核心的公共部门针对突发事件展开的一系列响应和治理工作，涉及政治学、管理学、行政学、法学、灾害学、心理学等诸多学科。2007 年 8 月 30 日《中华人民共和国突发事件应对法》（以下简称《突发事件应对法》）颁布以前，国内理论研究和社会话语中曾经使用过"突发公共事件""公共事件""突发性事件""危机事件""紧急事件""意外事件""紧急状态"等多种提法，并未形成一个统一且广泛认同的标准。我国现行法律体系中，对于"突发事件"的含义也存在多样认知，如《中华人民共和国红十字会法》（2017）中"突发事件"与"自然灾害"相并列，《中华人民共和国药品管理法》（2019）中的"突发事件"专指重大灾情、公共卫生疫情，《中华人民共和国人民警察法》（2013）特指突然发生的严重危害社会治安秩序的公共事件，军队有关法律中一般将突发事件处置与作战、戒严、抢险救灾等任务相并列。国内学术研究对"突发事件"的英文翻译也是多样的，出现了"emergency events""public emergency""contingency""accident""catastrophe""crisis incidents"等词汇，"emergency"一词被更多人认可，其核心内容最切合汉语中"突发事件"的原意。一直以来，国内应急管理领域一些学者对"突发事件"的定义也有不同的理解。比如，薛澜、钟开斌（2005）认为，突发事件一般是指"突然发生的，已经或可能对国家制度、社会秩序以及公民的生命财产安全构成威胁或损害，造成恶劣社会影响和巨大伤亡、财产损失的紧急公共安全事件"。童星和张海波（2010）认为，"突发事件指的是突发公共事件，是对灾害的扩展和抽象，除了传统的自然灾害和人为事故外，还包括公共卫生事件和社会安全事件，如新型传染病和恐怖主义袭击等"。

（二）风险、灾害、危机

风险，其英文词根来源于意大利语"risque"，原本是从航海领域衍生而来，航海贸易可能会遭遇礁石、暗礁和风暴，由此诞生了最初意义上的保险制度，保险业将风险定义为发生损失的可能性。在中文语境中，"风险"

一词同样与航海相关。最为普遍的一种说法是：古代渔民出海前会做祈祷，保佑风平浪静、满载而归，因为渔民们在长期实践中深刻感受到"风"带来的未知危险，在其看来"风"就意味着"险"，由此诞生了"风险"一词。韦伯字典（Merriam-Webster）中将风险定义为"遭到伤害、损害或损失的可能性"。《现代汉语词典》（第7版）则将风险定义为"可能发生的危险"。风险是发生不幸事件的概率，具有不确定性，这种不确定性包括发生与否、发生时间和导致结果的不确定。德国社会学家卢曼（Niklas Luhmann）认为，风险和危险的差异在于，风险取决于认知决断，它导致的损失由人的决断决定，危险则先于人的行为决断而定，引致的损害取决于外在因素。无论怎样，风险代表产生不利影响的可能性。

灾害，在英语中被翻译为"disaster"或"plague"，是指对人类和人类赖以生存的环境造成破坏性影响的自然或人为事件。"灾害"一词最早出自《左传·成公十六年》中"是以神降之福，时无灾害"，即天灾人祸造成的损害。在《现代汉语词典》（第7版）中，"灾害"被解释为"自然现象和人类行为对人和动植物以及生存环境造成的一定规模的祸害，如旱、涝、虫、雹、地震、海啸、火山爆发、战争、瘟疫等"。传染病大流行、严重自然灾害、恐怖袭击等都属于灾害，灾害引起的原因既可能来自自然环境，也可能是人为导致。自然灾害的常见类型包括洪水、地震、飓风、泥石流、沙尘暴等；人为灾害的常见类型包括各种生产事故、有毒食品等。灾害带来的损失不仅有人员伤亡、环境破坏，还会导致社会秩序混乱、经济下滑等。例如，2008年我国南方发生低温冰冻雨雪灾害，造成湖南、湖北、贵州、安徽等20个省（区、市）超1亿人受灾，倒塌房屋48.5万间，因灾直接经济损失超1500亿元。需要强调的是，灾害与致灾事件具有明显区别，不属于同一范畴。当致灾事件打破了社会平衡系统，对社会造成人员或财产损失时，致灾事件才成为灾害，譬如若洪水不造成任何生命财产损失，没有破坏原有社会系统平衡时，它只是自然现象而非灾害。

危机，在英语中被翻译为"crisis"或"crash"，最初主要应用于医学领域，指濒临死亡、游离于生死之间的一种状态。国内外许多工具书都对危机一词进行了定义，如《牛津高阶英语词典》（第9版）认为危机指"危险和特别困难的时期"或"决定性的瞬间或转折点"。《现代汉语词典》（第7版）则指出危机意味着"潜伏的危险""严重困难的关头"。《昭明文选·陆机》中提及："众心日陊，危机将发，而方偃仰瞵眄，谓足以夸世。"此处危机解释为潜在的祸害或危险。从学术研究来看，危机的定义角度主要有两种：一是从决策的角度，二是从冲突的角度。美国著名学者赫尔曼（Charles Hermann）认为，危机是威胁决策集团优先目标的一种形势，要求决策集团在非常有限的时间内做出正确反映。荷兰危机管理学者乌里尔·罗森塔尔（Uri Rosenthal）提出，危机是严重威胁社会系统基本结构或基本价值规范的现象，决策者必须在很短时间内、极不确定情况下做出关键决策。美国心理学家凯普兰（Gerald Caplan）最先系统地提出"危机心理"，按其观点，人们总是想保持一种内心稳定的状态，从而使得个体与周围环境相协调。当遇到突发事件和重大危险时，若这种协调和平衡被打破，人们内心便会产生并积蓄紧张和焦虑的情绪，导致自己思想和行为的失控，即危机状态。事实上，中文语境中对危机持有辩证的态度，即危机由"危"和"机"组成，把握时机抓住危机，有可能化"危"为"机"。

（三）韧性

韧性，在英语中翻译为"resilience"，从词源学角度来看，它起源于拉丁语"resilio"，指"回到最初的状态（bounce back）"。而后，这一单词演化为英语单词"resile"并沿用至今。韧性作为学术概念起初应用于材料学领域，学者们通常运用"韧性"解释为什么部分材料能够承受荷载而不会断裂。20世纪50年代至80年代，"韧性"一词延伸至心理学领域，在儿童精神问题方面的研究应用尤为广泛。1973年，加拿大生态学家霍林（Holling）将韧性思想应用到系统生态学领域，用于描述生态系统中变量平衡的稳定状态；20世纪80年代，韧性概念及其应用扩展到灾害管理领域，此后又逐渐延伸至人类生态学。多年来，诸多学者从不同学科领域和研究视角对"韧性"概念开展了研究，不仅深化了学术界对韧性概念的认知，更为韧性理论的形成与发展奠定了坚实的理论基础。[①]

纵观"韧性"概念的发展过程，经历了"工程韧性→生态韧性→演进韧性（社会与生态韧性）"的两次转变。从工程韧性角度来说，韧性指一种恢复原状的能力，霍林将其概括为特定系统受到扰动后恢复平衡或保持稳定状态的能力。随着学术界对系统和环境特征及其作用机理的深入探索，霍林修正了其对韧性概念的界定并提出了生态韧性，认为韧性应当涵盖系

---

① 汪辉、徐蕴雪等：《恢复力、弹性或韧性？——社会—生态系统及其相关研究领域中"Resilience"一词翻译之辨析》，《国际城市规划》2017年第4期，第84页。

统在改变自身结构前所受到的扰动量级。伯克斯（Berkes）和福尔克（Folke）认为生态系统可以存在多个平衡状态，换言之，系统的扰动可以促使其从一个平衡状态转向另一个平衡状态。而后，在生态韧性的基础上，学者们提出了演进韧性的概念。学者沃克（Walker）等提出韧性不应该仅仅被视为系统对初始状态的恢复，而应被视为复杂的社会生态系统回应压力和限制条件而激发的一种变化、适应和改变的能力。当前，随着社会风险的日益复杂，韧性概念引起了广泛的关注与应用，成为应急管理等新兴学科领域的研究重点和前沿内容。

（四）公共危机与公共应急管理

公共危机，简单来说就是指一个突然发生的事件对公众日常生活、工作甚至是生命财产构成严重威胁的状态。童星、张海波曾明确提出，我国所面临的公共危机可以划分为三类：一是"诱发型"危机，一般指政府在突发事件中的不作为或处理不当，引发公众质疑，比如2015年天津港"8·12"瑞海公司危险品仓库特别重大火灾爆炸事故，2019年江苏无锡"9·28"特别重大道路交通事故等；二是"原发型"危机，指政府不作为或处置失当导致突发事件，政府成为危机的一部分，比如2019年湖南省浏阳市碧溪烟花制造有限公司"12·4"重大爆炸事故，2020年福建泉州欣佳酒店"3·7"重大坍塌事故，2021年河南郑州"7·20"特大暴雨灾害等；三是"关联型"危机，是指政府与危机的产生并无直接关联，但政府官员的行为失当引发公众对政府的质疑，导致政府公信力降低并面临危机，比如2022年河北唐山烧烤店打人事件后发生多人实名举报官员等。

公共应急管理是指面对公共危机事件，在事前预防、事中处置、事后恢复的过程中，政府公共部门组织相关力量，执行相关措施来保证民众生命和财产安全，维护正常社会秩序的综合过程。"居安思危，预防为主"是应急管理的指导方针。闪淳昌和薛澜（2020）将政府应急管理分为三个阶段，各个阶段都有其独特特征（如表1-1所示）。

表 1-1　全球应急管理发展阶段及特点

主要特点	划分阶段		
	前应急管理时期 （20世纪50年代前）	应急管理规范期 （20世纪50—90年代）	应急管理拓展期 （21世纪以来）
应急管理理念	单项灾害管理	综合应急管理	国家应急管理体系
管理主体	临时性机构 政府参与	专门的应急管理综合协调机构	政府主导，全民参与

续表

主要特点	划分阶段		
	前应急管理时期 （20世纪50年代前）	应急管理规范期 （20世纪50—90年代）	应急管理拓展期 （21世纪以来）
管理内容及特点	一事一管 一事一议专案处理	强调准备体系的平战结合提出全流程应急管理模式	涵盖各类突发事件的管理体系 强调国土安全
管理手段	单行法律 临时的行政行为	制定基本法 完备的管理流程与制度	完善整个法律体系 建立综合性国家事故反应计划
理论基础	——	命令——控制	可持续发展模式 适应性团队

　　公共应急管理是针对各类公共突发事件的应对与治理体系。从管理主体来看，应急管理是由政府主导，企事业单位、社会部门、志愿服务组织等协同配合的集体行动；从管理对象来看，应急管理针对各种突发事件，包括自然灾害、事故灾难、公共卫生事件和社会安全事件等；从管理过程来看，主要包括预防与准备、监测与预警、应急处置与救援、事后恢复与重建等综合环节，每个过程的任务各不相同，形成完整的应急管理体系。

　　特别地，"脆弱性-韧性"理论框架是当代公共应急管理中的一个重要认知观点，科学研究中"脆弱性"与"韧性"的概念密切关联。比较典型的观点包括：

　　（1）脆弱性和韧性分别处在同一连续体的两极。一极为脆弱性，即导致灾害的原因；另一极是韧性，即抵抗与应对灾害的能力。脆弱性与对抗灾难的能力有关；脆弱性意味着低水平的（而不是缺乏）灾害韧性和有限的恢复能力。韧性联盟（Resilience Alliance，RA）认为系统韧性导致脆弱性，换句话说，具有较强脆弱性的事物并不非常有韧性，反之亦然。

　　（2）脆弱性和韧性互为组成要素。随着研究对象的拓展和学科的交叉发展，脆弱性的定义突破了"内部风险"的局限开始向外延伸，特别是在城市脆弱性-韧性研究中，脆弱性与韧性的关系被重新定义。脆弱性被视为城市系统遭受自然或人为危险时所表现出的敏感性；韧性则是系统为回应压力和限制条件而产生的变化、适应和改变的能力。在城市系统中，我们常通过对脆弱性的评价来反映韧性情况，以此实现城市脆弱性与韧性研究的结合。换言之，在该视角的研究中，脆弱性与韧性并非一对反义词，而是构成了新的研究维度，形成了良好互动关系。

（3）韧性的应用：主要指可持续恢复（sustainable recovery）。当代社会风险的不确定性日益显著，"韧性"的理念被不同学科和政府实务部门广泛应用，尤其在公共安全治理领域有着突出影响。聚焦可持续恢复，其本质是采用多种方法和治理工具将受灾对象恢复到灾前正常水平的过程。

二、公共危机特征与类别

（一）公共危机特征

1. 突发性

突发性，或称紧迫性、紧急性，主要针对公共危机发生的时间范畴，往往指公共危机在意想不到、毫无准备的情况下突然暴发，导致波及对象措手不及。比如，2019 年江苏响水天嘉宜化工有限公司"3·21"特大爆炸事故、2020 年开始的新冠肺炎疫情等。由于事件突发，社会系统可紧急启用的资源有限，加之信息不对称、组织体系缺陷等，容易诱发衍生的灾害。但是，突发性并不意味着危机是不可预防。公共危机的形成本质上是一个从量变到质变的过程，酝酿危机的因素在特定环境下逐渐积累并暴发。很多情形下，由于前期过程未引起足够关注，危机的暴露在极短时间内呈现出突发性和紧迫性。换言之，政府公共部门对于危机量变演化过程的及时介入、干预非常重要。自然灾害虽然在很多情况下难以避免，但却可以通过提前预警、准备等工作减少损失或降低损害。因此，在公共危机暴发前切实做好风险防控和应急准备工作，建立健全危机监测机制，准确捕捉危机信号，并做出科学预测和判断，是应对公共危机的关键。

2. 公共性

公共性是将公共危机与其他类型危机区分开来的重要特征。公共危机的"公共性"不仅指危机发生地域，还指危机的影响范围和损害范围。公共危机威胁的是公共利益和公共安全，其产生的影响远远超越了个人、地区的范畴，甚至涉及整个国家乃至全球利益和秩序。需要明确的是，公共危机直接涉及的范围不一定是普遍的社会公共领域，也可能只是较为狭小的某个区域或部分群体，但由于信迅速扩散等原因引发了公众的关注和热议，造成了大范围的不良影响。因此，为了避免公共危机造成公众心理恐慌或更大的公共利益受损，政府公共部门要通过有序的组织协调，调动公共资源和社会力量，采取有效措施来共同防范事态的负面发展。

3. 破坏性

破坏性，或称威胁性、危害性，这是公共危机的本质特征。危机暴发会威胁到一个社会或者组织的某些发展领域，主要表现为对生命财产、社会秩序、公共安全等的严重破坏，甚至冲击社会系统的基本价值目标和行为准则。这种威胁性可以有以下区分：第一，直接威胁和间接威胁。公共危机在造成直接损害的同时，可能会存在间接破坏，比如不法分子趁火打劫，境外势力伺机捣乱、谋求不法利益，都会加剧公共危机的威胁程度。第二，有形威胁和无形威胁。常见的公共危机威胁都是有形的，比如地震、海啸、洪水等自然灾害会使房屋倒塌、堤坝冲毁、人员伤亡、通信受损等，严重影响人们的正常生产和生活秩序。而当危机危害到人们的心理健康，冲击社会基本价值观时，则产生无形威胁。第三，短期威胁和长期威胁。有些公共危机的破坏性可能在危机发生的初期便立即显现，而有些则要经过一段时间才会有所反映，且形成影响不易消除，比如洪水对区域地质的潜在影响。

4. 不确定性

由于自然和社会环境的复杂性、人类自身的有限理性以及信息的不对称性，公共危机往往呈现不确定性特征。所谓不确定性，是指人们不可能或无法对问题和趋势进行客观确定的情形。面对公共危机，人们往往根据经验或依赖洞察力、敏感性、专业知识甚至运气对危机进行预判，而不确定性则意味着人们很难对危机进行逻辑预测和因果阐释。其原因是，当危机发生时，面对内外部多变的局势，常规的管理措施和政策很难发挥作用，决策者往往会陷入压力困境：一方面，公众和社会系统要求决策者做出有效决断；另一方面，决策者却很难掌握全面、准确的危机信息。具体而言，公共危机的不确定性主要表现为状态、影响和回应的不确定性。首先，公共危机的发生时间、地点、形态和性质常常是无规则的，即使运用先进的技术手段也难以做到事先预测。其次，由于状态的不确定性，危机的影响也存在极大变数，影响的范围、程度、损失大小等常常很难确定。最后，机构组织和人为因素的动态性使得危机的回应过程充满变数，这些都有可能导致公共危机的演化和结果发生突变。

（二）突发事件分类分级

国内外对于公共危机有着不同的分类标准。在我国，按照《突发事件应对法》第三条规定："本法所称突发事件，是指突然发生，造成或者可能造成严重社会危害，需要采取应急处置措施予以应对的自然灾害、事故灾难、公共卫生事件和社会安全事件。"如表 1-2 所示。

表 1-2　《中华人民共和国突发事件应对法》中突发事件类型（2007）

类型	具体类别
自然灾害	水旱灾害，气象灾害，地震灾害，地质灾害，海洋灾害，生物灾害和森林草原火灾等
事故灾难	工矿商贸等企业的各类安全事故，交通运输事故，公共设施和设备事故，环境污染和生态破坏事故等
公共卫生事件	传染病疫情，群体性不明原因疾病，食品安全和职业危害，动物疫情，以及其他严重影响公众健康和生命安全的事件
社会安全事件	群体性事件，恐怖袭击事件，经济安全事件和涉外事件等

根据《突发事件应对法》，可以预警的自然灾害、事故灾难和公共卫生事件分为四级，即 I 级、II 级、III 级、IV 级，用红、橙、黄、蓝颜色来进行区分（详见表 1-3）。I 级指特别重大突发事件，对社会造成极其严重影响；II 级指重大突发事件，对社会产生严重影响；III 级指较大的突发事件，对社会产生较重的影响；IV 级指一般性的突发事件，对社会产生一般影响。

表 1-3　突发事件四级预警

突发事件等级	威胁程度	预警颜色
I 级（特别重大）	I 级（特别严重）	红
II 级（重大）	II 级（严重）	橙
III 级（较大）	III 级（较重）	黄
IV 级（一般）	IV 级（一般）	蓝

资料来源：《中华人民共和国突发事件应对法》（2007）。

三、公共应急管理特征

从整体上来看，当代公共应急管理具有以下基本特征[①]：第一，就应急管理主体来说，它包括政府、军队、非政府组织、企业和个人等，体现了"全社会共同参与"的原则；第二，就应急管理的客体来说，它包括自然风险、技术风险与人为风险，体现了"全风险"的原则；第三，就应急管理

[①] 王宏伟主编《公共危机管理》，中国人民大学出版社，2019，第11-12页。

运作过程来说，它包含了减缓、准备、响应和恢复重建等阶段，体现了"全阶段"原则。在此基础上，本书将公共应急管理（以下简称应急管理）的特征概括为四个方面：主体多元、行政强制、管理有限、防患未然。

（一）主体多元

应急管理是现代政府职能之一，各级政府都扮演着重要角色。但是，有效的应急管理不仅需要政府部门介入，还需要社会、企业、公民、志愿组织乃至国际机构之间的通力合作，以调动更多的资源实现治理赋能。随着全球化、网络化、数字化趋势的深入发展和生态环境变化，社会各个领域的交互影响和依赖性不断加强，各种"黑天鹅""灰犀牛"等突发事件的发生演化日趋复杂，全球性突发事件呈多发、频发态势，且危害程度显著增加。面对当代"地球村"，一个国家或地区发生了公共危机，其影响可能会快速传递波及其他国家和地区，如2022年俄乌冲突及其国内危机给全球带来一系列深远影响。尽管政府是应急管理的核心责任主体，但若没有全社会力量的共同参与，突发事件的应对很可能遭遇挫折。

（二）行政强制

应急管理的重要依托是行政权力，而行政权力是具有强制性的。所谓强制性权力，是社会成员必须服从的公权力，是实现紧急状态下社会有效管理的必要保障。在实际的公共危机应对过程中，政府公共部门可以运用强制性权力，开展应急救援和响应工作，采取一系列有别于常态条件下的紧急措施。《突发事件应对法》（2007）规定，县级人民政府对本行政区域内突发事件的应对工作负责；涉及两个以上行政区域的，由有关行政区域共同的上一级人民政府负责，或者由各有关行政区域的上一级人民政府共同负责。这从法律上明确界定了地方政府应急管理的职能。需要明确的是，尽管在特殊状态下，政府可以依托强制力采取非常手段，但应对突发事件必须符合法律要求或授权，绝不能使公权力成为行政人员的私权，造成恣意妄为的情形。因此，在实施应急处置过程中，社会必须对政府公共部门进行有效监督，使管理者受到法律的约束并接受公众监督。

（三）管理有限

管理有限性主要体现在如下方面：第一，应急管理的对象和预测具有不确定性。尽管危机事件的暴发有迹可循，但是在何时何地、以何种形式、造成何种规模和何种后果的影响，具有不确定性。比如美国"9·11"事件，其发生过程和最终导致后果很大程度上不可预测，这也使得政府应对突发事件的难度加大。第二，应急管理的处置具有紧急性。这主要是指突发事件风险演化呈现复杂性、耦合性，要求决策者在极其有限的时间内采取处置措施。比如人质劫持事件。第三，应急管理的环境具有多维性。危机管理和响应对象主要是面向社会公众，突发事件影响下的公众往往处于紧张、恐慌、激动的情绪之中，加上外部社会舆论、新闻媒体渲染，加大了现实应急管理的难度。

（四）防患未然

应急管理的重点在预防，即通过科学的监测预警，预先采取防范措施，防止风险升级为公共危机或者减轻危机暴发的伤害。公共危机诱发的成因，可以分为人为因素和自然因素以及两者的共同作用。人为因素引发的公共危机事件，通常可以采取一定措施进行防范规避，如重大舆情事件。由自然因素以及两者交互作用引发的公共危机事件，更侧重通过科学干预降低损害，其关键在于干预的程度、成本以及技术。以洪涝灾害为例，可以通过气象监测、水位监测等工作进行洪灾研判，采取措施防范、化解洪涝造成的公共危机或减少危机侵袭时造成的损失，包括开闸泄洪等。为了充分发挥防范、化解风险的作用，政府公共部门要特别重视常态环境下未雨绸缪、防患未然。除了通过各种形式的教育培训树立全民风险防范意识外，更要着力健全风险预警、危机学习机制，构建全要素、全链条、全过程的风险预控体系。

第二节　公共应急管理体系

公共应急管理体系主要由应急法律、应急体制、应急机制、应急预案、应急文化、应急技术这几部分组成。

一、应急法律

此处的应急法律是个泛称，指公共部门针对各类突发事件而制定的专门性的法律法规和规范标准，对公共部门应急行为起到约束作用。在现代法治国家，为了防止公共危机对整个国家的社会生活和社会秩序产生巨大冲击，政府需要借助行政强制力和配套的法律法规进行有序管理和控制，以达到维护社会和谐稳定的目的。正因如此，现代国家形成了以宪法中的紧急条款和紧急状态法、突发公共事件应急法为核心和主干的应急法律。

针对公共应急管理过程中暴露出的缺陷和薄弱环节，世界各国高度重视相关法律法规建设。我国应急管理法治建设虽然起步较晚，但在实践中不断健全完善。2003 年前我国以单行性的应急法律为主，2007 年《突发事件应对法》出台，标志着我国应急法律逐步向体系化迈进，经历了从无到有，从分散到整合的发展过程，同时专项领域的应急法律和安全立法也获得快速推进。2022 年 7 月 5 日，国务院办公厅印发了《国务院 2022 年度立法工作计划》，其中强调"围绕统筹发展和安全、完善国家安全法治体系"，明确提及制定网络数据安全管理条例，预备提请全国人大常委会审议危险化学品安全法草案、国家综合性消防救援队伍和人员法草案，以及预备制定煤矿安全条例等。总体而言，面对当代各类公共突发事件，为了实现响应及时、保障有力、应对科学的治理目标，我国政府强化了应急法律层面的制度设计和行动安排：初步形成了以《突发事件应对法》为基本法，包括《国家安全法》《传染病防治法》《防震减灾法》《安全生产法》《食品卫生法》《水法》《消防法》等五十余部单行法在内的全方位、多层级、宽领域的应急法律体系。

二、应急体制

体制和机制的概念有所不同。"体制"在《辞海》（第 7 版）中定义为：国家机关、企事业单位在机构设置、领导隶属关系和管理权限划分等方面的体系、制度、方法、形式等的总称。简而言之，即特定主体内部的组织构造。"机制"是指体制之下的具体工作方式。体制和机制是包含关系，机制在体制内部进行规划构建。

应急体制是行政管理体制的重要组成部分，通常是指应急管理机构的组织形式。应急体制作为一个横向机构和纵向机构、政府机构与社会组织相结合的复杂系统，主要包括应急管理的领导指挥机构、专项指挥机构以及日常办事机构，具体而言是国家机关、军队、企事业单位、社会团体、公众等各利益相关方在应对突发事件过程中在机构设置、领导隶属关系和管理权限划分等方面的体系、制度、方法、形式等的总称。政府（包括中央和地方政府以及职能部门）在应急管理中起主导作用，依据宪法和相关法律法规，行使应急行政权力，同时协调水平和垂直方向的权力关系，即同级水平之间和上下级（中央和地方）之间的关系。应急体制是为了保证应急管理活动顺利开展和有效整合社会资源，其解决的核心问题涵盖三个方面：第一，在应急指挥架构下，合理确立和划分各相关机构/部门的职责，形成统一指挥、权责明确的纵向和横向应急管理体制。第二，制定明确的应急管理程序，实现应急管理行动在法治框架下的高效运转、规范有序。第三，通过组织整合、资源整合、信息整合和行动整合，形成总体统一的管理责任划分机制。

应急管理体制存在着两种模式：传统模式和职业模式。所谓传统模式，即民防模式，强调指挥与控制，突显一线应急救援力量的作用，遵循等级化及标准化的程序；职业模式是西方研究语境下的一种公共应急管理模式，强调依托综合性力量应对各种风险，认为不同应急组织之间存在相互依赖关系，主张组织之间以解决问题为导向，形成一种公共应急管理网络，其理念包括：应急管理面对不同类型灾害，任何个人、群体或组织都不能单独应对，提倡相互合作、共同应对；公众即使没有动员，也会自发地响应；当多个组织对灾害进行响应时，应急主体之间不表现为自上而下式的等级关系；在灾害情境下，偏离应急活动方案是经常发生的，也是有必要的。传统模式的主要特点是明确的上下级关系，以官僚机构为核心，命令式处置公共危机；职业模式则强调合作、沟通与协调，淡化科层体系下部门之间的命令关系。实际上，在现实很多突发事件情境中，一般需要同时运用传统模式和职业模式。

三、应急机制

早在 2003 年 10 月，党的十六届三中全会就明确提出"建立健全各种预警和应急机制，提高政府应对突发事件和风险的能力"。特别地，党的十八大以来，在中央和地方政府相关法律法规与政策文件中，均对应急机制的建设做出了明确要求。应急机制，体现在公共突发事件应对全过程之中，包括事前、事发、事中和事后环节中各种系统化、制度化、程序化、规范化和理论化的方法和措施。具体而言，应急机制主要包括三个方面的内容：第一，具有普适性的应急管理措施和方法的集成，是在总结、积累应急管理实践经验基础上形成的制度化成果。第二，关于应急管理的机构设置以及建立在相关法律法规、部门规章基础上的应急管理工作流程，保障突发事件发生时各个部门相互配合，更好地处理突发事件。第三，以应急管理过程和环节为主线，涵盖事前、事中和事后各阶段，包括预防、监测、预警、响应、救援、恢复与重建等各环节在内的运作流程。我国的应急机制建设较晚，处于不断完善与发展过程中。现代社会系统具有高度复杂性和不确定性，区域间日益增强的关联依赖使得风险呈现出新的特点，也给应急机制运行带来挑战。一方面，风险的类型和发生区域、领域不断增加；另一方面，风险传播体现了高度的跨域性，不再局限于单一的领域或区域。因此，为了更好应对跨域突发公共危机事件，当代应急管理更加关注跨区域的协调联动和府际合作问题，以健全公共应急机制，保障人民群众的生命财产安全，维护社会和谐稳定。

四、应急预案

应急预案是在实践经验基础上，通过构建一套系统完整、具体前瞻性的行动计划或方案，更好地应对各类公共突发事件，其主要作用体现在对潜在或已发生的突发事件进行辨析、评估，实现应急管理工作的一种预控性制度安排。

（一）预案目标——消减脆弱性

脆弱性（vulnerability）意指"被伤害"或面对攻击时无充足准备或足够力量去防御，导致生命、财产及环境发生损害的可能性。在灾害研究中，脆弱性一般被定义为暴露于多种危险源之下而没有足够能力来应对其不利影响。具有脆弱性的节点往往容易形成事件链条，进而发展成为事故灾难的爆发因素。因此，如果脆弱性能够提前得到辨识和有效控制，通过系统的应急准备措施克服事件演变过程中可能出现的脆弱性，会明显提高应对突发事件灾害的抗逆力。

（二）预案要求——展现韧性

21世纪以来，"韧性"这一概念在灾害管理与应急管理的应用中不断扩展，联合国减少灾害风险办公室，又称联合国减灾署（UNISDR）对韧性的定义为：一个系统、社区或者社会暴露于危险时能够通过及时有效方式进行抵抗、吸收、适应并从其影响中恢复的能力，包括必要的基础设施和功能。应急预案制定的本质要求就是展现公共部门的韧性目标。

（三）预案趋势——全过程情景化

2003年后我国持续发展以"一案三制"为主要内容的应急体系，其中应急预案建设实现了"横向到边，纵向到底"的总体目标，加强了各级政府的应急准备能力，使其处于公共应急体系的关键位置。从应急预案体系来看，我国单灾种的应急预案制定已较为完善，其应急理念也体现出预防和灾后的两头纵深。当前，我国应急管理体系正向 4.0 时代升级跃升，应当更加注重整体性、科技型导向的预案实践探索，通过运用新兴技术加强预案的编制，大力推动全过程情景化建设。

五、应急文化

应急文化是一种具有潜在影响的应急管理思维，它表现在应急实践活动和个体行为中，也体现于人们的观念形态和应急管理制度之中。具体而言，应急文化指的是个人、组织以及社会在防范和应对突发事件或公共危机过程中呈现的物质、精神、制度和行为等多维度形态。通俗地说，应急文化是一种防灾避险、自救互助、团结合作的安全文化。应急文化以实现救援、保障安全为目标，以主体价值观为核心，以规范、制度和物资为载体，以演练、培训、教育为手段，在一定程度上影响人们在突发事件环境下的心理和行为，影响应急管理效能发挥。应急文化是一个包括应急物质文化、应急精神文化、应急制度文化和应急行为文化在内的立体系统。在公共应急管理中，应急文化发挥导向、凝聚、激励和规范功能。必须强调的是，各国应急文化建设各有不同、各具特色，我国需要批判性吸收，将应急文化建设视作一项战略性、综合性的系统工程。

六、应急技术

技术支撑体系是实现应急管理科学决策的重要依据，其能保障应急行动的高效开展。总体上来说，应急技术体系主要包括以下四个方面：信息化的应急联动响应系统、应急过程中的事态检测系统、后果预测与模拟系统和应急响应专家系统。应急管理技术体系主要是依托先进电子信息技术、信息系统和应急资源，结合软硬件设施，实现应急管理技术层面的多网整合。随着互联网、大数据、人工智能等前沿应用技术的飞速发展，应急管理技术日趋智能化、数字化（如图 1-1 所示）。以应对地震灾害为例，我国强化构建融合网络、信息、通信、地信、地震等多个基础学科知识在内的地震应急指挥技术系统，以科学监测和应对地震灾害。这其中包括地震现场灾害损失调查技术系统、无人机技术、遥感技术和地震烈度仪测试技术，构成地震烈度调查与损失评估技术系统；还包括地震现场流动监测技术系统。①这些专业技术系统持续增强了我国的地震应急能力，保障了地震发生后救援单位快速、高效地组织开展地震应急工作。进入数字时代，数字技术为提高应急管理能力提供了新兴治理工具，数字思维为创新应急管理模式提供了全新的选择。从数字技术赋能应急管理视角出发，一方面，通过新兴技术在紧急状态下高效采集有效信息，降低信息不对称性对应急处置的影响，提升应急管理的效率；另一方面，新兴技术在实践活动中发挥积极作用，比如人工智能优化震源信号的探测与分析、大数据技术对信访事件的治理与风险预警、健康码功能在新冠肺炎疫情中的识别认证等。应急技术的升级与应用能够突破传统应急管理模式的限制，显著提升应急管理的效能。

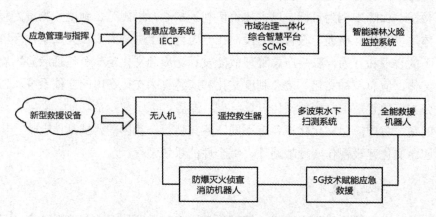

图1-1 部分智能应急技术图示

第三节 国内外相关理论

当代应急管理研究的一个典型特征是多学科交叉。总结应急管理实践经验和教训，各国研究者不断丰富发展了公共应急管理的基本理论及研究成果。公共应急管理的理论主要包括两大维度，一是成因论，二是生命周期论。前者主要包括风险社会理论、社会冲突理论、群体心理理论、社会过渡理论等。后者主要包括斯蒂文·芬克（Steven Fink）危机传播四阶段理论模型、米特罗夫和皮尔逊（Mitroff & Pearson）五阶段模型等。

---

① 张炜超、郭安宁、孙昱等：《现阶段我国地震应急技术框架分析及评价》，《中国安全生产科学技术》2019年第11期，第107-112页。

一、国外相关理论

（一）成因理论

成因理论是多个具体理论的集合概称，主要从经济、社会、心理等各个方面阐析风险及公共突发事件产生的原因，进而有针对性地防范和降低危机发生的可能性。

1. 风险社会理论

1986 年，德国社会学家乌尔里希·贝克（Ulrich Beck）在《风险社会》一书中正式提出了"风险社会"的概念，借指西方后现代社会面临的现实风险，也被一些研究者称为后工业社会、信息社会。这种风险主要分为制度化风险和技术性风险，影响范围涉及全球，预测和处理的难度很大。

伴随全球化的发展，人类活动与技术变革对自然界的影响越来越大，也由此产生一系列新的、全球性的风险，威胁着人类生存与发展。在风险社会中，风险具有鲜明特征。第一，内生性。风险的产生主要来自人的活动和关联行为，不是由自然界衍生而来，往往伴随着人的决策过程；第二，延展性。风险跨越时空的局限，不再局限于某一个地区和国家，相反会超越国界或某个历史时期；第三，后果的严重性。虽然某些风险概率很低，如"黑天鹅"事件，但是一旦发生将造成极其严重的影响；第四，现代性。回应新的风险需要采取现代技术，运用大数据、数字化等新兴手段，提高现代性的反思能力来建构应对风险的新机制。风险社会时代，更加需要科学、完备的应急体系来应对各类新兴风险。

2. 风险的社会放大论

1988 年，罗杰·E. 卡斯帕森（Roger E. Kasperson）等人提出了"风险的社会放大"框架（the Social Amplification of Risk Framework，SARF）。根据该理论，一些很小的风险问题或者风险事件，经过社会媒介的多层次、多角度、辐射性的传播后，将会产生极其扩大化的社会后果，并超出风险事件本身的实际状况。风险的社会放大框架隐含有两个作用机制：信息传递机制和社会反应机制。风险通过社会信息系统和风险信号放大站而被逐层级放大，产生一系列扩大社会反应，导致超出原始事件而产生次级影响。进而，次级影响被社会群体和个体感知，产生第三级影响。这些影响可能传播或波及社会系统的其他方面，形成"涟漪效应"。

3. 社会冲突理论

社会冲突引发社会变迁，社会变迁又加剧了社会冲突。社会冲突理论是针对结构-功能主义思想进行批判而提出的一种理论思路，主要阐释社会冲突起因、形式、制约和影响因素。刘易斯·A. 科塞（Lewis A. Coser）的《社会冲突的功能》、西摩·马丁·李普塞特（Seymour Martin Lipset）的《一致与冲突》、兰德尔·科林斯（Randall Collins）的《冲突社会学——一门解释的科学》等著述中都有该理论的具体论述。一般认为，不平等的社会系统使下层民众怀疑资源、权利分配的合法性与角色的强制性安排（如种族歧视法律导致黑人运动），对立阶级之间由于利益争夺而形成冲突与危机。科塞则认为，冲突是价值观、信仰以及对于稀缺地位、权利和资源分配的争斗。当价值观念存在差异、社会资源稀缺、权利地位争夺时，人们会对这种分配的不公正表现出失望、愤怒，从而产生冲突。冲突不仅具有正面功能，还有负面功能。科塞主要强调冲突的正面功能，包括整合社会群体、促进新社会群体的产生、促进新规范和制度的建立等。然而，一旦这种冲突增大，会对社会产生不利影响，进而导致公共危机发生，故科塞提出了著名的社会"安全阀"思想，认为社会应该保持开放、灵活、包容的状态，通过可控、合法、制度化的机制使各种社会紧张能够得以释放，社会诉求得以回应，社会冲突得以消解。

4. 其他成因理论

法国社会心理学家古斯塔夫·勒庞（Gustave Le Bon）在《乌合之众：大众心理研究》中提出了"群体心理狂热"的概念，认为当个人是一个孤立个体时，会表现出鲜明的个性化特征；而当其融入群体后，所有个性都会被这个群体所淹没，其思想也会被群体思想所取代。随着现代信息技术的发展，信息传播的速度越来越快，网络空间监管面临新的挑战，当多数人对特定事物形成非理性看法时，其可能通过网络产生煽动作用，群体狂热心理朝着不当趋势发展甚至会诱发骚乱暴动等严重后果。譬如，2019年发生的香港修例风波就存在典型的群体性煽惑、洗脑与撕裂行为，导致严重暴力冲击地区法治基石的后果。

此外，转型社会过渡理论认为，转型期的社会结构变迁会引发一系列社会问题和矛盾，如犯罪率上升、人际关系冷漠。代表人物包括美国学者亨廷顿（Huntington），他在其著作《变化社会中的政治秩序》一书中阐述了现代化的双重后果，即"现代性孕育着稳定，现代化过程却滋生着动乱"。① 在社会转型期，不同利益和权利得到重新分配，矛盾会被激发，从而引发公共危机，危机通常呈现出高频次、大规模、危害深的特点，并随着全球化环境而不断扩展，给危机的应对带来更大难度。

（二）生命周期理论

生命周期理论在危机管理领域的应用范围较为广泛，其中最为典型的是三阶段模型，它把危机管理分成危机前、危机中和危机后三个阶段，每一阶段可再分为不同的子阶段。此后该理论进一步细化，出现了 PPRR 四阶段理论、罗伯特·希斯（Robert Heath）的 4R 模型、米特罗夫和皮尔逊（Mitroff & Pearson）的五阶段模型等。

1. PPRR 四阶段理论

PPRR 四阶段理论由美国危险管理学者斯蒂文·芬克提出，该理论把危机管理分成四个阶段，即预防（Prevention）、准备（Preparation）、反应（Response）和恢复（Recovery），主张根据各阶段特征做好应急处置工作。首先，在危机发生之前，强化预防功能，对政治、经济、社会、生态等环境进行评估，识别风险因素，及时采取应对措施。其次，针对可能发生的灾害或危机制定应急预案，建立监测预警机制，危机发生时第一时间做出反应。再次，在应急处置过程中，要及时找出风险源头，最大限度遏制危机蔓延，同时防止不实信息的传播以免造成更大危害；最后，在危机结束之后，强化恢复重建工作以及个体心理疏导，并进行系统反思总结。

美国国家安全委员会对 PPRR 四阶段理论进行了修正，将第一个阶段的预防改成缓和，即缓和（Mitigation）、准备（Preparation）、反应（Response）、恢复（Recovery），所以该理论又被称为"MPRR 模式"。

2. 罗伯特·希斯的 4R 模型

美国危机管理专家罗伯特·希斯在《危机管理》一书中率先提出了 4R 模型（如图 1-2 所示），具体指缩减（Reduction）、预备（Readiness）、反应（Response）、恢复（Recovery）。4R 模型理论强调危机应对的目标模式——减少危机情境的攻击力，做好处理危机准备和应急响应，以及在危机状态下快速恢复。缩减力是危机管理的核心内容，需要从环境、结构、系统、人员等几方面认知。预备力有助于充分挖掘资源保障，更有效地保护人和

---

① 塞缪尔·P. 亨廷顿：《变化社会中的政治秩序》，王冠华等译，上海人民出版社，2021，第 7-54 页。

财产、激活应变系统等。反应力包括风险沟通、媒体管理、决策制定与利益相关者沟通等，减少人力、物力损失和代价。恢复力，一方面强调危机解除后着手控制局面，使其恢复到灾害发生之前；另一方面强化整体总结与反思，防止出现类似危机。希斯的 4R 模型有助于综合认知突发事件的社会影响与危害，对应急管理实践具有重要启示意义。

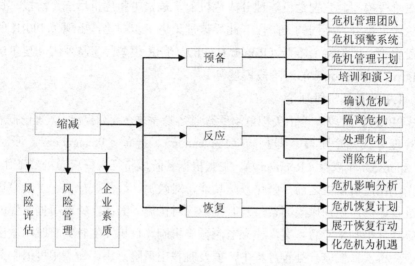

图 1-2　罗伯特·希斯的 4R 模型

3. 米特罗夫和皮尔逊的五阶段模型

美国学者米特罗夫和皮尔逊对危机管理的四个变量——"类别、阶段、系统结构、利益相关者"进行研究，并由此提出了五阶段危机管理模型，它揭示了现实危机的生命周期，即信号侦测阶段（Signal Detection）、准备和预防阶段（Preparation & Prevention）、损害控制阶段（Damage Containment）、恢复阶段（Recovery）、学习阶段(Learning)。具体来说，第一阶段是信号侦测期，即根据环境情形识别危机发生的预警信号；第二阶段是准备和预防期，即对可能的危机暴发预先做好准备并努力减少其潜在损害；第三个阶段是损失控制期，即在危机发生后，及时采取有效策略和行动，最大程度控制损失，该阶段如处理不当往往会对特定群体心理造成严重冲击；第四个阶段是恢复期，即从危机损害中尽快恢复，实现整体系统的正常运转；第五个阶段是学习期，即吸取经验和教训，规避危机或在新的危机中提升应对效率。这五个阶段体现了面对危机事件积极应对、循环往复的过程性特征。

（三）社会脆弱性-韧性理论

1. 社会脆弱性理论

从经典灾害理论来看，灾害被认为是限定于某一时空范围内，对社会系统造成影响的突发事件。随着人们对灾害认识的逐步深入，社会脆弱性概念被频繁提及。目前，学术界对社会脆弱性的定义主要有以下四种：第一，冲击论，该理论将社会脆弱性视为灾害对人类及其福祉的冲击或潜在威胁。第二，风险论，该理论将社会脆弱性定义为灾害危险发生的概率。第三，社会关系呈现论，该理论将社会脆弱性视为灾害发生前的存在状态。第四，暴露论，该理论中社会脆弱性被定义为系统或系统成分在灾害、干扰或压力情形下的损害程度或者遭受损失的潜在因素。

2. 韧性理论

随着当代社会风险的持续凸显和人类对突发事件认识的不断深入，韧性理论被引入灾害风险和应急管理研究领域。韧性理论经过"工程韧性→生态韧性→演进韧性"的渐进转变，在学术界主要形成了四种经典观点。第一，能力恢复说，该学说认为韧性是社会系统在遭受外界冲击后能够复原或抵抗冲击的能力。第二，扰动说，该学说认为韧性是社会系统吸收外界干扰时能够保持初始状态或稳定的范围。第三，系统说，该学说认为韧性的核心价值体现在系统遭受外界扰动下，仍具有适应、学习、自我组织与相互作用的能力。第四，提升能力说，该学说认为韧性的核心不仅仅是恢复至系统受干扰前的状态，而是通过系统的自我调试提升应对能力。

二、国内相关理论

（一）社会燃烧理论

社会燃烧理论是由中科院牛文元院士提出的一个社会物理学理论。根据该项研究，自然界的燃烧现象需要满足三个基本条件，即燃烧材料、助燃剂和点火温度。社会物理学在该原理基础上，将社会的无序、失稳及动乱，与燃烧现象进行了合理类比。具体而言，一是造成社会无序的基本动因，即"人与自然"关系的不协调和"人与人"关系的不和谐，可以指代为社会不稳定的"燃烧物质"；二是部分媒体的误导、夸大、挑动、谣言等，可以视作社会失稳的"助燃剂"；三是具有一定规模和影响的突发事件，可以作为导火线或"点火温度"。由此将社会稳定状况纳入一个严格的理论体系和分析框架之中。

社会燃烧理论认为，当"人与自然""人与人"之间关系达到完全平衡或和谐时，社会系统在理论角度上处于绝对稳定的极限状态，但是只要发生任何破坏上述两大关系的平衡或和谐的事件，就会给社会稳定状态造成"干扰"，形成"负贡献"（即形成社会失稳的"燃烧物质"）。当这种不稳定因素或者干扰因素积累到一定程度，在错误舆论导向的煽动下（"助燃剂"）和某一突发事件（"点火温度"）的激励下，可能会发生"社会失衡（不稳）、社会失序（动乱）或社会失控（暴乱）直至社会崩溃"。

（二）前馈控制论

前馈控制是现代控制论中的一个科学术语，意为超前控制或干预，包含预测、预警、预控的过程，"预"是前馈控制思想的题中应有之义。①随着经济社会的迅速发展，传统的反馈控制社会管理方式已经无法应对现代社会多变的风险，需要建立预先控制、形成闭环的整体管理思维。

所谓前馈控制，就是事先分析和评估即将输入系统的扰动因素对输出结果的影响，并将期望的管理目标同预测结果加以对照，事先制定纠偏措施，预控不利扰动因素。由此可见，前馈控制是与反馈控制相对而言的。反馈控制是面对结果的控制，旨在亡羊补牢；前馈控制是面向未来的控制，旨在防患于未然。其实，前馈控制也是通过信息反馈来实施控制的，但这种信息反馈是在输入一端，是对扰动因素在未输入特定系统之前的过滤、矫正和调整，从而使之免受不利扰动因素的影响。反馈控制的特点是亡羊补牢，具有确定性，缺点是被动性与滞后性；前馈控制的特点是曲突徙薪，旨在防患未然。以上两种理论思想各有利弊，随着当代社会风险的发展，前馈控制思路对于公共应急管理体现出更加显著的实践价值。

本章小结

应急管理是当代快速发展的一门交叉学科。风险社会、危机生命周期、社会冲突、演进韧性等应急管理重要理论成果，长期以来引发各国不同学科研究者的广泛关注，并在应急管理实践中不断充实完善。应急管理具有主体多元、行政强制、管理有限、防患未然等特征，其更加重视风险防范

---

① 陆学艺：《前馈控制：人类有史以来的梦想——阎耀军新作〈社会管理的前馈控制〉引介》，《理论与现代化》2013年第5期，第129页。

目标，以及防抗救相结合、整体性治理、韧性治理等理念。根据公共应急管理理论和实践演进，完善应急管理体制、机制，构建"大应急、大安全"体系，应当成为未来发展的必由之路。

关键词

风险　突发事件　韧性　应急管理体系

复习思考题

1. 什么是公共应急管理？它的研究对象是什么？
2. 简述公共应急管理体系的构成要素。
3. 公共应急管理具有哪些基本特征？

拓展阅读

中华人民共和国应急管理部简介

一、历史沿革

2018年3月，根据第十三届全国人民代表大会第一次会议批准的国务院机构改革方案，中华人民共和国应急管理部（以下简称应急管理部）设立。

2018年11月9日，中华人民共和国综合性消防救援队伍授旗仪式在人民大会堂举行。

2018年11月9日，应急管理部发布首份官方简报《应急管理部简报》第1期（总第1期）。

二、主要职责

防范化解重特大安全风险，健全公共安全体系，整合优化应急力量和资源，推动形成统一指挥、专常兼备、反应灵敏、上下联动、平战结合的中国特色应急管理体制，将国家安全生产监督管理总局的职责，国务院办公厅的应急管理职责，公安部的消防管理职责，民政部的救灾职责，国土资源部的地质灾害防治、水利部的水旱灾害防治、农业部的草原防火、国家林业局的森林防火相关职责，中国地震局的震灾应急救援职责以及国家防汛抗旱总指挥部、国家减灾委员会、国务院抗震救灾指挥部、国家森林防火指挥部的职责进行整合。新组建的应急管理部，是国务院组成部门之一。中国地震局、国家煤矿安全监察局由应急管理部管理。不再保留国家安全生产监督管理总局。

组织编制国家应急总体预案和规划，指导各地区各部门应对突发事件工作，推动应急预案体系建设和预案演练。建立灾情报告系统并统一发布灾情，统筹应急力量建设和物资储备并在救灾时统一调度，组织灾害救助体系建设，指导安全生产类、自然灾害类应急救援，承担国家应对特别重大灾害指挥部工作。指导火灾、水旱灾害、地质灾害等防治。负责安全生产综合监督管理和工矿商贸行业安全生产监督管理等。公安消防部队、武警森林部队转制后，与安全生产等应急救援队伍一并作为综合性常备应急骨干力量，由应急管理部管理，实行专门管理和政策保障，采取符合其自身特点的职务职级序列和管理办法，提高职业荣誉感，保持有生力量和战斗力。应急管理部要处理好防灾和救灾的关系，明确与相关部门和地方各自职责分工，建立协调配合机制。

资料来源：中华人民共和国应急管理部. 深化党和国家机构改革方案（摘要）. https://www.mem.gov.cn/jg/zyzz/201804/t20180416_232220.shtml.

参考文献

[1] 张永理主编.《公共危机管理第二版》.武汉：武汉大学出版社，2015

[2] 薛澜、钟开斌.《突发公共事件分类、分级与分期：应急体制的管理基础》，《中国行政管理》2005 年第 2 期

[3] 周利敏.《韧性城市：风险治理及指标建构——兼论国际案例》，《北京行政学院学报》2016 年第 2 期

[4] 童星、张海波.《基于中国问题的灾害管理分析框架》，《中国社会科学》2010 年第 1 期

[5] 李永祥.《什么是灾害?——灾害的人类学研究核心概念辨析》，《西南民族大学学报（人文社会科学版）》2011 年第 11 期

[6] 邵亦文、徐江.《城市韧性：基于国际文献综述的概念解析》，《国际城市规划》2015 年第 2 期

[7] 童星.《公共安全治理关键概念辨析》，《中国社会公共安全研究报

告》2018 年第 2 期

[8] 周孜予、杨鑫.《"1+4"全过程：我国应急管理法律体系的构建》，《行政论坛》2021 年第 3 期

[9] 中华人民共和国中央人民政府.《国务院办公厅关于印发国务院 2022 年度立法工作计划的通知》，http://www.gov.cn/zhengce/zhengceku/2022-07/14/content_5700974.htm，访问日期：2022 年 7 月 17 日

[10] DANIEL B, Disaster Response and Recovery: Strategies and Tactics for Resilience，Journal of Homeland Security and Emergency Management, No.1(2011).

[11] 闪淳昌、周玲、钟开斌.《对我国应急管理机制建设的总体思考》，《国家行政学院学报》2011 年第 1 期

[12] 陈安.《跨域突发公共卫生事件机理分析与应对机制设计》，《四川大学学报（哲学社会科学版）》2020 年第 4 期

[13] 张铮、李政华.《中国特色应急管理制度体系构建：现实基础、存在问题与发展策略》，《管理世界》2022 年第 1 期

[14] 闪淳昌、薛澜主编.《应急管理概论：理论与实践（第二版）》，北京：高等教育出版社，2020

第二章　自然灾害应急管理

导读

　　我国是世界上遭受自然灾害最为严重的国家之一，自然灾害引起的人员伤亡、基础设施破坏、经济社会损失和各类衍生、次生损害非常突出。长期以来，我国政府和人民抗击自然灾害走过了极为不平凡的历程，并一直致力于健全完善灾害风险预警、应急响应和灾后恢复重建体系，防灾抗灾救灾是国内学界和实务部门高度关注的主题。本章在梳理不同自然灾害类型与危害的基础上，针对近年来发生的典型灾害事件，对自然灾害的应急预案、应急响应等内容进行概要分析，搭建自然灾害应急体系的基本认知框架。

学习目标

➢　了解自然灾害的概念、灾害事件分类及其危害

➢　掌握自然灾害应急预案和建设体系

➢　理解自然灾害应急管理措施、过程和体制结构

第一节　自然灾害的类型、特点与危害

一、自然灾害的类型

当代自然灾害具有复杂性和多变性。通常，自然灾害是人力不能或难以操控的各种自然物质和自然能量聚集、暴发所致的灾害。自然灾害发生在一定地理空间内，异常或极端的自然现象及过程造成生命伤亡、财产、经济社会活动与生态环境等损失。人类历史上发生的大大小小的自然灾害的诱因可归为两类：一是自然演进变异的结果；二是人的不当活动对自然造成破坏的后果，即人为自然灾害，比如过度砍伐导致水土沙化、过度放牧导致土地荒漠化、过度地下活动导致地面塌陷等。综合来看，不同学科背景及研究领域对于自然灾害有着不同的理解，但整体上各国研究对自然灾害的定义普遍秉持两个要点：一是致灾因子，即造成自然灾害的动力原因；二是自然灾害所造成的灾害后果。

根据自然灾害发生快慢和持续时间、致灾因子、形成时序，可以对自然灾害类型进行不同的划分。

（一）以发生快慢和持续时间分类

1. 突发型自然灾害是指在短时间内形成并造成巨大破坏的自然灾害，包括地震、泥石流、洪水、冰雹、飓风、风暴潮等。也存在一些自然灾害虽成灾时间较长，但往往周期性发作，比如森林或农田的病虫害、旱灾、水涝等。

2. 缓发型自然灾害是在致灾因子长期作用下形成的，需要耗费相当长的一段时间才可能恢复的灾害，主要包括水土流失、土地沙漠化、生态失衡等。缓发型自然灾害多数情况下是人为因素造成的，比如过度放牧、过度砍伐、过度倾倒垃圾、土地污染等。有害物质一旦渗入自然或海洋中，就需要自然界依靠自身能力恢复，其耗时极其漫长且最终也未必能完全恢复。

（二）以致灾因子分类

自然灾害的形成原因、成灾表现各不相同，不同的致灾因子所造成的人员伤亡、社会功能破坏、经济损失以及环境的不可逆破坏程度也不相同。根据致灾因子特点，可以将自然灾害划分为七大类（如表 2-1 所示）。

表 2-1　以致灾因子分类的我国主要自然灾害类型

类型	主要灾害种类
气象灾害	干旱、雨涝、热带气旋、冷冻害、寒潮、风灾、雹灾等
地质灾害	水土流失、泥石流、火山爆发、土地沙化、塌陷、滑坡等
地震灾害	地震所引起的次生灾害如城市设施损坏、砂土液化等
海洋灾害	海啸、赤潮、龙卷风、海水入侵等
洪水灾害	洪涝、江河泛滥等
农作物灾害	农业气象灾害（水旱灾害）、农作物病虫害、农业环境灾害等
森林灾害	森林大火、森林病虫害等

（三）以自然灾害形成时序分类

许多重特大自然灾害发生后，通常会引起一系列其他灾害，这些灾害在形成时间以及次序上往往有规律可循，短时间内相继发生并构成灾害链。据此，可将自然灾害分为原生灾害、次生灾害以及衍生灾害。

1. 原生灾害是由于自然环境异常或地球活动导致的异常自然现象，表现为破坏极大或影响广泛的环境异常。常见的原生灾害包括地壳活动而引起的地质灾害，如地震带断裂，地面倾斜、升降或变形，地震波带来的可感知的地面震动，等等。

2. 次生灾害是由原生灾害引起的"连带性"或"延续性"灾害。根据近年来灾情统计，地质灾害以及气象灾害最容易诱发次生灾害，潜在的危害性很大。如山体滑坡、泥石流、海啸等属于地震次生灾害，风暴潮、空气污染等属于气象次生灾害。

3. 衍生灾害主要是指人们对自然灾害缺乏系统而全面的了解，容易受社会风向以及个体心理恐慌影响，当大量公众盲目避灾时造成的公共资源损失以及诱发的一系列社会问题。

二、自然灾害的特点及危害

（一）基本特点

1. 区域性。自然灾害在空间分布上具有显著差异性，这主要与地域、自然条件以及社会经济环境密切相关。自然灾害横贯东西、纵布南北，在空间分布上呈现出聚集性和不平衡性。例如，地震频发于板块交界处，具有明显的地震带。滑坡、泥石流、山崩则多分布于山区，且伴随暴雨。

2. 群发性。自然灾害不是弧立的，具有群发性或齐发性特征。复杂的生态环境使各种自然灾害形成了灾害链，单一灾害发生可能引发一系列次生灾害。比如暴雨除了会造成洪涝灾害外，还可能引发山区泥石流、滑坡等。地震的破坏性除了体现在摧毁城市、桥梁、水坝外，还可能造成山体滑坡、泥石流、地裂缝等。

3. 周期性。历史资料统计显示，自然灾害形成的时间过程和条件在一定区域范围内显示出周期性或阶段性规律，周而复始发生作用，往往经历几年甚至几十年。

4. 社会性。自然灾害威胁人类生产生活和社会发展秩序，因而具有社会性的特点。现实中，自然灾害不仅会对人类生命财产安全造成严重威胁，还会影响社会系统的正常运转、破坏历史文化遗存等。

相较其他国家及地区，中国国土幅员辽阔，地理气候条件复杂，自然灾害种类多且发生频繁。总体上，我国的自然灾害呈现区域性特征明显、季节性和阶段性突出、灾害共生性和伴生性显著等特点，除现代火山活动外，几乎所有类型的自然灾害在我国都有发生，如地震、台风、洪水、泥石流、冰雹、寒潮等。此外，近代以来的一个趋势是我国自然灾害逐渐从单灾种发展为多灾种，衍生为灾害群、灾害链，由此带来更深层次的自然社会影响。

（二）自然灾害的危害

自然灾害发生剧烈，破坏力极大，持续时间有长有短，通常会引起人员财产损失甚至社会生产生活系统的混乱。灾害事件持续时间越长，受灾者受到的威胁就越大，事件的社会影响也就越突出。

1. 生态危害

重大自然灾害一旦发生，造成最直观、影响最深远的损害首先是生态环境。生态环境具有脆弱性，对其造成的损害在一定程度上是不可逆的，或者需要相当长的时间才能实现自我愈合。譬如，火灾、病虫害会毁坏森林和草原，使生态环境恶化。旱涝灾害使多种生物群落因缺少水资源栖息地而引起群落迁移或生物多样性的骤减，打破原有生态平衡，不利于生物多样性的保护和延续。比如近年来暴发的非洲蝗灾事件，给当地自然生态和农业环境造成严重冲击，超过千万人因蝗灾陷入严重的粮食安全危机。根据联合国调查，2020 年暴发的非洲蝗灾事件是埃塞俄比亚和索马里 20 年来最严重的一次，蝗虫入侵使得约 1900 万人面临严重粮食安全风险。

2. 经济危害

重大自然灾害从发生到实施救援再到恢复重建，对经济社会发展的破坏巨大，所耗费投资极为高昂。其中，由于城市住房、基础设施分布集中，人口密度高，一旦遭受重大自然灾害，损失是颠覆性的，如人员伤亡、房屋坍塌、公共设施损毁、大型企业瘫痪以及化工企业有害物质泄漏等。比如：2021 年的北美高温热浪使加拿大西部区域一度出现 49℃的高温，致上百人死亡，引发山火灾害；美国俄勒冈州波特兰的路面电车因电线在高温下融化损毁而暂停运行，当地部分道路也因膨胀出现裂痕，在热浪侵袭下，美国加州有 2.5 万头牛和 70 万只家禽被热死。随着城市化进程的加快，城市灾害不仅来自一些突发的重大自然灾害，也来自城市自身建设引起的缓发型自然灾害，如地面沉降、城市热岛效应、水质土壤污染等。城市是各种工业商贸活动的聚集区域，自然灾害的破坏可能导致地区工矿企业瘫痪、产业链断裂，造成巨大经济损失的同时，致使大量工人失业，并带来一系列严重社会影响。

3. 心理危害

自然灾害对人的生命和身心健康也有不可忽视的负作用，重要表现之一就是心理冲击和障碍。灾害发生后应急处置的临时安置简易房、救济食品、社交方式突变、生活质量陡降、面对亲人的伤残甚至死亡等境况给受灾民众心理带来极大压力，往往会出现消极或悲观等异化心理现象。此类灾后效应与灾难本身结合，给人的心理造成的创伤和阴影短时间里无法去除。遭受自然灾害伤害后，个体往往会因巨大压力而患上创伤后应激障碍（PTSD）、急性应激障碍（ASD）等心理疾病。譬如，2004 年印度洋地震海啸发生后，当地民众偏执、恐怖、强迫、焦虑、精神病性等症状多项指标显著高出全国常规水平；2008 年我国汶川地震后也出现多起家庭伤害悲剧。

4. 社会危害

维护和保障社会稳定秩序是自然灾害发生后的一个重要应急管理目标。纵观中国历史，自然灾害导致的社会动荡、农民起义有一定关联性。发生灾害最直接的后果是严重影响民众正常生活，粮食绝收、疫病肆虐、社会秩序破坏等。自然灾害对已有社会秩序和生活造成破坏，不仅可能导致哄抢、抢劫、偷盗、哄抬物价等违法犯罪行为的发生，也会加剧民众对政府公共部门的不信任，导致一系列越轨行为的产生甚至社会动荡。在此背景下，政府回应不力将会严重影响政府形象及公信力，引发不满情绪的滋生，威胁社会公共秩序稳定。以 2021 年西欧暴雨事件为例，此次暴雨重创包括德国、比利时、荷兰和卢森堡在内的多个国家，洪灾造成百余人遇难，并暴发当地民众对政府的抗议活动。在极端天气和疫情的双重冲击下，2021 年 7 月 14 日南非暴发了 200 多起打砸抢烧事件，该事件造成了百余人死亡，800 多家零售商店被洗劫一空。

第二节　自然灾害应急预案及编制

一、自然灾害应急预案主要内容

自然灾害应急预案是针对可能发生的自然灾害而预先制定的综合性紧急行动计划和方案。通常，自然灾害应急预案对灾害发生前后组织结构、人员物资、装备设施、救援指挥、统筹协调、技术保障等多方面做出制度性安排，一个完整的自然灾害应急预案通常包括以下几个方面：预案的适用范围、工作原则、组织指挥体系、工作流程、启动条件、预警与响应机制、信息报告与发布、灾后救助与恢复重建等。

（一）总则

表明预案编制目的、编制依据、适用范围及工作原则等。例如，《国家防汛抗旱应急预案》以《中华人民共和国水法》《中华人民共和国防洪法》和《国家突发公共事件总体应急预案》等为依据制定，明确规定提前做好水旱灾害的防范应对，保证灾害的发展演化在可控范围内，高效有序地进行抗洪抢险、抗旱救灾工作，最大程度减少人员伤亡数量和公共资源损失。

（二）组织指挥体系

预案要突出以指挥中心为核心，各部门、各组织分工合作的协调机制。明确各组织机构职责，灾害应对各个环节不同主体所承担的任务以及协调配合原则。例如，《国家地震应急预案》（2012 年 8 月 28 日修订）将组织分为两大体系：一是国家抗震救灾指挥机构。负责全国范围内重大抗震救灾工作的指挥、领导和协调。从宏观上把控工作的连续性、顺畅性和有序性。二是地方抗震救灾指挥机构，地方各地震局负责日常抗震工作的顺利开展，通常由县级以上地方人民政府设抗震救灾指挥部，负责统一指挥本行政区划内的救灾救援工作的高效有序开展。

（三）灾害预警

根据自然灾害预警信息，在充分考虑可能受影响地区的自然人文条件情况下，客观评估可能出现的自然灾害。若评估结果显示灾害可能造成严重影响时要提前确立应对措施，启动相应等级的预警响应。例如，《国家防汛抗旱应急预案》中根据气象风险和可能造成的危害程度，确立相应预警等级和响应措施，如表 2-2 所示。

表 2-2　暴雨灾害应急预警响应概况

预警分级	预警响应	
	主体	措施
蓝色预警	县级以上地方人民政府及其有关部门	密切监视天气情况及其发展变化，做好汛情预测预报和重点工程调度，做出相应工作部署，派出工作组、专家组，支援地方抗洪抢险，转移危险地区群众，救助受灾群众，及时控制险情
黄色预警		
橙色预警	县级以上地方人民政府及其有关部门	在蓝色、黄色预警基础上，进一步加强汛情预测预报和工作调度，必要时派出工作组、专家组进行指导，卫生部门赴一线开展卫生救助工作；省级防汛指挥机构发布汛情通报；民政部门及时启动救助
红色预警		

（四）监测信息报告和发布

自然灾害应急预案中，通常包括灾情信息收集、汇总、分析、上报、发布和部门间共享等具体内容。比如，在《铁路破坏性地震应急预案》中分别对信息报送内容、信息报送时间以及信息报送程序做了明确规定。报送内容包括破坏性地震发生的时间、地点、灾情、处置情况、抢险方案和预计抢通时间等有关信息。要求正线在 2 小时内报送，站线在 4 小时内报送，报送程序按照站段、铁路局、铁道部三级逐级上报，如遇特殊情况，基层站段可以直接向铁道部抗震救灾指挥部及其办公室越级报告。

（五）应急响应

对自然灾害启动不同等级的应急响应程序，包括一般、较大、重大、特别重大四级响应，分别说明启动条件、启动程序、响应措施。现以我国地震灾害分级响应为例进行说明，详见表2-3。

表2-3 国家地震灾害分级响应

地震灾害分级	灾害分级条件	响应等级	响应方式
特别重大地震灾害	300人以上死亡（含失踪）；直接经济损失占地震发生地省（区、市）上年GDP1%以上；人口较密集地区发生7.0级以上地震，人口密集地区发生6.0级以上地震	I级响应	由灾区所在省级抗震救灾指挥部领导应急工作；国务院抗震救灾指挥机构负责统一领导、指挥、协调全国抗震救灾工作
重大地震灾害	50人以上、300人以下死亡（含失踪）；造成严重经济损失的地震灾害，人口较密集地区发生6.0级以上、7.0级以下地震，人口密集地区发生5.0级以上、6.0级以下地震	II级响应	由灾区所在省级抗震救灾指挥部领导应急工作；抗震救灾指挥部根据情况，组织协调有关部门和单位开展国家地震应急工作
较大地震灾害	10人以上、50人以下死亡（含失踪）；造成较严重经济损失的地震灾害；人口较密集地区发生5.0级以上、6.0级以下地震，人口密集地区发生4.0级以上、5.0级以下地震	III级响应	在省级抗震救灾指挥部的支持下，由灾区所在市级抗震救灾指挥部领导灾区地震应急工作；国家地震局等有关部门和单位根据灾区需求，协助做好抗震救灾工作
一般地震灾害	10人以下死亡（含失踪）；造成一定经济损失的地震灾害；人口较密集地区发生4.0级以上、5.0级以下地震	IV级响应	在灾区所在省、市抗震救灾指挥部的支持下，由灾区所在县级抗震救灾指挥部领导灾区地震应急工作

（六）灾后救助与恢复重建

包括社会救助、保险、善后处置、经验教训总结，重点关注灾害过渡期的民众生活救助和冬春救助。同时，进行灾后组织实施、重建规划和屋舍重建设计。比如，《国家防汛抗旱应急预案》中对灾后善后工作做出了明确要求：发生水旱灾害的地方人民政府应组织有关部门做好灾区生活供给、卫生防疫、救灾物资供应、治安管理、学校复课、水毁修复、恢复生产和重建家园等善后工作。此外，灾后恢复也包括灾害后期的保险索赔、事故原因调查、分析总结应急救援经验教训、提出改进工作建议等。

（七）保障措施

保障措施主要包括资金保障、物资保障、医疗保障、通信和信息保障、装备和设施保障、人力资源保障、科技保障和开展宣传培训，提高公民防灾减灾意识和科学防灾减灾能力。

其中应急设备与设施可以概括为四部分内容：一是用于应急救援的设施，如通信设备、应急物资，以及武警、消防、卫生、防疫等部门可用的应急设备。二是医疗机构，这是自然灾害发生后稳定社会情绪、尽力减少人员伤害的关键部分，如急救站、医院等。三是危险监测设备，需要掌握并运用先进技术的高素质专业人员。四是应急队员的防护措施，如呼吸器械、防护服等个体防护装备等。

（八）附则

对相关术语进行解释，确立应急预案演练安排、预案更新、预案解释权归属、预案实施和生效时间等。

二、我国自然灾害应急预案体系

经过若干年的建设，我国已经形成了从中央到地方、从总体到专项的较为完备的自然灾害应急预案体系。

（一）国家总体应急预案体系

国家应对自然灾害预案体系分为三个方面内容（如图2-1所示）。第一是总体应急预案，是全国自然灾害应急预案的指导性文件，是其他各项自然灾害应急预案制定和实施的重要依据。国务院办公厅2016年3月24日公布修订后的《国家自然灾害救助应急预案》，就组织指挥体系、灾害预警响应、国家应急响应、灾后救助与恢复重建、保障措施等进行了规范和完善。其中，预案对国家层面四个响应等级的核心指标（因灾死亡人口、倒塌或严重损坏房屋数量、紧急转移安置人数或需紧急生活救助人口等）分别做出了规定，进一步明确国家减灾委各有关成员单位在灾害救助工作中的具体职责，对灾情报告、灾情发布、灾害损失评估、信息共享、社会动员等内容进行了充实完善。

图 2-1　国家总体应对自然灾害预案体系

```
                                ┌─ 国家总体应急预案 ──── 《国家突发公共事件总体应急预案》
                                │
                                │                        ┌ 《国家自然灾害救助应急预案》
                                │                        │
                                │                        │ 《国家防汛抗旱应急预案》
                                │                        │
                                │   国家专项应急预案 ─────┤ 《国家地震应急预案》
                                │                        │
    国家总体                    │                        │ 《国家突发地质灾害应急预案》
    应对自然 ───────────────────┤                        │
    灾害预案                    │                        └ 《国家处置重、特大森林火灾应急预案》
    体系                        │
                                │                        ┌ 《水路交通突发公共事件应急预案》
                                │                        │
                                │                        │ 《公路交通突发事件应急预案》
                                │                        │
                                │                        │ 《重大外来林业有害生物灾害应急预案》
                                │                        │
                                │                        │ 《国家森林草原火灾应急预案》
                                │                        │
                                └─ 国务院部门应急预案 ────┤ 《农业重大自然灾害突发事件应急预案》
                                                         │
                                                         │ 《重大沙尘暴灾害应急预案》
                                                         │
                                                         │ 《风暴潮、海浪、海啸和海冰灾害应急预案》
                                                         │
                                                         │ 《赤潮灾害应急预案》
                                                         │
                                                         │ 《重大气象灾害预警应急预案》
                                                         └ ……
```

图 2-1　国家总体应对自然灾害预案体系

　　第二是五个自然灾害的专项应急预案，主要特点包括：（1）应对的自然灾害影响大、造成的后果严重；（2）应对工作所涉及的范围广、动用的人力物力资源多；（3）辅助地方应急工作。

　　第三是部门应急预案，主要针对政府各部门职能和工作特点而制定，如《建设系统破坏性地震应急预案》《铁路防洪应急预案》《铁路地质灾害应急预案》等。该应急预案具有如下特点：（1）小范围。灾害事件造成影响范围相对较小。（2）辅助性。协助政府应急管理工作。（3）所需社会资源少。通常可由各职能部门自行承担。

　　（二）地方政府应急预案体系

　　地方应急预案是我国各省市根据国家总体应急预案、专项预案和部门预案的标准和要求，结合当地社会经济文化发展状况所制定的预案。地方预案体现对自然灾害的直接应急责任，一旦灾害在小范围发生，需要由各级地方政府决定灾害应对的初期措施，体现国家应急体系对应急预案工作"横向到边"的要求。

（三）企事业单位应急预案体系

企事业单位根据国家、地方相关规定，制定有针对性的自然灾害应急预案，以提高有效应对自然灾害的管控和协调能力，贯彻国家自然灾害应急管理"纵向到底"的要求。例如，中国电信集团公司根据自然灾害特点，将应急预案分为集团、省公司和地市公司三个层次，由集团公司确定应急工作原则及相关职责，各省级公司根据各省实际情况成立专项预案，下设现场处置方案。前方和后方部门配合，实现灾前预警、灾中响应以及灾后恢复重建链条的畅通。

三、应急预案编制与应用

编制自然灾害应急预案的目的是为自然灾害的应急处置工作提供有效的参考方案，保障应急管理的有序性、规范性和科学性，使防灾减灾工作有章可循，最大程度地降低自然灾害造成的损失。

（一）预案编制过程

预案编制的步骤一般包括以下几个方面：第一，指定或建立专业应急组织。由相关领域专家组成专门的委员会，明确编制目的，发挥专业所长。第二，进行灾害分析。具体而言是对灾害进行界定，建立灾害认知框架并分类分级；分析和评估灾害，预估灾害事件的影响范围，确定解决措施或方案。第三，明确灾害事件应对所需的资源和服务。具体包括：确定灾害应急响应组织架构，明确应急资源供给和调配部门以及预算。第四，形成预案文件。预案要明晰预案编制目的、适用范围、制定依据、预案安排以及附件材料。此外，2013年国务院办公厅印发的《突发事件应急预案管理办法》（以下简称《办法》）中进一步强调了应急预案编制程序的规范性，着力强化预案编制过程中风险评估与应急资源调查。这两项工作具有很强的针对性，旨在改变部分基层应急预案操作性不强，原则性规定多的现象。

（二）预案演练和评估

危机应对实践是对应急预案的最佳检验，通过演练能够在一定程度上增强实战性，避免纸上谈兵。自然灾害应急预案演练的作用主要包括：检验预案的有效性，发现预案中存在的问题；锻炼相关部门的实践能力，提升部门间的协同度；扩大预案的社会影响，强化民众的应急意识；检测部门的应急程序，提高组织应急能力。具体来说，预案演练按照形式可以分为讨论演练、功能演练、实地演练。各地区、各部门必须结合实际情况，有计划、有重点地针对特定自然灾害应急预案进行演练，并适时召集有关部门和专家进行评估，视情况做出相应调整和完善。近年来，不少单位积极推广"双盲"演练，即对演练时间和演练地点不予预告，更高标准地开展应急预案演练，并从演练中发现存在的问题，以此改进应急预案。通过定期评估和广范吸纳意见修订应急预案，建立应急预案的持续改进制度，实现应急预案的动态优化。除此之外，《办法》还明确提及各级政府部门、企事业单位、社会团体和公民，均可以向有关单位提出应急预案的修改建议，以进一步完善应急预案。

（三）预案宣传教育

预案的宣传教育有助于实现预案的实际价值。预案宣传主要通过政府文件、政务平台、广播电视、新兴媒体等渠道，普及自然灾害应急准备、监测预警、应急处置以及自救、互救等基本常识。有关组织机构可以通过"防灾减灾日""国际减灾日""世界急救日""全国科普日""全国消防日"和"国际民防日"等特殊时间节点，扩大宣传活动，增强公众的风险危机思维、忧患意识和社会责任感。预案的宣传教育与教育培训密切相关，通过预案宣传推动对公共部门管理者、企事业单位应急人员、社会志愿者的培训活动，以提升防灾救灾的专业能力，对不涉密的应急预案文件应依法进行公开，保障公民对应急预案的知情权与参与权。

第三节　自然灾害应急响应

一、应急响应基本原则和核心流程

（一）基本原则

1. 快速反应

自然灾害具有典型破坏性与突发性,快速启动应急响应反映急迫需求。面对瞬息万变的自然灾害事件，时间就是生命，灾害的不利影响范围会随着时间的推移而扩大。因此，以快制快、果断决策、迅疾行动是应急响应的首要原则，也有助于避免次生灾害的发生。在紧急状态下有必要特事特办，打破常规流程，简化处置程序，以迅速控制灾害事件的发展态势。当然，应急响应过程中也要防止行政权的滥用。同时，必须认识到应急响应往往会受到诸多客观条件的干扰和约束，比如灾害发生后的信息不对称、组织间的协调配合等。尽管如此，危机管理者应克服困难，当机立断，力争在较短时间内控制灾害不利影响的蔓延。

2. 专业处置

自然灾害的发生、演化具有高度复杂性，要求管理者秉持"科学应急"原则，充分发挥专业机构的科学支持功能，使应急响应过程依法依规、高效有序地进行，减少自然灾害本身造成的损失。其间可以考虑引入决策支持系统（DSS），辅助灾害环境下的科学决策。同时，在救援过程中，充分利用并发挥科技工具及专项设备的优势，实现灾害响应的专业处置。

3. 分级响应

自然灾害应急响应更多情形下需要跨部门的协同联动，这离不开高效的应急指挥系统，以推动应急资源整合，避免发生各自为战的局面。按照《国家自然灾害救助应急预案》的规定：自然灾害应急处置坚持"条块结合，以块为主"的原则。灾害发生后，受灾地人民政府和相关部门根据灾情，按照分级管理、各司其职的原则，启动相关层级和部门应急预案，做好灾民紧急转移安置和生活安排，以及灾害监测、灾情调查、评估、报告等工作，最大程度地减少伤亡和群众财产的损失。根据自然灾害的危害程度等因素，可将应急响应划分为Ⅰ、Ⅱ、Ⅲ、Ⅳ四个级别，各级所启动的条件、启动程序和响应措施不尽相同，如表2-4所示。

表2-4   国家自然灾害应急响应系统

响应级别	启动条件	主体	启动程序
Ⅰ级	死亡人数>200人（含本数，下同），紧急转移安置或需紧急生活救助200万人以上，倒塌和严重损坏房屋30万间或10万户以上，需政府救助人数占该省（区、市）农牧业人口30%以上或400万人以上（生活困难）	国家减灾委（国家减灾委主任）	灾害发生后，国家减灾委办公室经分析评估，认定灾情达到启动标准，向国家减灾委提出启动响应的建议，国家减灾委决定启动相应级别响应

响应级别	启动条件	主体	启动程序
II级	死亡100人以上、200人以下（不含本数，下同），紧急转移安置或需紧急生活救助100万人以上、200万人以下，倒塌和严重损坏房屋20万间或7万户以上、30万间或10万户以下，需政府救助人数占该省（区、市）农牧业人口25%以上、30%以下，或300万人以上、400万人以下（生活困难）	国家减灾委办公室（民政部部长）	
III级	死亡50人以上、100人以下，紧急转移安置或需紧急生活救助50万人以上、100万人以下，倒塌和严重损坏房屋10万间或3万户以上、20万间或7万户以下，需政府救助人数占该省（区、市）农牧业人口20%以上、25%以下，或200万人以上、300万人以下（生活困难）	国家减灾委办公室（国家减灾委秘书长）	
IV级	死亡人数20人以上、50人以下，紧急转移安置或需紧急生活救助10万以上、50万人以下，倒塌和严重损坏房屋1万间或3000户以上、10万间或3万户以下，需政府救助人数占该省（区、市）农牧业人口15%以上、20%以下，或100万人以上、200万人以下（生活困难）	国家减灾委办公室（国家减灾委办公室常务副主任）	

（二）核心流程

1. 接收预警信息

灾害管理部门及应急、消防、医疗、公安、民政等单位在接到受灾地紧急求援信息后，应快速分析信息信号并做记录，包括时间、地点、性质、规模、人员及财产损失情况。随后，根据受灾信息对灾情进行初步识别与判断，追踪灾害发生轨迹，将信息及时传递给应急指挥中心。

2. 研判灾害等级

灾害处在不断演变之中，并且自然灾害的演进并不是单一的线性发展。

因此，有关部门在接到预警信息报告后，应立即组织专业团队对自然灾害的级别、发展范围等进行初步研判，确定自然灾害的危害等级。当灾情超出行政管辖范围或影响甚广，决策者应迅速向上级组织报告或向其他机构寻求合作，共同应对灾害。专业团队进行研判的同时，应当首先确定相应的灾害响应级别，做好应急准备工作。

3. 启动应急响应

当灾害的风险级别确定后，按照应急预案要求和分级响应的原则，启动相应的灾害响应程序。拥有灾害响应管辖权的单位或部门按照程序启动应急预案，组织调集应急救援力量、调配救援物资，协调专业人员参与灾害救助，实地组织救援工作。同时，交通、通信部门等同步启动应急响应程序，做好后勤保障工作，保障灾害救援高效有序进行，并根据灾情变化情况实时调整。

4. 救援处置

现场指挥部主要由应急部门决策者和专业人员组成，根据灾害现状和发展趋势做出合理、科学的判断。当相关应急队伍进入灾害现场后，应迅速开展灾害侦查、警戒、疏散、救援、抢险等应急工作，并根据专家组建议和技术支持进行现场救援处置工作，防止次生灾害的发生。应急救援过程中，各相关部门和应急抢险队伍应当各司其职、密切合作，做到服从指挥、相互配合。若灾害的发展超出响应级别，无法进行有效控制时，救援人员应迅速向上级反馈，寻求更高级别的应急行动。

5. 信息传递管控

这里的信息传递主要指灾情信息。灾情是防灾抗灾救灾和灾后重建工作的依据，真实、准确的灾情信息和情况统计对指导灾害救援、科学评估灾损以及制定灾害重建计划具有十分重要的意义。现场指挥部依据法定程序将灾害情况和动态变化及时上报有关部门，包括灾情统计、灾情核定和灾情数据。目前，我国已经建立了以各级应急部门为主体，涵盖各类灾情的统计、报告、核定和管理体系。在此基础上，应建立健全新闻发言人制度，将灾害应急处置的最新信息及时发布，避免谣言和流言传播，做好灾情信息传递与管控工作，保障社会舆论的正向引导。

6. 防止次生灾害

在自然灾害救援处置过程中，需要特别注意避免次生灾害的发生。例如，环保、疾控部门应当对灾害发生地的环境、卫生防疫等情况进行实时监测，确保大灾之后无大疫。同时救援单位在现场救援、废墟清理的过程中，要高度关注灾害现场情况变化，譬如余震，对救援人员和伤员进行科学保护、及时撤离无关人员，实施高度警戒，以保障人员安全。如果灾情恶化，现场指挥部可以升级应急响应机制，增强救灾力量。

7. 善后工作

灾害应急救援结束后，现场应急指挥部将面临撤销。有关政府部门对受灾群众进行妥善的转移安置，保障受灾者的基本生活，并指导开展灾后重建恢复工作。同时启动灾害起因、性质、影响、教训等内容的专项评估，依法追究有关人员的责任。

二、我国自然灾害应急响应体系

自然灾害应急响应是一个在灾害救援中各关联主体协调合作，实现应急救援效能最大化的过程，是一个内容丰富的关联体系。总体来看，自然灾害应急响应体系一般包括组织领导系统、紧急救援系统、物资储备系统、信息流通系统、科技保障系统、社会动员系统以及贯穿整个应急响应过程的组织协调机制。

（一）组织领导系统

对于重大自然灾害，建立一个坚强有力的应急领导架构极为重要。在整个救灾过程中，人力、物力、财力等各方资源的调配离不开综合协调，要求指挥平台具有专业人才支撑、功能全面、信息通畅、责任明晰、运转高效的特点。

国家减灾委员会是我国自然灾害救助的主要协调机构，负责研究制定国家减灾工作方针、政策和规划，协调开展重大防灾减灾活动，指导地方开展减灾工作，推进减灾交流与合作，组织、协调全国抗灾救灾工作。总体上，我国应急组织架构分为四个层次：领导机构、地方机构、工作机构和决策咨询机构。

1. 领导机构

国家层面上，自然灾害应急响应的领导系统主要是国家应急管理部，通过组织编制国家总体应急预案和规划，推动预案体系建设和演练，实现对自然灾害事件的有效应对和响应。此外，领导系统的重要功能还包括：建立灾情报告系统并由官方统一发布，统筹应急力量建设和物资储备的统一调度，组织灾害救助体系建设，发挥对自然灾害应急处置的指导作用，承担国家应对重大自然灾害指挥部工作等。[①]

2. 地方机构

各省（市、自治区、直辖市）分别成立面向特定自然灾害的应急管理领导机构及其办事机构，及时掌握本行政辖区内重大自然灾害情况和动态，本着属地原则第一时间做出应对，同时将灾情发展和重要事项向上级政府报送，实现灾害应急体系高效联动运作。

3. 工作机构

依据不同灾害类型设置分类管理机构，主要由应急管理部门及其组织系统建立相应应急指挥体系、应急救援体系和专业应急队伍，包括以公安消防为骨干的国家综合应急救援队伍、地方自然灾害救援队伍、地震专业救援队、矿山救援队等。

4. 决策咨询机构

国务院和各应急管理机构建立各类专业人才库，各级政府专家委员会内设面向自然灾害、事故灾害、公共卫生事件等决策咨询部门。

（二）紧急救援系统

灾害发生后 72 小时是救援的黄金时间，应立即组织营救灾害伤亡人员，迅速安排人员撤离并采取措施保护尚处于危险区域的人员。以地震灾害为例，目前我国已经基本建立起以军队、武警部队为突击力量，以综合消防救援部队、地震专业救援队等专业队伍为中坚力量，以企事业、社会组织和志愿者队伍为辅助力量的地震救援力量。2008 年初南方低温雨雪冰冻灾害发生后，中国政府共出动解放军和武警部队官兵、民兵预备役人员超百万人次参与抢险救援行动，为四川宜宾、万源地区和广西桂林地区的边远山区乡镇紧急空投大量棉衣棉被等御寒物资和方便食品。另有消防、医疗等多支救援队伍以及社会各界爱心人士参与救灾、物资筹备、运输工作等紧急救援工作。

（三）物资储备系统

自然灾害响应阶段，充足的物资储备是救援工作有效开展的强有力保障。经过多年的建设发展，我国救灾物资储备体系建设取得显著成效，形成了从中央到省、市、县四级救灾物资储备体系。民政部分别在北京、天津、沈阳、哈尔滨、福州、郑州、武汉、乌鲁木齐等地设立了 19 个中央救

---

① 闪淳昌、薛澜：《应急管理概论——理论与实践》，高等教育出版社，2012，第108-121页。

灾物资储备库。需求量较大、价值较高、生产周期较长的救灾物资，如战略原料、重要应急设备、主要农产品、专业医药器材等，主要由中央负责储备。地方主要存储保质期短、符合当地灾害特点的物资，如内蒙古自治区储备蒙古包，南方省市储备毛巾被、秋衣等救灾物资。国家救灾物资储备制度明确要求各级救灾物资的储备种类、数量和经费由民政部与财政部协商确定，实行统一规格、统一标志，坚持定点存储、专项管理和无偿使用原则。民政部根据救灾需要与财政部协商后，委托有关地方（省、自治区、直辖市以及新疆生产建设兵团）人民政府民政部门定点储备，担负中央救灾物资储备任务的省级人民政府民政部门为代储单位。

（四）信息流通系统

灾情信息的掌握对于指导救灾活动、分析评估灾情状况以及灾后地区恢复重建具有十分重要的意义，这就要求获取的信息必须真实、准确，避免信息层层传递过程中失真或遗漏。应急信息传递强调资源整合，形成统一、高效的应急信息流通和发布机制。早在 2004 年，我国民政部就建立起灾情快速报告制度和重大灾情 24 小时零报告制度[①]。同时，灾害信息传递过程至关重要，任何一个环节的疏漏都可能造成无法挽回的损失。2021 年河南郑州"7·20"特大暴雨灾害调查报告显示，市委领导在灾害应对的关键时刻因灾导致通信不畅、信息不灵通，缺乏对受灾情况的了解，导致后续应急指挥失误。特别地，郑州本次重大灾害发生地铁 5 号线人员伤亡事件，郑州地铁集团一方面未按照规定发布线网停运指令，且行车调度中沟通协作不力；另一方面，应急信息报送不规范、不及时，疏散中断近一小时后才上报集团，最终导致多人遇难。[②]由此可见，灾情信息流通中信息的准确性尤为重要，错误信息的传递或是信息传递失误都可能对救援应对造成不可估量的后果，甚至要付出生命的代价。

（五）科技保障系统

科技手段是自然灾害响应和监测评估的重要支撑工具，有助于灾害救援过程效率和供给质量提升。例如，近年来发生的重、特大自然灾害应急

---

① 重大灾情 24 小时零报告制度，指在重大自然灾害灾情稳定之前，省、地（市）、县三级民政部门均需执行 24 小时零报告制度。即有灾报灾、无灾报平安，自然灾害发生后以最快方式向上级报告，即使没有变化也必须上报情况直到灾害过程结束。

② 国务院灾害调查组：《河南郑州 7.20 特大暴雨灾害调查报告》，2022 年，http://www.gov.cn/xinwen/2022-01/21/content_5669723.htm.

救援中，无人机技术的运用贯穿于灾情侦查、灾后地质地貌测绘以及灾情信息反馈，为救灾发挥了重要作用。自然灾害发生后，受限于地形地势的障碍或恶劣自然环境，救援人员和救助设备很可能无法在第一时间赶赴灾害现场，为保证及时了解灾情和对受灾群众救助，可以借助无人机技术进行现场侦察勘测，投送基本物资，以暂时保证受灾群众的基本生活需求。实践表明，现代高科技产品和技术装备的运用（如表 2-5 所示），对于灾害现场侦查有着特殊优势，有助于最大程度地避免救援人员的伤亡，提高整体救援效率。

表 2-5　现代科学技术在自然灾害应急领域的运用

相关部门	科技支撑系统
中国气象局	发射"风云"系列卫星，建成 146 部新一代天气雷达，91 个高空气象探测站 L 波段探究系统，25420 个区域气象观测站，以及专业气象观测网
中国海洋局	引进无人船调查技术，结合无人机滩涂地形地貌调查，形成海岸带浅水综合地质调查工作体系；大力发展离岸观测能力、海上浮标观测能力和断面调查能力，建设海气相互作用—海洋气候变化观测及评价业务体系
国家林业局	卫星遥感、飞机巡护、视频监控、瞭望观察和地面巡视的立体式监测森林和草原火灾体系，建立森林火险分级预警响应和森林火灾风险评估技术
自然资源部	利用合成孔径雷达干涉（InSAR）技术进行时序分析处理，开展灾后地区隐患排查；多个空间区域地面沉降专业监测网络基本建成
水利部	以地理信息系统（GIS）为框架，建设洪水预报决策支持系统和泵站、水闸、水库的实时监控系统和水资源管理系统、水文水资源数据系统
国家测绘地理信息局	北斗综合卫星定位服务系统（CORS）地理信息服务平台，遥感技术

（六）社会动员系统

广大民众既是自然灾害救助活动的保护对象，也是救援过程可以依靠的重要力量。目前，中国防灾减灾志愿者队伍逐渐发展壮大，成为救灾中不可或缺的中坚力量。社会动员的开展，在很大程度上体现政府行政系统的资源调配能力和防控救援能力。

譬如，2021 年 7 月 17 日至 23 日，河南省大部区域遭遇历史罕见的特大暴雨，发生严重洪涝灾害。特别是 7 月 20 日郑州市因灾遭受重大人员伤亡和财产损失。党中央、国务院高度重视，习近平总书记和李克强总理做出重要指示和批示。国家有关部委、解放军和武警部队、消防救援队伍、民兵、预备役部队、中央企业以及社会救援力量、志愿者和广大干部群众全力以赴投入抗洪抢险救灾中。郑州"7·20"特大暴雨灾害救援凸显了我国强大的抗灾社会动员能力和制度优势。

（七）组织协调机制

应急响应阶段既要重视对调度现场和灾害现场的控制，也要强化应急响应过程中的组织协调。自然灾害应急响应不是一个部门或单位就可以独立解决的，更多情况下需要不同层级、不同来源的组织和个体共同参与。为了保证多部门间的联合响应顺利进行，保证应急主体间的高效互动，需要建立科学有力的组织协调机制。协调是使参与应急救援处置的各部门、各主体建立起共同的抗灾认知、在共识基础上产生协同协作行为。应急响应效能在一定程度上取决于组织协调功能的发挥。作为贯穿应急响应过程的纽带，组织协调必须以明确的职责体系构建为前提，合理配置应急资源，制定执行应急策略。

第四节　灾后恢复重建与救助

自然灾害扰乱正常的社会生产生活秩序，给民众生命财产安全带来了巨大损失，"恢复重建"是保证灾后社会运行和生活步入正轨的关键环节。根据《国家自然灾害救助应急预案》，我国灾害恢复重建工作的方针是依靠群众，依靠集体，生产自救，互助互济。恢复重建不仅包括受灾区域的恢复以及社会生活等方面的重建，还包括防止次生和衍生灾害发生、受灾地区灾损评估、人员心理创伤治疗以及地区重建规划等。重大自然灾害发生后，灾后恢复重建工作伴随灾害救援救助的全过程，对保障灾后社会秩序稳定起到重要作用。

一、灾后恢复重建

（一）组织领导

根据灾情信息，由国家减灾委、应急管理部等应急部门成立灾后恢复重建工作专班，把握实施过程和配套政策。受灾地区政府应在环境安全可靠的前提下，采取就地重建与异地重建、政府救助与公众自我救助相结合的过渡方式，妥善安置受灾群众，充分发挥社会组织、企业部门等力量，鼓励受灾群众自救互救。例如，2021年河南郑州"7·20"特大暴雨灾害后，建立了中央统筹、省负总责、市县抓落实、灾区群众广泛参与的灾后恢复重建机制，中央在资金、政策、规划等方面充分发挥统筹指导和支持作用，地方成为灾后恢复重建工作的具体实施主体，承担组织领导、协调施策、提供保障等重点任务。

（二）调查监督

灾情评估包括直接破坏和直接经济损失评估、间接经济损失评估和人员伤亡评估。评估的重点是要掌握灾情的影响范围、伤亡情况、房屋等基础设施破坏情况、农作物受灾面积以及资源、机构、设备受损状况和经济损失。灾前、灾中和灾后三个阶段需要分类评估。灾前预评估是对某一地区可能遭受的灾害强度进行历史复发率和灾损强度等级的诊断评估；同时对该区人口、各类企业机构等社会资产的承灾能力进行调查，并对可能灾害风险的大小和损失进行估量。灾时和灾后的灾情评估，前者用于抢险救灾能力的调度，后者用于灾损的估量和重建安排。灾情评估包括对人员伤亡情况、房屋损毁情况、基础设施、社会公共设施、工农业生产设施、交通、环境生态、自然和历史文化遗产、地质地貌、水利工程、资源环境承载力、次生灾害等多方面毁损程度、数量和情况进行分析。以国家海洋局《海洋灾情调查评估和报送规定》（2013）为例，在灾情报送过程中，分别从初报、续报、核报、补报四个环节来实现灾前、灾中和灾后调查评估，旨在关注重点保障目标、重要人口密集区和沿海重大工程的灾害影响情况。

此外，政府有关部门不仅要对重建工程质量、安全以及产品生产进行监督，还要对灾后物资的分配、使用情况进行核对，灾后要接受上级部门检查，其各项工作要进行公示以便接受社会监督。

（三）资金落实

通过灾情评估，依据相关法律法规和规范标准，考虑经济、环境、测绘、区域等多方面情况，统筹兼顾灾害重建工作。按照民政部《自然灾害生活救助资金管理暂行办法》（2011），灾后通过财政补贴、以工代赈、灾后基金等方式或者非政府组织捐赠方式落实重建资金，以投入灾后重建工作。遭受特大自然灾害地区所需生活救助资金，由中央财政与地方财政共同负担，具体分担比例根据各地经济发展水平、财力状况和自然灾害特点等因素确定。此外，灾区的各级政府应当坚持自力更生、勤俭节约原则，通过多种渠道筹集资金、物资，保障灾后恢复重建工作的有序开展。国家鼓励公民、法人和其他组织为灾后恢复重建捐赠的同时，也接受外国政府和国际组织提供的符合灾后恢复重建的援助。

（四）开展重建

灾区地方政府部门根据恢复重建方案，分工合作，统筹安排，推动各项灾后恢复重建。以郑州"7·20"特大暴雨灾害为例，为有力有序有效做好灾后恢复重建工作，国家发展改革委发布了《河南郑州等地特大暴雨洪涝灾害灾后恢复重建总体规划》（以下简称《规划》），其中明确中央统筹，地方负责。《规划》中根据灾区情况和重建基础做出了明确的重建方案，恢复重建内容包括居民住房、基础设施、城市内涝治理、公共服务、产业恢复振兴、生态环境修复、应急管理等。恢复重建过程中，还面临着以下四个重要问题：第一，恢复重建的选址。一般有三种决策方案：原地原址重建、原地异址重建和异地重建。抉择的标准是选址是否有利于降低未来灾害发生的可能性。第二，住房的恢复重建。其重建过程一般经历应急住宅、临时住宅、临时住房和永久住房四个阶段。第三，经济的恢复重建。包括恢复关键性基础设施、出台税收优惠政策、信息支持和技术指导。第四，心理干预。自然灾害可能对受灾者、救援者造成心理创伤，因而心理干预十分必要。

（五）防止次生灾害

灾后重建过程中，人员安置计划包括生活饮用水保障、卫生环境保障以及个人独立生活空间的保障。同时，灾后是传染病蔓延的高发期，需要在救援过程中做好卫生检疫工作，避免传染病发生，一旦发现要及时诊断和高效阻断。针对灾区传染病爆发的高危风险，需要建立疫情监测系统来尽早发现有流行倾向的病例，以便在没有广泛传播前迅速控制疫情。

以2022年四川省甘孜州泸定县地震为例，灾区卫生行政部门加强了传染病疫情、食源性疾病和突发公共卫生事件监测工作，启动日报告和零报告制度。对灾民集中地点，安排专人包干，及时筛查传染病病人。灾区行政部门根据实际情况，通过印发宣传册、张贴宣传画等多种形式，向救援人员和群众宣传灾后卫生防疫相关知识，防止了次生灾害的发生。

（六）评估重建

《国家综合防灾减灾规划（2016—2020年）》对自然灾害综合评估业务平台建设和重建工程做出如下要求：以重大自然灾害风险防范、应急救助与恢复重建等决策需求为牵引，建立灾害风险与损失评估技术标准、规范和参数库。建立灾害综合风险调查与评估技术方法，在灾害频发、多发地区开展灾害综合风险调查与评估试点工作，形成灾害风险快速识别、信息沟通与实时共享、物资配置与调度等决策支持能力。完善灾害损失与社会影响评估技术方法，突破灾害快速评估和综合损失评估关键技术。建立重大自然灾害灾后恢复重建选址和进度评估技术体系，形成面向中央及省级救灾决策与社会公共服务的多灾种全过程评估数据和技术支撑能力。

二、自然灾害救助

（一）生命救援和医疗救治

应急救援过程应当把民众生命安全摆在重中之重，坚持"以人为本"的工作原则。重大自然灾害发生后，政府部门要高效组织应急救援行动，保障民众生命安全，主动、科学地对受灾民众提供帮助。同时，医疗救援队伍应及时对受伤人员进行医疗救治。设置医疗救助点，保障所有受灾人员接受基本的医疗救助。其间，必须强化以下注意事项：第一，医疗人员的培训和监督。灾区医疗救助对医务工作者提出了更高的要求，医护人员在具备医疗专业技能的同时，应接受专业培训，确保在受灾情况下科学救治伤员。第二，心理救助服务。医疗部门提供专业的心理救助服务，组织专家、医护、志愿者参与到心理救助活动中，保障心理救助工作的有序开展。第三，卫生防疫。确保大灾之后无大疫是自然灾害救灾工作的一个关键环节，政府应在灾后及时组织卫生防疫部门开展防疫工作。

（二）救助资金支持

重大自然灾害发生后，政府相关部门通常会对受灾地区实行一定的优惠政策以帮助当地恢复、发展经济和社会再造，如政策性贷款、对灾区低收入群体的贷款贴息和居民房屋修缮贷款给予融资优惠等。灾后特殊的财税政策和金融政策，一方面可以缩小重建资金的筹集成本，另一方面也有利于恢复和增强受灾地区民众和企业对经济恢复、家园重建的信心。同时，灾后重建不仅需要政府财政支持，向基础设施重建和生活秩序恢复提供救助专款，也需要充分调动社会力量，鼓励各类企业以财力支持或物资、人力提供等方式参与灾后恢复。非灾区县级以上地方政府及有关部门应按照国家安排，采取对口支援等多种形式支持灾区重建。例如，河南郑州"7·20"特大暴雨灾害后，《河南郑州等地特大暴雨洪涝灾害灾后恢复重建总体规划》明确强调灾后恢复重建的资金主要由财政资金予以支持，银行保险机构应对符合条件的灾后恢复重建项目和受灾企业、群众加强支持力度。

（三）基础设施重建

基础设施恢复重建是灾后重建的重要内容。基础设施（如水、电、气、通信、交通等）的受损严重影响社会系统正常的生产、生活秩序，甚至干扰应急救援救助工作的开展，重建主要包括交通、供水供电、商业服务、医疗服务等市政公用工程和公共生活服务设施。推动基础设施重建和运营过程中，可以采用更加灵活的方式，如引入社会资本和民营资本，采取建设-移交（BT）、建设-经营-转让（BOT）、公私合营（PPP）等融资方式，通过合资、合作多渠道获得必要的建设资金。例如，四川省什邡市北京大道是一条贯穿什邡地区的交通要道，也是什邡抗震救灾的生命线。2008年汶川地震后，北京作为什邡市对口支援城市，安排16亿元资金，分期建设了这条公路。

（四）生态环境修复

生态环境在自然灾害中通常会受到不可避免的破坏，如森林生态系统、水生态系统、生物多样性以及农业生态系统等，其影响主要包括：第一，重大自然灾害使野生动物失去赖以生存的家园和食物，导致动物数量骤减，甚至灭绝。如2019—2020年澳大利亚丛林大火导致数亿只动物死亡。第二，灾害可能导致危险物品泄露而危害自然环境，废弃物污染和处置是应急响应过程中必须面对的问题。因此，灾后重建应同步推进家园重建与生态系统恢复，注重人与自然的和谐，在对灾区生态环境科学充分评估的基础上整体规划，既保护自然地貌，又防止次生灾害发生。以灾害重建为契机，改变民众生产消费方式，倡导建设资源节约型、环境友好型社会。比如，2017年8月8日九寨沟地震后，四川省林业厅印发了《"8·8"九寨沟地震灾后生态环境修复保护项目2018年度实施计划》，明确了九寨沟地震灾后生态环境修复涉及的19个项目，包括饮用水源地保护、九寨沟县水土保护工程恢复重建和松潘县环境质量保障。四川省林业厅还规划了恢复震损植被，修复大熊猫栖息地和林区基础设施，综合治理小流域水土流失问题。

（五）个体心理恢复

重大自然灾难往往给民众个体造成身体、心理、物质、精神等多层次的伤害，尤其冲击人们的精神情感而带来创伤，形成灾后应激反应和恐惧。专家、医疗队的心理救助固然十分必要，但生活保障以及社会力量带来的抚慰更容易使个体获得安全感，对其心理修复构成持续、潜移默化的影响。灾后心理恢复的目标人群主要有三大类：一是遇难者家属；二是旁观者，包括灾害幸存者、目击者；三是外围人群，包括救援人员、官员、记者、遇难者同事，以及通过媒体间接体验到灾难冲击的一类人。许多灾难中的幸存者摆脱受灾经历是一个艰难而长期的过程，如果持续时间过长则需要寻求心理学家、社会工作者和精神科医生等的专业性帮助。因而，灾后恢复重建阶段，实现由传统的"治物型"恢复重建，向"治物与治人并重"转变，对于自然灾害救助尤为重要。

总之，自然灾害恢复重建需要以完善的灾损评估为前提，科学制定和实施重建规划，统筹城乡发展、住房和公共服务设施等项目建设；以解决民生问题为出发点，满足人民群众基本生活需要；坚持统一部署、分工负责、突出重点、上下协调的原则，保障重建工作中群众知情权、参与权、选择权和监督权。同时，重建过程要兼顾短期利益和长远发展目标，统筹恢复性建设与提升性发展。

本章小结

我国在抗击各类自然灾害的斗争中不断总结经验教训，健全完善风险治理手段，制定了一系列应对自然灾害的政策方针，逐步建立起适合本国特征的自然灾害应急管理体系，推动灾害应急体制、机制、法制和预案建设稳步发展。未来，要着力加强自然灾害协同体系建设，加强各级政府部门、企业及社会力量的合作，做好战略物资储备和调配管理工作，更需要提升民众的防灾减灾意识，通过广泛的合作共治提升自然灾害应对效能。

关键词

自然灾害　应急预案　应急响应　恢复与重建

复习思考题

1. 自然灾害有哪些主要特征？
2. 我国自然灾害应急预案的应用有哪些短板？

3. 以特定案例为对象，概要阐析自然灾害恢复重建的一般程序。

4. 谈谈你对自然灾害应急响应中社会组织作用的理解。

拓展阅读

河南郑州"7·20"特大暴雨灾害灾后恢复重建

2021 年 7 月 17 日至 23 日，河南省遭遇历史罕见特大暴雨，发生严重洪涝灾害，特别是 7 月 20 日郑州市遭受重大人员伤亡和财产损失。全省因灾死亡失踪 398 人，其中郑州市 380 人，新乡市 10 人，平顶山市、驻马店市、洛阳市各 2 人，鹤壁市、漯河市各 1 人。郑州市因灾死亡失踪人数占全省的 95.5%。

党中央、国务院对此高度重视。习近平总书记在防汛关键时刻做出重要指示，要求始终把保障人民群众生命财产安全放在第一位，抓细抓实各项防汛救灾措施。国家防总、国家减灾委立即启动应急响应，派出工作组指导开展防汛救灾工作。国家有关部委、解放军和武警部队、消防救援队伍、民兵、预备役部队、中央企业以及社会救援力量、志愿者和广大干部群众全力以赴投入抗洪抢险救灾。河南省委省政府和地方各级党委政府认真贯彻落实党中央、国务院决策部署，深入开展防汛救灾工作，灾区群众得到妥善安置。

河南郑州等地特大暴雨洪涝灾害灾后恢复重建是一项十分艰巨的工作，需要克服受灾面积广、受灾人口多、受灾时间长、基础设施损毁重等特殊困难和挑战。做好河南郑州等地特大暴雨洪涝灾害灾后恢复重建工作，关系到灾区群众的切身利益和长远发展，必须充分发挥社会主义集中力量办大事的制度优势，传承中华民族自力更生、艰苦奋斗的优秀品质，依靠灾区广大干部群众，通过精心规划、精心组织、精心实施，重建美好新家园。为有力有序有效做好灾后恢复重建工作，依据国家有关法律法规和政策文件，在开展灾害损失评估、地质灾害调查评价、风险隐患排查、建筑物受损程度鉴定等工作的基础上，经过专家论证、广泛征求意见，制定本规划，规划期为 2021—2024 年。

河南郑州等地特大暴雨洪涝灾害范围分为极重灾区、重灾区和一般灾区三类。本规划的规划范围为极重灾区和重灾区涉及的 40 个县（市、区），恢复重建内容包括：居民住房、基础设施、城市内涝治理、公共服务、产业恢复振兴、生态环境修复、应急管理等。此次灾后恢复重建的目标是，经过一年的努力，基本完成影响防洪的水毁水利工程修复、损毁房屋修缮加固和农村居民自建住房原址重建，交通、能源、通信等基础设施和教育、医疗卫生服务保障能力基本恢复到灾前水平。经过三年的努力，全面完成灾后恢复重建任务，灾区防灾减灾能力得到显著提升，生产生活条件和经济社会发展水平全面恢复并超过灾前水平。

资源来源：河南郑州等地特大暴雨洪涝灾害灾后恢复重建总体规划. 2022，www.gov.cn/xinwen/2022-03/14/content_5678960.htm.

参考文献

[1] 于良巨、马万栋.《自然灾害内涵及辨析》,《灾害学》2015 年第 4 期

[2] 国务院.《国家自然灾害救助应急预案》,http://www.gov.cn/zhengce/content/2016-03/24/content_5057163.htm，访问日期：2022 年 7 月 4 日

[3] 国务院办公厅.《国务院办公厅关于印发突发事件应急预案管理办法的通知》,http://www.gov.cn/zhengce/content/2013-11/08/content_1077.htm，访问日期：2022 年 7 月 18 日

[4] 李宁、吴吉东主编.《自然灾害应急管理导论》. 北京：北京大学出版社，2011

[5] 国家粮食和物资储备局，应急管理部、财政部关于印发《中央应急灾物资储备管理暂行办法》的通知，国粮应急规[2023]24 号，http://shlx.pkulaw.cn/fulltext_form.aspx?Gid=239706.

[6] 王宏伟主编.《公共危机管理概论》. 北京：中国人民大学出版社，2016

[7] 国务院办公厅.《国务院办公厅关于印发国家综合防灾减灾规划（2016—2020 年）的通知》,http://www.gov.cn/zhengce/content/2017-01/13/content_5159459.htm?trs=1，访问日期：2022 年 7 月 4 日

[8] 中国气象局应急管理办公室.《省级地方政府气象灾害专项应急预案汇编》. 北京：气象出版社，2012

[9] 黄崇福主编.《自然灾害风险评价》. 北京：科学出版社，2012

[10] 樊杰主编.《鲁甸地震灾后恢复重建资源环境承载能力评价》. 北京：科学出版社，2016

第三章　事故灾难应急管理

导　读

　　事故灾难是直接由人的生产、生活活动引发，违背人们意志且造成大量人员伤亡、经济损失或环境污染的意外事件。事故灾难导致的破坏性不仅在于危害强度，还取决于一定条件下的社会韧性程度。本章将重点介绍事故灾难的基本类别、主要致因以及应急处置系统，阐析如何通过前期预防工作与制度化举措提升应对能力，降低社会系统脆弱性。在论述事故灾难应急系统运作和救援方案基础上，列举近年来突发事故灾难实例，比较我国和一些发达国家事故灾难应急处置系统的异同，揭示应急体系的重要性与运行职能。

学 习 目 标

➢　了解事故灾难的类型特征和致因要素

➢　理解事故灾难应急处置系统的运作过程

➢　掌握事故灾难的应急救援方案内容

➢　了解安全事故应急演练的主要形式

第一节　事故灾难概述

一、基本内涵与致因

理解当代事故灾难，需要切入我国本土情境的一个词语——安全生产。安全生产是指以保障劳动者生命财产安全为前提开展的各类工商业生产、经营、物流服务等活动。现实中，安全生产更多聚焦于企事业单位生产经营场所内的安全问题，随着社会活动结构越发复杂，安全生产的边界范围也逐渐扩大。事故灾难应急管理是各国政府维系公共安全和社会秩序、保障人民生命财产安全的重要职能。

事故灾难具有灾害性后果，一般指由生产活动引发的违反人们意志、迫使活动暂时或永久停止，并且造成人员伤亡、经济损失或环境污染的意外事件。事故灾难的发生往往具有突发性、不确定性，致灾因子也存在多样性。随着现代科技的迅猛发展，新材料、新工艺、新技术的层出不穷也使各类风险难以被完全认知，事故灾难产生的不确定性更加突出。把握不同事故灾难的特点和彼此间的联系，首先需要了解各类事故灾难的危险源，即产生的根源。

（一）危险源

危险源被用来说明引发某一事故灾难的危险根源。国际劳工组织(ILO)根据其主旨方向，将储存和使用过程中可能引起灾难事故的危险物质单元视为重大危险源。美国联邦紧急管理署（FEMA）将危险源定义为可能造成致命的人身伤害、财产损失、农业损失、环境破坏、阻碍商业发展以及可能构成其他伤害和损失的事件和情形。[①]系统安全理论认为，人类活动中任何可能引发事故灾难并导致人员伤亡或财产损失的因素都可称作危险源。我国《职业健康安全管理体系规范》（2019）中将危险源定义为"可能导致伤害或疾病、财产损失、工作环境破坏或这些情况组合的根源或状态"。综合来看，危险源即危险的根源，是安全评估或安全检查不到位，在生产生活中一般不显见的具有隐藏危险的区域或源点。

---

① "Multi Hazard Identification and Risk Assessment", Washington, DC:Federal Emergency Management Agency, 1997.

基于社会科学视角，灾害由于危险源的隐藏或暴露而引发。理论研究中常常将危险源与"隐患""风险"进行区分：危险源仅表示一个带有风险的客体，并非制度化、组织性的诠释，不带任何程度的价值导向判断。风险和隐患，带有一定程度的理性逻辑判断和价值思考，是人们根据危险源而做出的解释与定性。危险源是安全生产重点关注的内容，是生产过程中必须高度重视，纳入评价、防范和控制的部分。

（二）事故灾难致因

事故灾难致因即导致事故灾难发生的一切条件的总和。将危险源所处的物理、化学状态和约束条件状态称为存在条件，主要是可以维护或保障某一危险源较为稳定的安全状态专业设施，包括储存条件、管理规定、检查要求等。这也是事故灾难得以预防或避免的基本条件。触发因素是潜藏的危险源直接转化为明显导火索的因素，每一类型的危险源都有相应的敏感触发因素，当触发因素的容忍度达到顶点时，便会直接引发事故灾难。如工人对危险设备操作不当、管理机制出现疏漏等。本节从具有辨识度的触发因素，即人为因素、管理因素、客观因素等阐述事故灾难的具体致因。

随着生产力的发展，科学技术给人类生产活动带来便利，同时也使人们面临的生产环境日益复杂，矛盾愈发激烈和尖锐。为了追溯事故灾难的致因，研究者进行了大量探索，结合安全生产的实践经验，总结出若干事故致因理论。其中，海因里希（Heinrich）的事故因果连锁理论最具有代表性。海因里希在《工业事故预防》一书中最先提出事故因果连锁论，并通过"多米诺骨牌效应"对事故的连锁过程进行形象化描述，将其涵盖为事故的基本原因、间接原因、直接原因、事故及事故后果等五个互为因果的事件。具体而言，当一块多米诺骨牌倒下，则后面的骨牌会相继倒下，发生连锁反应；如果移去一块多米诺骨牌，则连锁被破坏，事故过程将终止。换言之，若事故致因的"事件链"被破坏，则事故连锁过程可能中止，从而避免事故灾害发生。

基于海因里希的事故因果连锁理论，博德（Bode）对事故致因理论进行了发展，他认为如果管理者能够充分发挥管理职能，合理地调整个人和工作的条件，并对人的不安全行为和物的不安全状态进行有效控制，就可以避免事故的发生。博德的事故因果连锁论作为管理失误论的主要理论模型，形象地将事故全过程中的各种因素分类、推理并提升到理论层面，对事故发生机制和特点进行了生动描述，对事故原因进行了定性和定量分析。该理论有力抨击了"事故不可避免"的错误认识，提出在许多情况下通过恰当的管理措施能够减少或降低事故发生的频率和损失。

斯奇巴（Skiba）提出，生产操作人员与机械设备两种因素对事故的发生均产生影响，只有当两种因素同时出现时，事故灾难才能发生。这就构成了轨迹交叉论的基本思想：事故灾难是由许多互相联系的事件顺序发展的结果，主要分为人和物两大发展系列。在事故发展进程中，人的不安全行为和物的不安全状态在运动轨迹中产生交点，即在同一时间、同一空间发生接触时，事故才会发生（如图 3-1 所示）。①轨迹交叉理论作为一种事故致因论，强调了人和物的因素在事故中占有同样重要的地位。

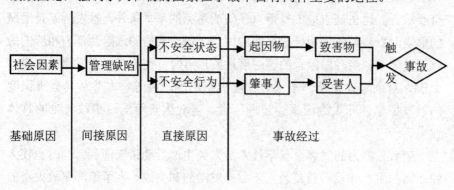

图 3-1　轨迹交叉论事故模型

二、事故灾难的类型及特征

从安全生产角度来看，结合我国近年来发生的事故灾难事件，可以将事故灾难分为以下五种类型：交通运输事故、公共场所设施安全事故、工矿商贸等企业安全事故、危险化学品领域事故和环境生态污染事故。

（一）交通运输事故

交通运输事故是我国各事故类型中发生较为频繁的一类安全事故，与其他类型事故存在一定区别，人们的不当行为或失误操作是造成交通运输事故的最大根源。随着我国经济社会发展的加速，公路、铁路、城市轨道交通、高速交通等多种交通方式齐头并进，无疑增加了事故灾难致因的复杂性；城市交通历史欠账过多等原因也增加了交通事故发生的概率。

---

① 张涛、吕淑然：《基于轨迹交叉论的石油管道泄漏爆炸事故预防研究》，《灾害学》2015 年第 4 期。

1. 公路交通事故：因车辆未遵守交通规则或道路原因造成的人身伤亡、财产损失的事故。该类事故的触发因素主要体现为：

（1）人为因素：车辆驾驶员疏忽大意、违章行驶或操作失误；行人与非机动车驾驶者不遵守交通规则等；

（2）客观因素：天气环境恶劣，如暴雨、台风、大雾天气、公路积冰、路面湿滑；车身问题，如车辆性能差，出现刹车失灵等故障；公路设计标准和实际运行状况不协调；公路交通设施欠缺或失灵；经济发达地区或交通枢纽地带的车流量过于密集等；

（3）管理因素：交通疏导技术水平落后；交通设施不完善、科技含量不足；交通指挥和管理水平不高等。

2. 铁路交通事故：火车因脱轨、颠覆、起火、爆炸等造成人身伤亡或财产损失的事故。结合国内外铁路交通事故状况，铁路交通事故一般具有以下三大显著特征，即连锁反应明显、救援工作困难、损失程度重大。

首先，铁路交通与普通道路交通不同，前者拥有既定的轨道路线，一般不会轻易发生改变，一旦某一路段发生铁路交通事故，那么整条线路的交通运行就会受到严重影响，导致一系列衍生问题的产生。

其次，由于铁路事故处理的时间较长，过程较为复杂，发生事故路段长时间中断，若铁路控制中心不能快速反应进行列车行进调整，那么相邻时间段的列车很容易因信息不畅没有及时改变线路而导致连续性事故。

再次，铁路轨道一般设置在远离城市中心及公路要道的区域，铁路事故往往发生在较偏僻路段，这使得救援人员难以迅速到达事故现场进行处理；同时，错综复杂的铁路交通网和周边自然环境的条件限制，也会使一些必要的救援重型机械设备无法靠近或运到现场，进一步增加了铁路事故救援的难度。

最后，发生铁路交通事故时，列车紧急制动后的惯性作用，往往会导致车厢撞击和挤压，引发大量人员伤亡、经济损失；同时，铁路交通事故容易造成铁路交通堵塞，发生旅客滞留现象，影响正常的社会秩序。

3. 水上交通事故：是指船只等浮动设备在海洋、湖泊、河道通航水域发生的交通事故，如碰撞、搁浅、沉没、主机损坏、船员伤亡等。

（1）事故触发因素

人为因素：航海知识与经验不足、过度疲劳、缺少专业的管理人员、船员劳务市场不规范等。管理因素：船只的机械、设备不规范，货物超载等水上安全行业管理工作落后；船舶没有定期进行维修保养；安全管理规章制度不落实。客观因素：恶劣的自然环境。

（2）事故特征

水上交通事故除人财损失外，还会造成严重的环境污染，比如装载大规模的油品材料的船只发生倾覆；然而，相较于其他类型的交通运输方式，水上交通运输事故的发生概率相对较小，且通常多发生于夜间或集中于水上运输密集的特定时间段。

4. 民用航空事故：是指民用航空运行发生的不安全事件。通常来说，民用航空事故的发生率与死亡率成反比，即发生概率极小，但一旦发生则死亡率极高。小事故演变成机体全毁和致命事故有时仅有分毫之差，但导致致命事故发生的安全因素存于各个环节。

（二）公共场所设施安全事故

1. 电梯事故

近年来，我国电梯事故频发，无论是商场自动扶梯，还是住宅建筑物内电梯，常常因电梯设备老化或出现故障、民众轻视电梯安全而做出错误举动等发生突发事件。随着城市规划的步伐加快，更多高楼耸立，电梯成为城市生活不可缺少的工具，电梯事故给城市居民造成的影响也随之增多。总的来看，其发生原因包括主客观两个触发因素：

（1）主观因素：管理人员的职责疏忽。电梯安装启用后，管理人员没有遵循相关安全规范定期检查修护电梯，导致电梯事故发生；电梯在发生紧急情况时，个体缺乏应急处理策略；使用人员对电梯运行过程中出现的问题认识不充分等；

（2）客观因素：电梯管理规章制度不完善；电梯质量存在问题，商场或住宅小区电梯在安装之时不符合国家电梯标准，导致电梯投入使用过程中频繁发生安全事故。

2. 道路塌陷事故

随着我国城镇化进程及道路设施建设加快，道路塌陷事故的发生频率、发生地点、发生时间越来越密集。道路塌陷突发性强、无预兆性、遇灾人员逃生难，该类事故的触发因素主要包括：

（1）设计疏忽：公路软土分布不均匀，没有引起勘察设计部门的重视，工程设计时仅对部分路段地基进行处理，导致坍塌事故发生；

（2）土层失衡：部分软土层在自然状态下处于稳定状态，但是在荷载或震动作用下，容易发生路基剪切破坏；

（3）地基超负荷：地基所受的荷载大于其极限荷载，如城市地下管道铺设过多，导致地基失稳滑动而破坏。

3. 公共场所停电事故

公共场所停电事故指在商店、酒店、医院、车站、电影院等人员密集场所所发生的突然停电事件。一般是电流过大、电压不足或是供电线路出现问题所导致，由于发生在公共场所，基础公共设施多、人员流动密集，非常容易引起恐慌、起哄、骚乱甚至人员踩踏，如果相关部门人员不能及时恢复正常供电或维护现场秩序，可能引发严重的社会安全事件，甚至造成大量人员伤亡。

（三）工矿商贸等企业安全事故

工矿商贸等企业是我国社会经营主体的重要力量，这类企业往往结构庞大、管理层级多，涉及的生产技术领域具有较高安全隐患，内外因素导致发生安全风险暴露的概率增加。具体事故包含以下七种类型：

1. 粉尘爆炸：主要是因未及时处理生产车间或场地内积聚的粉尘，且有产生高温的物体与大量粉尘处于邻近空间内。

2. 液氨泄露：为方便运输和存储，液氨一般都装在压力钢瓶中，一旦钢瓶顶不住气体的压力就会发生爆炸。液氨本身是有毒物质，具有腐蚀性，发生泄露后极易引发火灾，酿成巨大灾难。

3. 瓦斯爆炸：瓦斯爆炸破坏的范围大、影响程度深，易引起煤尘爆炸。一般来说，发生瓦斯爆炸的事故现场区域大，需要多部门参与事故处理，以提高部门联动效率。

4. 煤尘爆炸：煤尘爆炸往往是因为煤矿巷道内沉积了大量煤尘，遇电火花后容易点燃局部聚积的瓦斯，从而引起重大煤尘爆炸事故。

5. 瓦斯突出：瓦斯突出多是因为在煤或岩层中天然的或因采掘工作形成的孔洞、裂隙存有大量的高压瓦斯；或者在煤矿开采过程中因使用机器而出现裂缝，致使瓦斯喷出。

6. 矿井水灾或火灾：矿井水灾主要是指矿山中突然涌水造成的灾害；矿井火灾通常是因为矿井内易燃物质遇明火或达到着火点而引发较为封闭狭小空间内的重大火灾事故。

7. 顶板事故：是指在矿井下，因缺少防护支撑设备使得顶板意外掉落，造成的人员伤亡、设备损坏、生产中止等事故。

上述七种工矿商贸企业安全事故中，较为常见的类型是粉尘爆炸与矿井火灾。粉尘爆炸事故极易引发二次爆炸，往往会产生大量有毒气体，故具有极大的破坏力。矿井火灾事故的发生有内外两个触发因素，内因主要是煤自燃和硫化矿石自燃：前者是指煤不经点燃而自行着火的现象，通常因为遇到空气中的氧气，发生了热量聚集，使煤温升高达到燃点而着火；后者是指含硫矿物发生类似的自燃问题，从而造成极大的生产安全隐患与事故灾难。矿井火灾的外因往往是不恰当使用易产生高温或明火的器材设备。

（四）危险化学品领域事故

危险化学品具有毒害、腐蚀、爆炸、燃烧、助燃、污染等性质，其特殊性质使危险化学品行业成为我国高危行业之一，近年来发生的危险化学品事故灾难表现出突发性强、难控制、破坏大的特征；同时，危险化学品事故如果处理不当或缺乏专业人员指导，很容易发生爆炸，且爆炸波及面广，会对人体、基础设施、生态环境造成严重污染危害。

（五）环境生态污染事故

从环境污染的客体来划分，环境污染事故主要包括：

1. 大气污染：工业污染、生活垃圾污染、交通污染、农业污染等造成的大气污染；

2. 水体污染：各种固体废弃物、禽畜粪尿以及各类废水被直接或辗转流入河内造成的水体污染；

3. 居室污染：各种燃料（煤、煤气、石油气、柴草等）燃烧、厨房油烟、室内装潢所用的油漆等引发的居室污染；

4. 土壤污染：生活污水、工业废水、固体废弃物、农药、化肥、牲畜排泄物在土壤中累积到一定程度引起的土壤污染。

第二节　事故灾难应急处置与责任机制

事故灾难的不可预见性、破坏性和复杂性等系列特征增加了应急处置的难度。大量的事故灾难经验教训表明，减少和有效应对事故灾害有赖于现代安全管理理念和方法，树立系统性和专业化思维。

一、应急处置架构

事故灾难应急处置系统和运作过程主要包含如下方面：应急救援预案、应急组织结构、应急救援行动、善后处理。

（一）应急救援预案

应急救援预案主要包含应急资源准备、明确组织与人员职责、制定应急演练计划等内容。为了保证应急处置系统的有效运行，需要事先制定一个完整周密的计划，以指导实际应急行动。我国自2006年开始制定并发布各类事故灾难专项应急预案，此后若干年间国务院各部委陆续出台多项文件，对应急预案编制、评审、备案、衔接等工作提出明确要求。经过多年的探索发展，应急预案体现出了针对性、完整性、相互衔接的鲜明特点。第一，应急预案针对重大危险源、各类生产事故、特殊岗位和地点、生产薄弱环节以及重大工程。第二，事故灾难的应急救援工作具有特殊的专业性要求。在应急预案编制中，无论是决策程序、处置方案，还是应急手段都体现出对科学专业化的高度要求。第三，发生重大事故灾难时，相关单位、人员按照应急预案进行迅速、有序、有效救援或撤离，故而事故灾难应急预案应具备实用性和可操作性，以应对复杂、特殊的生产事故。第四，应急预案应包含应急响应行动的全过程，体现完整性。第五，应急预案中的内容应该符合相关法律、法规的要求，如《中华人民共和国安全生产法》《危险化学品安全管理条例》等。第六，应急预案所涵盖的内容对应急救援具有指导作用，故预案信息应具有可读性。第七，事故灾难应急预案应与其他预案协调一致，互相契合。政府和生产经营单位之间应就应急预案的具体实施程序形成共识，在实际救援过程中相互衔接、相互配合。

（二）应急组织结构

1. 指挥协调机构

在事故灾难应急处置系统中，指挥协调机构是保证应急处置工作开展、协调各应急管理主体有效参与的重要机构，包括应急指挥机构和事故灾难指挥系统。

应急指挥机构是整个应急系统的核心。它负责协调事故应急处置期间各机构的配合、运作，保证应急处置工作有序、有效地进行，避免因行动秩序混乱而造成不必要的事故损失。事故现场指挥机构则是立足于特定地区特定情况的灵活应变指挥机构。它主要负责针对实际情形变化进行应急任务分配和人员调度，在最短时间内有效利用各种应急资源做出应急行动，发挥应急处置系统抵御事故或灾难蔓延并减轻危害后果的作用。事故灾难指挥系统是一套整合各方应急单位，实现稳定社会秩序、保护生命财产和环境安全的指挥应变体系。其主要承担以下功能：（1）负责协调各方，包括确定应对目标和管理所有的应急响应行动；（2）负责公共安全保障层面的跨部门联络行动；（3）负责收集并向媒体、应急人员以及其他相关机构和组织发布事故信息；（4）负责与不同机构和团体之间的协作沟通；（5）负责制定确保应急救援人员健康和安全的措施，评估和预测危险和不安全的情况，包括制定事故行动方案。

在我国，事故灾难指挥系统（现场指挥部）通常会建立相应小组进行统一应对。以2015年天津港"8·12"瑞海公司危险品仓库特别重大火灾爆炸事故为例，此次事故由天津市委代理书记、市长任总指挥，成立总指挥部，下设事故现场处置组、伤员救治组、保障维稳群众工作组、信息发布组和事故原因调查组（如图3-2所示）。

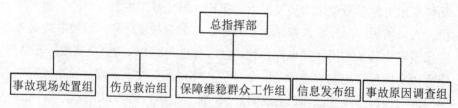

图3-2 天津港"8·12"瑞海公司危险品仓库特别重大火灾爆炸事故指挥系统

资料来源：中国网. 天津第八场爆炸事故新闻发布会介绍总指挥部架构. http://photo.china.com.cn/nets/2015-08/18/content_136335999.htm

2. 支持保障机构

支持保障机构是事故应急系统的坚强后盾，主要保障做好应急处置中人力、物力和资金的储备与调用，制定合理的救援安排，使整个应急行动顺利进行。"兵马未动，粮草先行"。随着科技的进步，事故灾难的复杂性和破坏性不断升级，对应急救援工作提出了更高的要求，为了顺利完成应急救援工作，必须具备充足的支持保障。完善的支持保障机构一般包括领导、供应、食品、运输、设施、通信和医疗等7个部门。在天津港"8·12"瑞海公司危险品仓库特别重大火灾爆炸事故中，我国政府组织抽调了9000余名医疗专家和医务人员，组织1000余名机关干部和街道社区人员构成服务工作组，对遇难、失联和重伤人员家属进行接待安抚工作。

应急支持保障实施过程中，主要按照以下原则开展工作：第一，时间原则。事故往往具有突发性、紧迫性，为了保障应急救援工作迅速、有序开展，支持保障工作必须在最短时间内到位，否则很可能贻误时机。第二，效率原则。事故灾难发生后，需要组织精良的支持保障力量参与应急救援工作，以尽可能高的效率达成保障救援的目标。第三，机动协同原则。支持保障工作必须具有较高的灵活度，要求人员能够权变应对。第四，安全原则。应急救援过程中，支持保障机构应确保救援保障力量的自身安全，避免其遭受事故灾难的危害。第五，科学原则。救援支持保障工作要在尊重客观规律的前提下，利用现代科技手段，采取恰当、科学的措施，避免蛮干和盲干。

3. 信息沟通机构

事故灾难中的信息沟通机构主要包括新闻媒体机构和信息管理机构。首先，媒体可以监督事故灾难应急处置系统的运作过程和实效，通过公开报道帮助事故单位或政府部门减轻事故灾难后期的负面影响。媒体在事故救援中的作用是无可替代的，如实、客观、及时报道事故灾难的实际情况，能够发挥"稳压器""桥梁"、激励和警戒作用。其次，媒体可以向公众通报事故事件真相和政府采取的行动，避免小道消息和谣言的传播，及时传播官方最新政策和事故救援的最新进展。最后，媒体应进行有效的舆论引导，为政府行动和政策措施赢得社会支持创造良好的救援舆论环境，有效化解和消除潜在危机。

信息管理机构肩负应急系统中的信息监管职能，发挥信息传递和资源共享功能，需要掌握先进的信息技术为应急工作服务。随着当代事故灾难类型愈发复杂，信息管理机构必须和时间赛跑，更准确地跟进灾难演变状况、帮助政府部门合理调度救援力量。政府信息发布过程中，按照《中华人民共和国政府信息公开条例》（2019）"以公开为常态，不公开为例外"规定，应遵循如下原则：一是如实报道，满足公众的知情权；二是要有人文关怀；三是要有社会责任感。

（三）应急救援行动

事故灾难应急救援行动具体步骤包括现场初始评估、危险物质探测、建立现场工作区域、确定重点保护区域和增援梯队。采取的一系列营救与疏散、减缓与控制、清除与净化等行为都是应急救援行动。以2019年无锡

高架桥侧翻事故为例，事发后无锡市和锡山区两级人民政府第一时间启动
I级应急响应机制。无锡市委市政府主要领导火速赶到事故现场，紧急组织
部署，调集大型装备和专业力量，全力实施救援。在救援过程中，市、区
两级公安部门做好现场控、秩序维护和围观群众劝离；市消防救援支队、
地震救援队、武警第二机动总队和交通第一支队紧急赶赴现场；中铁集团、
蓝天救援队等社会救援力量和志愿者队伍也在第一时间主动参与现场救
援。市卫健委第一时间调集救护车和急救人员到现场参与伤员救治；市电
信、移动和供电部门为事故救援提供了有力的技术保障。事故发生后，江
苏省应急、交通运输、消防总队等部门领导和人员，紧急赶到事故现场，
全程指导现场救援工作。

（四）善后处理

事故的善后处理包含两方面内容：一方面，是对事故现场、物资设施
等做好处置工作，如对化学品及放射性物质的清洁净化、医疗设备的清理。
应急救援行动结束后，及时启动事故调查、事故区域重建、损失评估等工
作。另一方面，对事故中伤亡的当事人和家属做好心理恢复工作，疏解灾
后心理障碍、减轻个人心理负担。比如，2016 年江西丰城电厂"11·24"
冷却塔施工平台坍塌特别重大事故发生后，丰城市人民医院迅速开辟"绿
色通道"，安排事故伤员直接入院检查、治疗，按照一级护理标准提供 24
小时的专人护理服务，救援指挥部调集医疗专家赶赴现场指导救助伤员。
事故指挥部下设的善后处置组包括了 9 个工作服务小组，按照每名遇难者
一个工作专班的服务对接工作机制，开展遇难者家属的情绪疏导、心理安
抚、赔偿协商、生活保障等善后处理工作。

二、事故灾难的责任机制

在我国，事故灾难应急管理的重要内容之一是事后调查和责任追究，
不仅要对事故灾难的性质进行定性和问责，还要总结事故经验教训，提出
有针对性的防范和整改措施，促进相关法律法规、标准规范的修改完善。

（一）调查问责的基本原则

1. 法治原则

依法问责要求事故灾难的调查问责工作必须严格依法进行，不得违反
法律、超越法律。具体而言，事故灾难的调查问责只能由法定的国家机构，
在法定的权责范围内，依照法定的条件和法定的程序实施开展。法治原则

主要体现在以下四点：一是调查问责的主体合法，具有法律、法规的明确授权；二是调查问责的权限符合法律规定，在其法定权限范围内开展调查问责；三是调查问责的内容合法，调查、获取的证据等充分；四是调查问责的程序合法，严格遵守法律法规。

2. 客观原则

客观原则又称为真实原则，要求调查问责必须以客观视角进行，依据真实的内容开展，不能以个人情绪或其他违背客观规律、事实情况看待事故灾难。这就要求调查问责的事故报告内容应当与事实相符，不存在虚假或主观虚构，没有证据支撑的情况都不得成为调查问责的支撑材料。

3. 公正原则

事故调查问责要在法理基础上开展，符合法律的强制性规范，在处置的自由裁量领域充分体现公开、公正、合理。具体而言，调查问责的动因应具有正当性，出于整治安全生产秩序、完善监督管理的目的，不得掺杂组织集团利益或个人的私欲；调查问责的实施过程建立在正当考量的基础之上，做到责任大小与问责对象的违法、违规性质、情节严重状况、造成影响后果等相适应，做到重责重罚，轻责轻罚，过罚相当；调查问责合乎理性，符合常理、常规和社会公德。

4. 专业原则

忽视安全生产导致的事故灾难具有特殊性和复杂性，其调查问责过程应秉持专业原则。基于此，一方面，要求参与调查问责的人员具有特定领域的专业性，比如专业知识结构、实践经验等；另一方面，要求调查问责程序具有专业性，例如通过科学的实验方式等进行场景再现。

（二）调查问责的主要实施步骤

1. 准备阶段

问责主体需要确定问责对象，具有问责的情形或者公民、法人和其他组织的举报、控告以及新闻媒体曝光，人大代表、政协委员的问责建议、工作考核结果等事实情形。此外，准备阶段需要确定可问责的内容和问责发起的主体。通常情况下，问责内容涉及行政决策、行政过程和行政结果，体现在行政问责制度中，问责对象表现出明显行为失范。当事故灾难的发生和演变源于行政部门和官员的行政决策、行政过程和行政结果失当时，问责主体应当按照法定程序发起问责。例如，2019年江苏响水天嘉宜化工有限公司"3·21"特大爆炸事故中，该公司及其相关人员涉嫌严重刑事犯罪，造成极其重大损失、极其严重后果和极为恶劣的社会影响，公安机关依法对 44 人采取强制措施，司法机关依据《中华人民共和国刑法》对相关人员追究相应责任。

2. 调查定责阶段

当问责程序依法启动后，问责主体或问责主体责成有关机构依据法定职权和程序对问责对象的问责事项开展调查。调查过程中应充分听取问责对象的陈述和申辩，并做好记录台账工作。经过依法、客观、专业的调查后，依据问责情形和标准，做出有关责任认定判断。其中，对党政干部进行调查问责，应当按照规定制作《党政领导干部问责决定书》。2015 年天津港"8·12"瑞海公司危险品仓库特别重大火灾爆炸事故中，依据《中华人民共和国安全生产法》等有关法律法规，国务院批准成立事故调查组，吸纳公安部、安全监管总局、监察部等部门与最高人民检察院以及相关专家共同参与事故调查工作，通过现场的反复勘测、检测鉴定、调查取证、模拟实验、专家论证等环节，查明事故真相，认定事故性质和责任，对相关责任人员提出了处理决定。①

3. 问责处理阶段

根据事故灾难调查定责的结果，若问责对象不存在问责情形，则终止对问责对象的问责；若问责情形确实存在，则根据不同问责情况实施相应的问责方式，并告知问责对象关于复核、复查申请的权利。问责发起的相关部门应当将《党政领导干部问责决定书》送达至问责对象及其所属单位，并做好后续处置工作。组织人事部门将问责材料和问责情况记入问责对象的个人档案，并及时将执行情况报告问责决定机关。此外，问责决定一般应当向社会公开，问责申诉期间不停止对问责决定的执行工作。在天津港"8·12"瑞海公司危险品仓库特别重大火灾爆炸事故中，调查组依据有关法律法规和党纪政纪规定，对事故有关责任人员和责任单位提出了相应处理意见，对天津市委、市政府通报批评，并责成其向党中央、国务院作出深刻检查；建议交通运输部向国务院做出深刻检查等。

---

① 中央政府门户网站：《天津港"8·12"瑞海公司危险品仓库特别重大火灾爆炸事故调查报告》，2016 年，http://www.gov.cn/foot/2016-02/05/content_5039788.htm，访问日期：2022 年 11 月 4 日。

第三节　事故灾难应急演练及预防

应急救援预案不是"纸上谈兵"，开展应急演练旨在建立完善事故应急救援体系，以实战行动检验应急预案，磨合应急机制，锻炼应急队伍。同时，通过实战演练发现并弥补应急准备的不足，不断调整和强化应急预案的实用性，进而开展安全宣传教育、提高应急准备能力，这也是预防安全事故的有效途径。

一、应急演练概念和类别

应急演练，最初应用在军事训练领域，是针对假想敌人进行的作战指挥和战斗演练过程。安全事故应急演练，是针对假设的突发事故灾难事件，创设事发情境，组织机构与人员进行实地演习，测试风险环境下的应急管理水平。《中华人民共和国安全生产法》规定，政府和生产经营单位应制定相应应急预案并定期组织开展应急演练。通过模拟事故情景的应急演练，进一步完善应急预案，使预案更加符合实际状况和可操作性。应急演练实质是一种特殊的培训形式和体验式学习过程，也是贯彻"生命至上，科学救援"理念的重要体现。

现有的应急演练形式多种多样。《突发事件应急演练指南》（2009）从组织形式、主要内容、目的作用三个方面对演练活动进行了分类。参照该分类标准，事故灾难的应急演练方案也有不同：

（一）按照组织形式分类

1. 桌面演练

桌面演练又称"无军队的战术演练"，一般是指演练组织方利用文字、图片、地图、沙盘、视频资料等方式描述应急救援的场景，引导参与应急演练的人员通过口头或书面表达的方式提出应急决策意见或行动意见。通常桌面演练在室内完成，该方式适用于检验应急程序与决策技能，增强各应急单位的配合协同能力。

2. 实战演练

在实战演练过程中，演练组织方会构建或模拟一定的突发事件场景，参演人员需要实际开展必要的处置与沟通行动。实战演练通常在真实场地进行，演练成本颇高，多应用于基层演练、救援队伍拉练中，能够激发参演人员的应急救援能力，增强各救援组织间的联动性。

（二）按照演练内容分类[①]

1. 单项演练

单项演练是指仅涉及应急预案中的一项行动或功能，进行实战化的演练、评价应急组织单位的演练活动。单项演练一般要求涉及某项应急行动的工作人员参加，其目的是有针对性地检验和提高特定行动和人员的应急响应能力。演练体现鲜明的针对性，易于发现薄弱环节，但是预案中各项环节和各组织单位的协同能力不容易得到检验。

2. 综合演练

综合演练是针对应急预案中全部或大部分的应急功能或行动所进行的检验、评价其应急处置能力的演练活动。综合演练要求预案中涉及的所有部门均要参与，以此检验其应急响应能力、协调合作能力。综合演练表现应急处置场景的综合性，可以称为最高水平的演练活动，但演练成本颇高，调动资源颇多，因此其开展频率较低。

（三）按照演练目的分类

1. 检验性演练

检验性演练是指为了检验应急预案的可行性、应急机制运行的协调性及相关人员的应急处置能力而组织的应急演练。这是应急演练最主要的一种实践形式，目的是检验组织和人员的应急反应。

2. 示范性演练

示范性演练是为观摩人员展示应急能力或提供示范教学、按照应急预案主体规定开展的表演性演练。其目的是示范性教学，旨在推广应急响应措施、展示相关应急单位和应急人员的应急处置能力。

3. 研究性演练

研究性演练是为了研究和解决突发事件应急处置的重点、难点问题，试验新方案、新技术、新设备而组织的演练。研究性演练一般是多次、重

---

① 陈国华、张新梅、金强主编《区域应急管理实务——预案、演练及绩效》，化学工业出版社，2008，第174-177页。

复的演练，旨在探求更加高效的应急处置方案。

二、事故灾难应急演练规划设计①

（一）确立演练组织方式

开展安全事故应急演练前，应首先确定应急演练开展的组织方式，即选择桌面演练还是实战演练；综合分析演练的开展条件，应急资源配备情况等，确定应急演练的组织方式，包括对演练经费、人力资源、物资储备、演习时长等要素进行考量。

（二）明确演练目的和范围

应急演练的目的和范围限定影响整个演练，是对应急演练的高度概括与说明。明确应急演练目的和范围主要体现在三个方面：第一，有助于确定演练目标，控制演练有序开展；第二，有利于与参演人员协商有关细节；第三，有利于与媒体、公众进行高效沟通，及时有效地向社会公布。

（三）设定演练目标

设定应急演练目标，旨在明确演练所能达到的成果与预案计划实现的指标。换言之，必须明确应急演练的根本需求，分析事故灾难应急演练亟待重点解决的问题、演练水平和范围，然后确定最终的演练目标。

（四）设计演练情景和流程

设计演练情景和流程是应急演练前期准备中的重要环节，直接影响演练效果。具体而言，是对假想的事故场景进行叙述说明，要求参演人员有身临其境之感，能够对应急演练设计的情景做出真实的反应，确保演练有序开展。

（五）编写演练手册

演练手册是直接提供给参演人员的文字材料的统称，按照使用对象的不同可以分为不同的手册，比如《情景说明书》《演练控制保障手册》等。演练手册应在演练正式开始前至少两周发放到参演人员手中，以便学习和掌握流程等。

（六）形成演练方案

完善的演练方案是组织与实施应急演练的依据，必须涵盖演练过程中

---

① 夏保成、张小兵、王慧彦主编《突发事件应急演习与演习设计》，当代中国出版社，2011，第71-88页。

的每个工作细节。演练方案应包含明确的演练目的和范围，以及对演练性质、规模、参演单位和人员、事故情景和流程、演练手册、评价标准等的设计。经演练负责单位和专家团体集体讨论、修改完善后方可定稿，形成最终的演练方案。

拓展阅读

《生产安全事故应急演练评估规范》简介

为规范生产安全事故的应急演练，提升相关单位在生产安全事故中的应急能力，国家安全生产监督管理总局发布了《生产安全事故应急演练评估规范》（以下简称《规范》）。《规范》由文件应用范围、规范性引用文件、术语与定义、总则、演练评估准备、演练评估实施、演练评估总结以及附录等部分组成，对生产安全事故应急演练评估的目的、内容、方法与工作程序进行了明确规定，为生产安全事故的演练评估工作提供演练内容、演练形式、演练规模和复杂程度等方面的参照标准。

资料来源：中华人民共和国应急管理部. 生产安全事故应急演练评估规范. https://www.mem.gov.cn/fw/flfgbz/bz/bzwb/201506/P0201903273987559468008.pdf.

三、事故预防

任何安全生产事故，提前防范远比事后"亡羊补牢"有用得多，有效的提前防范不仅能降低事故灾难发生的可能性，也能够提前为灾难发生地民众做出预警或警示，减少事故灾难可能造成的损失、及时控制事态。因此，提升预防安全事故的能力，将安全事故演化成灾难的可能性扼杀在初期，是事故灾难应急管理的核心目标。

（一）贯彻落实安全生产法律法规

1. 基本方针

我国安全生产工作坚持"安全第一、预防为主、综合治理"的基本方针。"凡事预则立，不预则废。"以上基本方针深刻体现了风险防范的内涵，高度概括了我国安全生产工作的目的和任务。安全生产实行管行业必须管安全、管业务必须管安全、管生产经营必须管安全，强化和落实各方安全生产责任。2022 年，国务院安全生产委员会在相关法律法规和安全举措的基础上制定了"安全生产十五条措施"（以下简称"十五条"），旨在进一步强化安全生产责任，坚决防范遏制重特大事故。

2.《中华人民共和国安全生产法》

为了防止和减少生产事故，保障人民群众生命和财产安全，我国政府制定和修改了《中华人民共和国安全生产法》（2021 年修订）（以下简称《安全生产法》）。《安全生产法》明确指出，在安全生产工作中应当以人为本，坚持人民至上、生命至上原则，把人民安全放在首位，树牢安全发展理念，从源头防范化解安全风险，这本质上体现出预防预控的思想。

（二）强化全方位的安全生产管理

1. 建立健全安全生产规章制度

健全安全生产规章制度以安全生产责任制为核心，包含安全操作规程和安全生产管理制度。根据"管生产必须管安全"的原则，建立的规章体系必须对员工的安全生产行为、岗位的安全生产职责以及部门的安全生产秩序进行明确规范。"十五条"明确强调严格落实地方党委、政府的安全生产责任，严格落实《地方党政领导干部安全生产责任制规定》（2018），组织制定领导干部安全生产"职责清单"和"年度任务清单"等。

2. 安全生产教育培训

在安全生产管理过程中，政府和企业应加强安全生产教育培训，提高相关管理人员的安全生产意识。安全生产教育培训应包含安全生产思想教育、安全生产政策教育、安全技术和劳动卫生知识教育以及典型案例等。通过开展安全生产理论知识学习、应急演练等，加强相关人员的安全防范意识，提高其应急处置能力。比如，"十五条"明确指出，要切实加强劳务派遣和灵活用工人员安全管理，提升工人的安全素质。

3. 安全检查及隐患排查

安全检查是政府和企业对生产规范、生产环境、生产过程中的安全性进行经常性、突击性或专业性的检查活动。安全检查的目的是通过细致深入的巡查，提升人员的安全意识，排除生产隐患并督促整改，保障安全生产正常进行，防范和遏制重大安全生产隐患，营造良好的安全生产环境。在生产经营过程中，要重拳出击开展"打非治违"，坚决整治执法检查宽松软问题。并且，鼓励社会公众对安全生产重大风险进行举报，相关单位依据风险程度落实举报奖励。

4. 政府安全监管

政府部门应当充分发挥安全生产监督作用，定期、不定期检查相关部门安全生产规章制度的落实情况，可设立巡查组进行例行检查，包括生产技术、安全设施、技术人员资格审核等方面，督促安全生产规章制度的落实，并对违法违规行为严格处置、以法令行。政府部门应当着力加强安全监管执法队伍建设，严格落实部门安全监管责任，处理好"红灯""黄灯""绿灯"之间的关系，做好安全生产工作。

此外，随着互联网技术的高速发展，政府官网及官媒平台可以滚动宣传各类事故灾难应急管理的政策法规，帮助企业单位、社会组织明确安全生产标准；充分利用好信息技术工具，畅通事故灾难危险源的反映渠道。立足政府安全监管的主导作用，刚性约束企业安全关联的生产行为；同时充分运用网络通信技术、媒体便利手段，不断完善预防机制，最大程度降低事故灾难发生的概率。

本章小结

21世纪以来，事故灾难发生的内外环境日趋复杂，对政府监管和应急处置能力构成挑战。本章首先介绍了事故灾难的主要关联概念，并结合各类事故灾难类型阐述其致因要素，包括人为因素、客观因素、管理因素。其次，在此基础上，说明事故灾难应急处置系统构成和责任机制。最后，对事故灾难应急演练和风险防范内容进行阐述，二者是理论与实践相磨合的动态过程。

关键词

事故灾难   应急处置   应急预案   应急演练

复习思考题

1. 什么是事故灾难？它的触发因素有哪些？
2. 概述事故灾难应急处置系统的主要构成内容。
3. 事故灾难应急救援预案中如何体现专业性标准？
4. 说明事故灾难应急演练的主要形式。

拓展阅读

天津市滨海新区"8·12"瑞海公司危险品仓库特别重大火灾爆炸事故

一、事故基本情况

2015年8月12日，位于天津市滨海新区天津港的瑞海国际物流有限公司（以下简称瑞海公司）危险品仓库发生火灾爆炸事故，事故中爆炸总能量约为450吨TNT当量，事故现场形成6处大火点及数十个小火点。事故造成165人遇难，8人失踪，798人受伤；304幢建筑物、12 428辆商品汽车、7533个集装箱受损，直接经济损失68.66亿元人民币。本次事故残留的化学品与产生的二次污染物逾百种，对周围大气环境、水环境和土壤环境造成了不同程度的污染。

二、事故直接原因

经事故调查组调查，最终认定事故直接原因是：瑞海公司危险品仓库运抵区南侧集装箱内的硝化棉由于湿润剂散失出现局部干燥，在高温（天气）等因素的作用下加速分解放热，积热自燃，引起相邻集装箱内的硝化棉和其他危险化学品长时间大面积燃烧，导致堆放于运抵区的硝酸铵等危险化学品发生爆炸。

三、事故主要教训

第一，企业必须严格依法依规经营。任何企事业单位都应正视各自的安全生产主体责任，严格遵守国家的法律法规、发展标准，决不能"重利益轻安全"。

第二，地方政府需强化安全发展意识。地方政府有关部门在企业经营问题上要做到严格审批、严格执法、严格监管，严格履行职责，切记出现失职渎职、玩忽职守以及权钱交易、暗箱操作的腐败行为。

第三，有关部门需严格落实城市规划要求。危险品生产企业或单位与周边居民住宅小区、办公楼等重要公共建筑物以及交通设施的距离，应该满足标准规定的安全距离要求，减少事故灾难发生时的人员伤亡和财产损失情况，控制负面效应影响范围。

第四，危险化学品安全监管体制要完善，法律法规标准需健全。目前，全国缺乏统一的危险化学品信息管理平台，不能实时掌握危险化学品的去向和情况，难以实现对危险化学品全时段、全流程、全覆盖的安全监管。同时，国家缺乏统一的危险化学品安全管理、环境风险防控的专门法律；现行有关法规对危险化学品安全管理违法行为处罚偏轻，单位和个人违法成本很低，不足以起到惩戒和震慑作用。

第五，强化危险化学品事故应急处置能力。在本次事故中，瑞海公司的应急预案流于形式，应急处置力量、装备严重缺乏，不具备初起火灾的扑救能力；天津港公安局消防支队没有针对不同性质的危险化学品准备相应的预案，危险化学品事故处置能力不强；天津市政府在应急处置中的信息发布工作一度安排不周、应对不妥。三大主题在应对突发的重大事故灾难时均表现出应急处置能力的不足，很大程度上加剧了事故的灾害影响。

资料来源：新华网. 天津港"8·12"瑞海公司危险品仓库特别重大火灾爆炸事故调查报告. 2016-02-05.

参考文献

[1] 张跃兵、王凯、王志亮.《危险源理论研究及在事故预防中的应用》，《中国安全科学学报》2011 年第 6 期

[2] 李万帮、肖东生.《事故致因理论述评》，《南华大学学报（社会科学版）》2007 年第 1 期

[3] 张丽丽.《水上交通事故致因问题研究》博士学位论文，大连海事大学，2017

[4] 王婷、崔袁丁.《铁路应急救援预案的研究》，《甘肃科技》2018 年第 6 期

[5] 无锡市应急管理局.《无锡市"10.10"312 国道锡港路上跨桥桥面侧翻较大事故调查报告》，2020-01-23，http://yjglj.wuxi.gov.cn/doc/2020/01/22/2766917.shtml，访问日期：2022 年 11 月 4 日

[6] 国家应急管理部.《江西丰城电厂"11·24"冷却塔施工平台坍塌特别重大事故调查报告》，2017 年，http://www.aqsc.cn/attachment/201709/15/cd92be50-83ca-46ee-be23-9f91130202a8.pdf，访问日期：2022 年 11 月 4 日

[7] 中央政府门户网站.《江苏响水天嘉宜化工有限公司"3·21"特别重大爆炸事故》，2019 年，http://www.gov.cn/xinwen/2019-11/15/content_54

52468.htm，访问日期：2022 年 11 月 4 日

[8] 秦绪坤、闪淳昌、周玲等.《以能力建设为突破口做好灾害事故管理制度的顶层设计》，《行政管理改革》2020 年第 9 期

[9] 张乐、童星.《安全生产风险治理领域的突出矛盾及化解思路——基于 29 起重特大危化品事故的分析》，《广州大学学报：社会科学版》2021 年第 6 期

[10] 李遐桢.《论〈安全生产法〉对运营性道路交通事故的适用》，《学海》2021 年第 6 期

[11] 李雪峰.《应急演练类型、设计、实施与评估》，《中国减灾》2019 年第 23 期

[12] 安徽省安全生产协会.《重磅！安全生产"十五条措施"官方详细解读及 86 条具体举措！》，http://www.stawf.org.cn/show-1275.html. 访问日期：2022 年 7 月 19 日

第四章　突发公共卫生事件应急管理

　　新冠肺炎疫情的全球蔓延凸显当代公共卫生事件面临的严峻挑战，也是对国家综合应急能力的全面检验。本章总结我国突发公共卫生事件应急实践基本经验，说明突发公共卫生事件的界定、特征、类型和应对级别；重点阐述突发公共卫生事件应急管理体系内容、政府职能以及应急能力评估，以此深化对新时代突发公共卫生应急管理的整体性认知。同时，突发公共卫生事件影响人群心理，本章对社会心理干预的方式、步骤以及有关难点问题进行概要介绍。

➤　了解突发公共卫生事件基本概念、特征、类型

➤　掌握突发公共卫生事件应急管理体系构成内容

➤　理解突发公共卫生事件应急能力评估方式及应用工具

➤　了解社会心理干预方式、步骤

第一节 突发公共卫生事件概述

党的二十大报告明确提出"推进健康中国建设,把保障人民健康放在优先发展的战略位置"。要实现这一宏伟目标,当代中国面临诸多新的挑战,其中之一就是突发公共卫生应急事件能力建设。

国际上对"突发公共卫生事件"并没有统一明确的定义,世界卫生组织制定的《国际卫生条例》(2005)提出了"国际关注的突发公共卫生事件"(Emerging Concerned Public Health Incident),即疾病的传播构成对国际社会的公共危害,需要采取协调一致的国际应对措施。我国政府于2011年修订通过《突发公共卫生事件应急条例》做出界定,"突发公共卫生事件,是指突然发生,造成或者可能造成社会公众健康严重损害的重大传染病疫情、群体性不明原因疾病、重大食物和职业中毒以及其他严重影响公众健康的事件"。

一、突发公共卫生事件特征和分类

(一)主要特点

1. 突发性

突发公共卫生事件的发生往往没有明显征兆,它在极短的时间内突然暴发,其发生时间、事件规模、影响程度和变化趋势都难以预料,会对民众生命安全和社会环境造成破坏。如果不及时采取应对措施,将会造成更大的危害和损失。譬如,新冠肺炎疫情的突然暴发是中华人民共和国成立以来发生的传播速度最快、感染范围最广、防控难度最大的一次重大突发公共卫生事件,对中国是一次公共危机,也是一次大考。

2. 不确定性

及时全面的信息把控在突发事件的处理中至关重要,但突发公共卫生事件发生时间的随机性增加了信息获取的难度,信息的准确性和有效性在紧急且不确定的环境中很难得到保证。这一不确定性表现在事件发生形式、时间地点、发展趋势和危害程度不能准确判读,如引起传染病暴发的细菌、病毒等。全球登记在册的引起中毒的化学物种类达200余万种,但不同接触途径、接触剂量和个体差异，都可能产生不确定的后果或损害。①

3. 社会性

突发公共卫生事件的影响主体包括个体、社区和社会系统多个方面，影响范围广泛，涉及人数众多，对公众生命健康造成或可能造成重大危害。在当代互联网环境下，突发公共卫生事件难免会成为社会舆论的热点，如果处理不善很可能引发公众恐慌，从而扰乱社会秩序。

4. 危害性

突发公共卫生事件一旦发生，直接导致对民众生命健康的严重威胁，医疗资源的暂时性紧张，给公共卫生和国民医疗系统带来巨大压力。随着事件的逐步发展，其带来的社会危害将不仅限于公共卫生领域，而且会引发民众恐慌心理，破坏正常生产、生活秩序，影响政治、经济、社会等各个领域，甚至引发经济衰退、威胁国家安全。若不能迅速采取恰当的处置措施，危害可能进一步加剧，造成更大范围的影响和损失。

5. 多变性

突发公共卫生事件无论是发生形式还是影响后果，都有着复杂多变的特点。事件的独特性使应对过程往往无例可循，多元复杂的事件原因也使决策者面临巨大的决策压力和发展困境。突发公共卫生事件还会产生连锁反应，衍生出次生事件，从而使问题的解决更加复杂困难。2008 年我国发生的三鹿奶粉事件导致上万人住院，数人死亡，形成一系列社会舆情和负面影响，其中瞒报、虚假报道等问题更使得该事件不断扩大升级，对国内奶粉产业链和政府公信度也构成不同程度损害。

拓展阅读

医疗卫生救援事件分级

根据突发公共事件导致人员伤亡和健康危害的情况，我国将医疗卫生救援事件分为特别重大（Ⅰ级）、重大（Ⅱ级）、较大（Ⅲ级）和一般（Ⅳ级）四级（见表 4-1）。

---

① 张晓玲、兰亚佳、熊海等主编《突发公共卫生事件的应对及管理》，四川大学出版社，2017，第 18 页。

表4-1　医疗卫生救援事件分级标准

特别重大事件 （Ⅰ级）	出现特别重大人员伤亡，且危重人员多，或者核事故和突发放射事件、化学品泄漏事故导致大量人员伤亡，事件发生地的省级人民政府或有关部门请求国家在医疗卫生救援工作上给予支持的突发公共事件
	跨省（区、市）存在特别严重人员伤亡的突发公共事件
	国务院及其有关部门确定的其他需要开展医疗卫生救援工作的特别重大突发公共事件
重大事件 （Ⅱ级）	出现重大人员伤亡，其中死亡和危重病例超过5例的突发公共卫生事件
	跨市（地）的有严重人员伤亡的突发公共卫生事件
	省级人民政府及其有关部门确定的其他需要开展医疗卫生救援工作的重大突发公共事件
较大事件 （Ⅲ级）	出现较大人员伤亡，其中死亡和危重病例超过3例的突发公共事件
	市（地）级人民政府及其有关部门确定的其他需要开展医疗卫生救援工作的较大公共卫生事件
一般事件 （Ⅳ级）	出现一定数量人员伤亡，其中死亡和危重病例超过1例的突发公共事件
	县级人民政府及其有关部门确定的其他需要开展医疗卫生救援工作的一般突发公共事件

资料来源：医疗卫生救援事件分级标准 http://cpc.people.com.cn/n/2014/0627/c87228-25208347.html

（二）突发公共卫生事件的分类

根据国务院2011年修订通过的《突发公共卫生事件应急条例》，我国政府将突发公共卫生事件分为重大传染病疫情、群体性不明原因疾病、重大食物中毒和职业中毒以及其他严重影响公众健康的事件四大类。另外，根据以上类别以及《国家突发公共卫生事件应急预案》（2006），公共卫生事件划分为特别重大（Ⅰ级）、重大（Ⅱ级）、较大（Ⅲ级）和一般（Ⅳ级）四级。

1. 重大传染病疫情

重大传染病疫情是指传染病的暴发（短期内局部地区突然发生多例同一种传染病病人）和流行（一个地区某种传染病发病率显著超过该病历年的一般发病率水平）。包括鼠疫、肺炭疽和霍乱的暴发，动物间鼠疫、布鲁司菌病和炭疽等，乙丙类传染病暴发或多例死亡，罕见或已消灭的传染病、新传染病的疑似病例等。

2. 群体性不明原因疾病

群体性不明原因疾病是指一定时间（通常两周）内，在某个相对集中的区域（如同一个医疗机构、自然村落、社区、建筑工地、学校等集体单位）同时或者相继出现 3 例及以上具有相似临床表现，经县级及以上医院专家会诊，不能诊断或解释病因，有重症病例或死亡病例发生的疾病。

3. 重大食物中毒和职业中毒

重大食物中毒是指中毒人数超过 30 人或出现死亡 1 例以上的饮用水和食物中毒事件，重大职业中毒是指因特殊职业危害造成人数众多或伤亡较重的卫生安全事件，短期内发生 3 人以上或出现死亡 1 例以上的职业中毒事件。

4. 其他严重影响公众健康的事件

具体包括：（1）医源性感染暴发；（2）药品或免疫接种引起的群体性反应或死亡事件；（3）严重威胁或危害公众健康的水、环境、食品污染；（4）有毒有害化学品生物毒素等引起的集体性急性中毒事件；（5）放射性、有毒有害化学性物质丢失、泄漏等事件；（6）生物、化学、核辐射等恐怖袭击事件；（7）有潜在威胁的传染病宿主、媒介生物发生异常；（8）学生中发生自杀或他杀事件，出现 1 例以上的死亡；（9）突发灾害／伤害事件；（10）上级卫生行政部门临时认定的其他重大公共卫生事件。

二、国内外突发公共卫生事件基本态势

（一）概况

随着全球气候变化和地区生态环境恶化、人口数量不断增加，公共资源日益紧张，突发公共卫生事件多发并发。同时，假冒伪劣食品和药品的违法犯罪行为层出不穷，食品与药品安全事故频频发生，民众生命健康受到严重威胁。

国际社会也面临突发公共卫生事件的现实压力。各国不仅要应对各类突发公共卫生事件，还要防控极端分子可能采取的生化和恐怖袭击等引起的公共卫生事件。国外的食品安全与药品安全事故也时有发生，美国就深受沙门氏菌所扰，该病菌曾多次超量出现在花生酱、鸡蛋等食品中。此外，根据世界卫生组织调查显示，在撒哈拉以南的非洲，每年有超过 28 万儿童因服用伪造或不合格药物而死亡。

处在全球化时代，始发于某一地区的突发公共卫生事件可能演变为跨

地区甚至全球性的事件，单一国家往往无法孤立解决。应对突发公共卫生事件不仅需要建立起完善的国家内部信息交流系统，而且需要一个国际性的信息分享、监测与合作系统，构建高效能的突发卫生事件区域应急系统与预警机制，促进不同部门、不同区域乃至不同国家之间的协作。例如 2020年暴发的新冠肺炎疫情就是世界各国面临的一场全球公共卫生危机，不仅夺走了许多国家普通民众的生命，更严重影响了全球地缘政治、社会生活和生产秩序，给各国民众带来不同程度的心理危机。

（二）近年来国内外重大突发公共卫生事件

1. 国外重大突发公共卫生事件

（1）美国沙门氏菌事件：早在 2008 年，美国就爆出花生酱产品含沙门氏菌事件，最终导致 46 个州 723 人中毒，其中 9 人死亡。此后，美国屡屡发生沙门氏菌事件，且涉及范围广泛，事件起因大多来自食品卫生问题。

（2）甲型 H1N1 疫情：疫情初现于 2009 年 3 月的墨西哥，之后迅速在全球范围内蔓延。其后 H1N1 疫情虽然得到抑制，但又在 2015—2017 年于印度卷土重来，印度 2015 年共报告约 4.2 万例甲型 H1N1 流感病例，其中近 3000 人死亡；2016 年共报告 1786 例病例，其中 265 人死亡；2017 年共报告将近 1.25 万例甲型 H1N1 流感病例，约 600 人死亡。

（3）埃博拉疫情：2014 年 2 月在西非开始大规模暴发，截至 2014 年12 月 2 日，世界卫生组织关于埃博拉疫情报告称，几内亚、利比里亚、塞拉利昂、马里、美国以及已结束疫情的尼日利亚、塞内加尔与西班牙累计出现埃博拉确诊、疑似和可能感染病例 17 290 例，其中 6128 人死亡。2018年埃博拉在刚果死灰复燃。

（4）麻疹：2021 年 1 月 1 日至 2022 年 1 月 29 日，阿富汗累计报告了35 319 例麻疹疑似病例，91%的麻疹疑似病例发生在 5 岁以下的儿童中。在确诊病例中，确定了 156 例麻疹死亡病例，其中超过 97%的死亡病例为5 岁以下儿童。

（5）新冠肺炎疫情：2020 年 1 月 30 日，世界卫生组织（WHO）正式宣布将新型冠状病毒疫情列为"国际关注的突发公共卫生事件"。截至北京时间 2021 年 1 月 27 日 3 时 22 分，全球累计确诊 100 032 461 例，死亡2 149 818 例。

2. 我国重大突发公共卫生事件

（1）1988 年上海甲型肝炎：1988 年 1 月中旬上海开始出现甲肝病人，随后病人数量急剧攀升。这些病人大多伴有身体发热、呕吐、乏力，少部分有脸色发黄等典型症状。据上海市卫生防疫站疫情统计：1988 年上海市甲肝报告发病数为 34 万例①。

（2）SARS 事件：2002 年 11 月 16 日，第一例严重急性呼吸系统综合征（SARS）病例在中国广东顺德被发现，2003 年春季开始，SARS 疫情迅速在中国其他地区蔓延。至 2003 年 8 月 16 日，我国内地累计报告 SARS 临床诊断病例 5327 例，死亡 349 例②。（原卫生部新闻办公室通报）

（3）三鹿奶粉事件：重大食物中毒是突发公共卫生事件的一种。2008 年，关于多名因食用添加了三聚氰胺（Melamine）而罹患肾结石的婴幼儿事件，揭开了国内奶制品行业的黑幕。截至 2008 年 9 月，因食用婴幼儿奶粉而接受门诊治疗的婴幼儿累计超 4 万人。③

（4）圆通毒快递事件：2013 年 11 月 28 日，山东潍坊捷顺通快捷有限公司（圆通）运转中心发生了一起化学品泄漏事件，工作人员卸载快件时不慎接触，先后导致 8 人中毒，1 人死亡。④

（5）长春长生疫苗事件：2017 年 11 月 3 日，长春长生生物科技有限公司被发现百白破疫苗效价指标不符合医用规定，出现严重的疫苗质量问题，同时在狂犬病疫苗生产过程中存在记录造假等行为。2018 年 7 月 15 日，国家药品监督管理局发布相关通告，报告事件处理结果；此后相关涉案人员予以不同刑事处罚和党政处分。⑤

---

① 上海甲肝事件来源：1988 年上海震惊世界的抗击甲肝大流行回眸（一）. https://new.qq.com/rain/a/20220409A01BUY00

② SARS 事件数据来源：2003 年 8 月 16 日非典型肺炎疫情通报. http://www.nhc.gov.cn/wjw/zcjd/201304/a0d4975881e44d389195779773afaabc.shtml

③ 三鹿奶粉事件数据来源：卫生部通报三鹿婴幼儿奶粉事件医疗救治工作情况. http://www.nhc.gov.cn/wjw/zcjd/201304/a0d4975881e44d389195779773afaabc.shtml

④ 圆通快递事件来源：人民网：圆通"毒快递"致死事件暴露行业漏洞 2013-12-22. http://politics.people.com.cn/n/2013/1222/c70731-23910500.html

⑤ 长春疫苗事件来源：中央纪委国家监委网站 2019-02-02. 吉林长春长生公司问题疫苗案件相关责任人被严肃处理 https://www.ccdi.gov.cn/toutiao/201902/t20190202_188303.html?from=groupmessage&isappinstalled=0

第二节　突发公共卫生事件应急联动

与其他灾害事件有所不同，突发公共卫生事件的影响常常超出事发地范围，需要跨区域、跨部门的联合行动。党的十九届四中全会审议通过《中共中央关于坚持和完善中国特色社会主义制度推进国家治理体系和治理能力现代化若干重大问题的决定》，明确提出要"构建统一指挥、专常兼备、反应灵敏、上下联动的应急管理体制，优化国家应急管理能力体系建设，提高防灾减灾救灾能力"。这一重大决定为中国特色公共卫生应急联动体系建设指明了前进方向，提供了行动准则。

一、突发公共卫生事件应急联动类别

应急联动强调在应对突发公共卫生事件过程中，政府各部门通过良好的风险沟通、有效的信息交流和高度的资源整合，形成快速指挥、联合行动的公共卫生事件应急管理模式。通常包括跨层级联动响应、跨部门联动响应、跨区域联动响应。

（一）跨层级联动响应

随着当代社会各类风险耦合、叠加和演化，突发公共卫生事件呈现出明显的"跨界性"特征，这对危机治理提出了新的挑战，也要求危机治理主体间进行全方位和多层级的合作。所谓多层级指的是中央、省、市、县、乡等不同层级的金字塔式结构，在危机应对过程中，一般遵循从地方到中央、自下而上的纵向层级管理模式。

我国《突发公共卫生事件应急条例》（2011 修订）等法律法规明确提出，应急救援工作贯彻执行"统一领导、分级负责"原则。在传统科层制权力体系下，参与应急救援的各层级主体过多，可能存在上级"越俎代庖"、下级"无所适从"的现象。为了解决多层级应对中职责不清、管理边界不明的难题，需要跨层级联动响应。国务院设立突发公共卫生事件应急指挥部，负责对全国重大突发公共卫生事件的统一领导和应急指挥，省、自治区、直辖市人民政府成立地方突发公共卫生事件应急指挥部，负责领导和指挥本行政区域内工作。县级以上地方人民政府有关部门，在各自的职责范围内做好公共卫生事件的调查、控制和医疗救援等应急工作。各层级通过信息交流、风险沟通和资源整合，各司其职、通力合作，实现对突发公共卫生事件的跨层级联动响应。

（二）跨部门联动响应

跨部门联动响应是面对突发公共卫生事件时摒弃"碎片化"治理困境，政府相应职能部门基于各自职责开展跨部门合作，构建价值认同、资源整合、信息共享、行动一致的联动响应机制，形成工作合力。跨部门联动响应包含两个层面的含义：一方面，政府各部门通过信息技术加强部门间协调配合，以技术联动提升应对突发公共卫生事件的能力和效率；另一方面，强化统一指挥和统筹调度，以体制联动提升应急处置能力和治理绩效。

（三）跨区域联动响应

针对突发公共卫生事件的外溢性、扩散性和复杂性特征，应当重点构建属地为主、统一协调、应变迅速的跨区域联动响应体系，破除"画地为牢""各扫门前雪"的状况。《国家综合防灾减灾规划》（2016-2020年）中提出"加强区域和城乡基层防灾减灾救灾能力建设"和"完善救灾物资紧急调拨的跨部门、跨区域、军地间应急协调联动机制"。跨区域联动响应，即打破行政区划的刚性分割，超越地域局限，通过整合区域内政府、社会组织等力量形成区域横向联动应急体系。

在新冠肺炎疫情防控过程中，我国充分体现了跨层级、跨部门、跨区域联动响应。新冠肺炎疫情暴发后，中央成立疫情工作领导小组，形成国务院联防联控机制，向全国各地派出工作指导组（督导组），全面参与地方疫情防控工作，加强各层级间信息传达和工作指导，协调调度各层级、各部门、各区域的疫情应对工作，有力推动了疫情联动响应机制的运行。

二、突发公共卫生事件应急联动架构

（一）应急联动原则

1. 信息效用最大化原则

信息是突发公共卫生事件应对的基础，也是指挥决策的重要前提。指挥者与执行者的异地性、时差性，"各自为战"理念和信息壁垒等问题阻碍信息传递，影响应急联动。有效的信息叠加能够产生整体涌现效应，有助于应急主体对突发事件趋势的掌握和总体研判。2021年11月23日至25日，上海、江苏等地开展应急处置联合演练，模拟了跨区域疫情发现通报、密切接触者协查、联合风险评估、疫情溯源调查等，实现疫情防控的信息化、数据集成和协调联动。推动突发公共卫生事件应急联动信息整合能力，建立效用最大化的信息整合机制。

2. 统一协调原则

突发公共卫生事件暴发通常跨区域，其广泛的影响范围、高难度处置环境都对应急主体的协调功能提出了更高要求。统一与协调相辅相成，这不仅有利于应急指挥掌握决策信息，迅速调配各项应急资源，同时也有利于执行者对决策措施的具体实施。因此，各级政府要建立完善面向公共卫生事件的专门应急机构，形成上下集中统一领导的指挥体系，对应急资源进行统筹调配，以形成高效应对危机的强大合力。

3. 平战原则

"平"是指日常卫生事件，"战"是针对"平"而言的重大突发性公共卫生事件。应急管理机制不仅针对重大突发公共卫生事件应急处理，更应着眼于日常事件的管控和常规监测。常规机制的建设起到预防和预警作用，为重大突发公共卫生事件应对和各级预案建设积累经验。例如，国家卫生健康委、教育部联合印发的《关于印发高等学校、中小学校、托幼机构春季学期新冠肺炎疫情防控技术方案（第三版）的通知》（2021），强调各地教育部门要切实提高应对聚集性疫情能力，坚持"平战结合"，做好健康监测和应急演练。

4. 整合优化原则

实践表明，公共卫生系统职责划分状况直接影响突发公共卫生事件的应急处置，各自为政将导致应对力量的碎片化和掣肘，带来应急效率的低下，甚至是"应急失灵"。突发公共卫生事件通常涉及多领域、多部门，这就要求各职能部门能够通力合作，打破壁垒、整合资源，形成高效统一的公共卫生应急系统和运作机制。

（二）应急联动机制

立足中国实践，公共卫生应急联动机制主要涵盖应急组织要素以及在联动中实现应急响应功能。通常，公共卫生应急联动机制包括指挥决策机制，监测预警机制，信息整合机制，保障机制和善后处理机制。

1. 指挥决策机制

指挥决策机制在突发公共卫生事件应对中占据核心地位，关系应急机制能否发挥作用。所谓指挥决策，就是决策者在充分掌握事件信息基础之上进行深入研判，拟订处理方案，运用各种科学理论与技术工具，对相关方案进行评估检验，从中选择满意方案予以实施的过程。当前，我国公共卫生事件应急指挥决策组织架构主要由国家卫健委下设的各级公共卫生机构、执行机构、专家咨询委员会等部分组成。

指挥决策机制的主要运作程序有疾病监测预警、信息收集分析、拟定相关方案、方案检测调整、人员物资组织调度等。鉴于突发公共卫生事件自身特点，应急指挥决策也有一定的不确定性，它要求决策者在有限时间内实现快速、科学决策。在新冠肺炎疫情应对过程中，国务院成立疫情联防联控机制，包括 32 个部门单位，下设疫情防控、医疗救治、科研攻关、后勤保障等工作小组，分别由相关部委领导人员任组长。

2. 监测预警机制

"销恶于未萌，弥祸于未形"。保障公共卫生安全应防范于未然，这就需要一套协调、系统、有效、科学的监测、预防、预警机制。监测就是收集信息；预防就是利用已有信息，对疾病发展趋势做出预先判断，并采取防御措施；预警是在对疾病具体了解基础之上，评估发展趋势和危害程度，在事件发生之前或酝酿期发出警报。这三个步骤相辅相成，促使相关部门对目标人群采取及时恰当的措施，以减少或消除突发公共卫生事件带来的危害和社会影响。监测预防预警机制的主要运作步骤包括信息监测、疾病预防、疾病预警、资源保障和信息传达动员等。比如，我国疾病预防控制中心（CDC）除了以医疗机构、基层诊所为基础进行病例监测外，还会通过信息技术和电子手段将药品销售、120 呼救监测、动物死亡监测等结合起来，以实现对突发公共卫生事件的监测预警。

3. 信息整合机制

信息整合机制主要包括信息的收集鉴别、整理分析、通报发布、档案管理等工作。全面系统的信息整合机制有利于调动社会力量应对突发公共卫生事件，同时为处理类似的事件提供科学依据与经验，以推动应急机制和公共卫生事业的发展。

突发公共卫生事件具有社会性特征，必须注重信息共享，充分利用现有资源建设完整的卫生应急信息网络。同时，各类媒体是政府与公众有效信息交流沟通的桥梁，在信息整合过程中要特别注意把握好与媒体沟通的尺度，做好公关管理，也要强化联动区域、部门间的沟通交流，推动信息上下联动、平级联动，避免出现"瞒报"迟滞现象。例如，新冠肺炎疫情防控期间，一些地方政府通过"一张表"统计数据，实现了信息整合与数据共享，避免了重复填报、基层消耗的问题。

4. 保障机制

突发公共卫生事件应急保障机制主要包括法律保障、机构人员保障等。保障机制建设应当遵守硬性建设与软性建设相结合的原则。硬性建设是指机构设施、办公场所、仪器设备、交通工具等，软性建设则需要以人为本，注重应急救援队伍建设及人员培训、后勤保障、工作条件等。保障机制建设只有"软硬兼施"、同步发展才能更好地促进公共卫生应急机制的优化。

新冠肺炎疫情防控中，我国体现了强大的社会动员及应急保障能力，包括高效决策、联动协调、上下贯通合作以及应急资源的统筹调配能力，为阻击疫情提供了坚实的保障。通过全社会的广泛动员，构建了跨区域、跨层级、跨部门联动响应体系，进一步增强了突发公共卫生事件应急保障机制建设。

5. 善后处理机制

善后处理强调总结应急处理的经验教训，弥补灾害造成的损失，恢复社会的正常运行，是公共卫生应急机制中不可或缺的组成部分。主要内容包括：对突发公共卫生事件过程的评估、有关机构的恢复重建、事件责任认定和相关人员奖惩等。在突发公共卫生事件的善后处理过程中，应从资金、基础设施、心理援助、社会秩序等方面着手，妥善处理危机事件后期处置工作。善后处理机制运行需要遵循短期与长期相结合原则。前者针对特定的突发公共卫生事件进行追溯，消除危害影响，恢复受损人群正常生产生活。后者是对各应急环节进行评估分析，总结经验教训，审查不足，弥补政策缺陷，以促进政府突发公共卫生应急治理能力的提高。

拓展阅读

各地各部门协调联动开展防疫救治

根据国家卫健委通报，截至 2020 年 1 月 24 日 24 时，29 个省（区、市）累计报告新型冠状病毒感染的肺炎确诊病例 1287 例，其中重症 237 例，死亡 41 例，已治愈出院 38 例。20 个省（区、市）累计报告疑似病例 1965 例。目前追踪到密切接触者 15197 人，已解除医学观察 1230 人，尚有 13 967 人正在接受医学观察。

武汉全力防控

为遏制疫情蔓延，武汉当地想方设法，全力防控防治。2020 年 1 月 25

日，武汉宣布进一步阻断武昌、汉口、汉阳之间的公共交通。在早期两家定点医院和 61 家发热门诊的基础上，分批征用 24 家综合医院，将其改造成发热病人收治医院，进一步扩大收治床位规模。并且，建设武汉蔡甸火神山医院和武汉雷神山医院，解决医疗资源不足的问题。

各方紧急驰援

面对新冠肺炎疫情，各地、部队和社会各界纷纷支援武汉。自 2020 年 1 月 24 日晚，广州 9 家三甲医院 128 名医疗人员、湖南抽调 137 名医护人员、浙江 37 家医院的紧急医疗队赶赴武汉；解放军从陆军、海军、空军军医大学抽组 3 支医疗队驰援武汉。恒大集团、碧桂园、中国三峡集团、京东等纷纷向武汉捐赠医疗物资和捐助资金。全国各地也根据新冠肺炎疫情发展形势启动重大突发公共卫生事件一级响应机制。

各部门守土有责

面对疫情，各部门迅速协调联动，投入防疫救治。国家卫健委派驻重症病例专家，组建医疗救治队；财政部与国家卫生健康委员会联合下发疫情防控经费保障有关政策通知；国家药监局为 7 个企业的新型冠状病毒检测试剂等 8 个产品启动应急审批程序等。

资料来源：疫情就是命令 防控就是责任——各地各部门协调联动全力投入防疫救治. 转引自人民日报. http://www.gov.cn/guowuyuan/2020-01/26/content_5472211.htm.

第三节　心理危机与社会心理干预

突发公共卫生事件不仅给公众带来了物质、身体上的伤害，更可能给个体带来心理上的严重创伤，当个体不能有效调适心理，很容易产生一系列心理疾病乃至心理危机。这也使社会心理干预在公共卫生应急系统中的作用更为突出。

一、突发公共卫生事件心理危机干预群体

突发公共卫生事件心理危机干预群体可以分为以下五类：患者、当事者；接触者，包括家属、同事、朋友等；易感人群；医护人员、应急服务人员；

社会公众。

（一）患者、当事者

可以将患者的心理划分为三个阶段：早期阶段、中期阶段、后期阶段。以新冠肺炎疫情事件中若干心理活动调查为例，在早期阶段个体对疫情往往表现出茫然、矛盾、不知所措，对疫情关联事件感到恐惧、焦虑乃至变得易怒。当个体因感染而进入隔离阶段时，患者开始感到沮丧、无助，担心被社会抛弃和被歧视，从而变得自卑胆怯，对周围环境、自身遭遇开始抱怨，甚至出现攻击他人、自伤和自杀现象。随着整体治疗的进行，感染及易感人群的心理进入后期阶段，多数开始接纳事实，积极配合诊疗，但存在心理阴影，担心、自责、害怕外界歧视。部分人出现谨慎从众、负性偏向和人际联结行为；患者出院后，面对外部环境可能产生复杂心理。如果家人因感染去世，个体会显示强烈自责；若周围人群对个体嫌弃，患者很可能产生疏离社会等负面情绪。

（二）接触者

随着网络传播的快速发展，人们能越来越快地了解到特定公共卫生事件的详情。调查发现，当家人、朋友发现公共卫生事件（如新冠肺炎疫情）的发生地是自己居住的地方，会产生一定程度忧虑、茫然心理，以至情绪、生理和个体行为发现异常，有难过、伤心、压抑、食欲不振等反应，甚至出现精神崩溃、自杀等现象。与其关系越亲近的个体，其心理症状越明显。新冠肺炎疫情中，感染、密接、次密接人群深受影响，其家属、亲戚、朋友、邻居愈发关注个人接触渠道，从而产生极其明显的心理戒备。

（三）易感人群

易感人群指公共卫生事件中接触过感染源、容易受感染的那一类人群。他们可能没有受到感染，但由于在事件发生过程中出现焦虑、担心、害怕、多虑、恐慌等心理而需要进行社会心理干预。也有部分人表现出相反的心理状态，认为自己不可能会被感染，过度勇敢而没有任何防护，这也需要进行心理干预。2002—2003 年 SARS 事件引起全球恐慌，2011 年福岛核泄露时人们哄抢食盐，2013 年 H7N9 禽流感的出现让人谈禽色变，不少民众变得焦虑，因害怕自己也会成为患者中的一员而过度"武装"自己。

（四）医护人员、应急服务人员

医护人员和应急服务人员（如新冠肺炎疫情中核酸检测员）在救援时面对一定风险环境、较长的投入周期以及艰巨漫长的救援任务，极易产生紧张、恐惧、焦虑、不适等心理反应。虽然医护人员和应急服务人员工作之前多数具有面对伤者、死者的专业心理训练，但研究和实践表明，该类群体同样会产生职业倦怠及负疚感，以及担心、害怕被感染的心理矛盾。在突发公共卫生事件应急环境下，一线医护人员目睹因病死亡的病人，甚至工作中因为感染而倒下的同事和长时间精神紧绷状态，他们会产生无助、疲惫、自责、害怕等负面情绪和明显心理压力。这种心理状态短时间内并不能消除，对现场救援人员来说甚至可能会产生后遗症，若疏解不当会严重危害其身心健康。

（五）社会公众

在突发公共卫生事件中，社会公众是社会心理干预的重要受众。重大事件也会给社会公众造成心理伤害，在社会系统形成恐惧、忧虑甚至群体不信任感。

社会公众的心理一般可划分为三个阶段，轻视阶段、重视阶段、恢复阶段。以 2018 年发生的吉林长春长生问题疫苗事件为例，轻视阶段为第一阶段，起初发布长生公司狂犬病疫苗及百白破疫苗问题信息，大部分公众缺乏认知，甚至有部分公众对其有误解而产生否认、侥幸等心理，认为问题疫苗不会落在自己头上。当了解到严重性之后，个人心理进入重视阶段。这一阶段的社会公众心理主要表现为：警觉度上升，出现恐慌害怕等倾向，开始从众、相信社会各种传言；出现乱用药物等行为。长生事件进入尾声期时，社会公众心理逐步进入平静恢复阶段，多数民众开始适应外部变化，逐渐恢复正常生活状态，警觉度开始下降；也有一部分群体由此产生了疫苗后遗症，出现创伤后应激障碍等心理问题。

二、突发公共卫生事件社会心理干预的方式

面对突发公共卫生事件，不同人群会产生相应心理变化，社会心理干预的必要性由此显现。一般而言，社会心理干预有三种方式，分别为治疗性干预（心理、药物）、心理晤谈和媒体宣传。

（一）治疗性干预

治疗性干预是指心理专家或者心理咨询师运用专业的知识或方法，通过心理治疗或药物治疗对个体或团体进行心理干预，以使个体达到心理平衡状态。在治疗性干预中，心理咨询师首先需要与个体建立起信任关系，这是心理干预的前提。2008 年暴发的河北三鹿奶粉事件给无数家庭埋下心理

阴影。不少地方政府部门为此及时采取了若干心理干预措施，对"毒奶粉"事件中遭受创伤的家庭及相关人员进行心理抚慰和帮助，取得较好社会影响。2020年，面对新冠肺炎疫情引发的诸多心理障碍，不少地区成立了疫情心理危机干预组，在集中救治定点医院对确诊隔离病人进行心理状况评估、心理健康宣教、建立心理健康档案等。

（二）心理晤谈

心理晤谈是指通过系统的交谈来减轻心理压力的方法。其主要受体是高危人群，一般根据不同类别的人群分别进行心理晤谈。心理晤谈的主要目的是公开讨论个体内心感受，通过情感支持和交互安慰来帮助当事人在心理（认知和感情）上减缓心理创伤。一般在突发公共卫生事件后的24～48小时内进行心理晤谈最为有效。特别地，新冠肺炎疫情的暴发不仅对我国公共卫生应急体系构成重大挑战，同时也是对社会心理危机干预能力的一次考验。不少地方政府部门为此及时采取了若干心理干预措施，对"毒奶粉"事件中遭受创伤的家庭及相关人员进行心理抚慰和帮助，取得较好社会影响。2020年2月14日，四川省新冠肺炎疫情心理在线干预整合平台上线，通过电话沟通、视频心理辅导、利用融媒体、游戏等手段为社会大众、青少年、一线工作人员提供在线心理危机干预。

（三）媒体宣传

媒体宣传是指专业机构、心理专家等通过广播电视、网络等渠道宣传来干预公众的心理，以达到缓解忧虑情绪的目的。由于媒体传播范围广泛，在突发公共卫生事件中，它可以发挥良好的引导、解释、规劝的作用，安抚社会公众负面情绪和波动心理状态。

突发公共卫生事件演化的不同时间段，媒体宣传的重点也有所不同。在潜伏期，应保证所发布信息的准确性，让公众及时了解事件真相，减轻公众的心理负担、减少过激行为，提升个体的应对能力和防范意识，理性面对突发事件。在事件暴发期，应重点依托专业机构发布、普及科学知识，采取防范措施纠正社会面不良行为，减轻公众恐慌心态。在事件尾声期，应及时公布事件应对成效，安抚受损群众，降低后续负面影响。2022年，面对新一轮新冠肺炎疫情的冲击，国内不少地区开设"24小时心理援助热线"，建立微信群提供心理辅导，微信公众号发布抗"疫"心理辅导指南、政府网站、电视台等新媒体及时发布权威信息、公益广告，还利用社区小喇叭播报防疫信息，引导群众增强疫情防控信心，避免盲目恐慌。

拓展阅读

国务院发布《新冠肺炎疫情心理疏导工作方案》

为进一步指导各地加强对不同人群新冠肺炎疫情后的心理疏导和心理干预工作，国务院应对新型冠状病毒肺炎疫情联防联控机制印发《新冠肺炎疫情心理疏导工作方案》（以下简称《方案》）。

《方案》要求各地卫生健康、民政、工会、共青团、妇联、残联等部门，将新冠肺炎患者及家属、病亡者家属、特殊困难老年人等弱势群体、参与疫情防控医务工作者、公安民警（辅警）和社区工作者等一线工作人员作为重点，持续开展心理疏导服务。要求有关部门根据不同人群的特点和心理服务需求，提供关心关爱、社会支持、心理疏导等服务，必要时请精神科医师会诊或转介至精神卫生医疗机构就诊。

《方案》要求疫情防控重点地区尤其是湖北省，要组建由精神卫生和心理健康专业人员、社会工作者、专业志愿者等组成的服务队，为重点人群提供有针对性的心理疏导、心理干预服务。

《方案》要求各级党委和政府将心理疏导工作纳入新冠肺炎疫情防控整体工作部署，加强部门间协作。各地要加强心理服务工作者、社会工作者、专业志愿者的培训，规范开展心理疏导服务；并对不同人群心理健康状况及服务效果进行评估。

资料来源：中国政府网. 关于印发新冠肺炎疫情心理疏导工作方案的通知. http://www.gov.cn/xinwen/2020-03/19/content_5493051.htm.

第四节　公共卫生事件应急能力评估

一、应急能力评估体系的内容

新冠肺炎疫情暴露了我国突发重大公共卫生事件应急能力的诸多短板与不足，也进一步推动我国大力强化公共卫生应急体系与能力建设，其中包括健全完善应急能力评估体系。这在《"十四五"国家应急体系规划》中亦有明确要求。

（一）预防与应急准备能力

预防与应急准备能力包括建立并健全与突发公共卫生事件相关的应急预案体系、风险评估等，体现应对突发公共卫生事件的基础能力。应急预案是为了保障民众生命财产安全，有效增强突发公共卫生事件应对能力而制定的应急准备、应急指挥、应急救援等层面的预控计划。经过多年的发展，我国已经形成了多层次、宽领域、专业化的公共卫生应急预案体系，在预防和应急准备方面取得了显著成效。一个完整的公共卫生应急预案包含应急准备、应急响应、应急处置和应急恢复等内容。

（二）监测与预警能力

监测是通过设立各种监测网点，根据公共卫生事件的风险性质和种类，连续地收集、核对、分析监测目标的动态分布，对可能引起公共卫生事件的各种因素和征兆，进行观察、捕捉和预测，并将信息及时上报和反馈的行为活动。预警是指突发公共卫生事件呈现发生苗头，或暴发的可能性明显增大时，政府有关部门根据历史经验和数据、情报、资料，通过监测监控、逻辑推理和科学预测的方法，对事件发展趋势和演变做出紧急预判，并对外发出警示信号，使相关组织机构和民众提前了解事态发展，及时采取应对措施，减少或消除不利后果的一系列活动。构建一个完整、严谨的监测预警体系，不仅需要加强风险源的监测力度，也需要及时准确地收集信息。通过预警系统收集、汇总重要信息并进行快速分析，排除虚假无用信息，根据科学判断标准对公共卫生事件做出预测和判断，为应急响应和处置提供可靠的信息基础。

（三）应急处置与救援能力

突发公共卫生事件发生后，最为紧急的工作是应急处置与救援，体现在已有资源的基础下如何科学应对、处理以消除社会恐慌、引导社会舆情。该项应急能力的评估指标涉及较多，包括控制、组织、调控、决策、信息、媒体等内容。进一步可细分为应急响应能力；指挥协调能力；人、财、物、技术等资源调控能力；事发现场人员及民众防护能力；事件调查能力；现场控制能力；信息发布能力以及受灾群众安置能力等。

（四）事后恢复与重建能力

突发公共卫生事件往往给民众带来生命安全威胁与物质财产损失，政府启动事后恢复与重建工作的综合能力十分重要，这通常包括危险源的破除能力、救灾资源的分发能力、受灾公民的安置能力和心理疏导能力以及政府部门反思提升能力。同时，也应注重对受害者及其家属给予一定的物质补偿和心理诊疗，安抚受损群众心理，保证应急物资的充足。比如，组织制定卫生应急工作人员补助制度，制定卫生应急处置、医疗救援的个案评估制度等。事后的恢复重建不是历史状态的简单复原，而要用前瞻性的发展眼光推动恢复建设，使受损区域能够站在一个更高的起点上。

二、突发公共事件卫生应急能力评估指标体系

应急能力评估指标在引导公共卫生应急建设方面起着至关重要的作用。科学、合理的应急能力评估指标体系有助于推动能力建设的针对性，提升应急工作效能。

（一）评价指标体系的功能

一般来说，指标体系具有以下功能：

①描述功能：指标体系中各级指标的设置既反映各级医疗机构、监管机构、社区等组织或部门的应急能力某一方面的特征，同时也体现应急联动能力的整体特征。比如，"事后恢复与重建"这项指标反映相应机构关于公共卫生事件后收尾工作的实施状况。

②评价功能：指标体系中各项指标的设置从各个角度对应急能力进行评价，同时还能够体现整体层面的综合评价。比如，"应急处置与救援能力"这一指标侧重总体评价，其下设的分支指标"媒体应对""伤员救治"等则反映若干具体角度的功能评价。

③指导功能：利用指标体系评估，对政府职能部门、医院诊疗机构等应对突发公共卫生事件给予指导，有助于发现相关维度应急能力的不足和短板，促进应急体系建设的完善。

（二）评价指标体系的原则

构建科学的指标体系关系应急能力评估结果的真实性和客观性，需要遵循以下原则：

①关联性原则：每个指标之间具有紧密的关联，并能从某一角度反映政府职能部门、医院诊疗、物资配送等相关机构面对突发公共卫生事件的应急能力。

②独立性原则：在各指标间存在关联的同时，各级指标间的各个指标

均不能交叉，使得每个指标都具有其独立性。

③实用性原则：指标体系要从实用、简易出发，将理论与实际相结合，选用明确含义且方便操控的指标，使其应用简单、可操作。各类数据是统计指标的来源，必须强化数据的采集与质量把控，缺少相应历史数据时，可使用有关公共卫生调查数据或辅以专家评估。

④可比性原则：所选择的指标应能够横向参考，通过横向的对比可以更好地把握并突出各级医疗机构面对突发公共卫生事件应急能力的特点及不足。

⑤适量原则：各个维度的指标数量不能过多或过少。过多会使评估体系显得过于繁杂，增加应急能力评估的难度；过少也会降低评估的可靠度。因此，评估体系的指标数量应适当。

⑥导向性原则：建立应急能力评价指标体系的目的就是对政府部门、卫生机构等组织的应急能力进行测评，从而为应急能力评价起到导向和监控作用，故应精准选取评价指标。

⑦客观性原则：应急能力属于抽象概念，在指标筛选和构建过程中，应选择一些客观性指标和可以量化的指标，以能够客观地反映机构运行的应急能力。

（三）评价指标体系的构建

当代公共卫生事件发生的风险日益增高、风险类别日益复杂，提升应对突发公共卫生事件能力刻不容缓。除了从以往历史事件中吸取经验教训外，也有必要建构应急能力评价体系，及时发现相关主体应急短板，推进应急治理能力的提升。

由于主体的复合性，公共卫生事件应急能力评估涉及多种综合因素。在建构评价指标体系过程中，需要秉持科学、完备原则，选取能反映应急能力的核心指标，采取层次分析等方法工具，确立不同级别的指标，引入包括模糊数学、德尔菲法等定量定性途径来确定具体指标，构建科学的评价指标体系。

此处的层级划分可应用如下规则：先将评价体系的功能进行总的划分，一级功能即称为一级指标，每项功能可分为若干个"属性"或子类别（二级指标），属性又可被分为若干个"特征"（三级指标）。其中，二级指标比三级指标的评价范围更宽，三级指标则是对二级指标中的某项内容进行具体评价。

目前我国尚未发布官方的突发公共卫生事件应急能力评价体系，一些研究在该领域却形成了大量探索性成果。比如，有研究者认为应从卫生管理机构入手，构建卫生行政部门、疾病预防控制机构、医疗机构、卫生监督机构需求的评估系统。该体系包含 13 个一级指标，分别是组织指挥、应急工作管理制度、监测预警、信息报告与发布、现场处置、实验室能力、应急队伍、装备储备、培训演练、动员宣传、科技交流与合作、恢复重建与应对。还有研究者通过典型案例分析将评价体系划分为 9 个一级指标（应急制度、应急机构、突发公共卫生事件监测与预警、现场救援与医疗救治、后勤保障、应急培训与演练、公众宣传与教育、危机沟通与心理支持、评估与改进）、21 个二级指标、35 个三级指标，以对医院公共卫生应急能力进行评价。申锦玉、牛建军（2011）等人则从疾控机构入手筛选出 7 个一级指标（疾控机构基本情况、监测预警能力、现场调查处理能力、实验室检测能力、应急保障能力、教育培训能力与信息通报和发布）、20 个二级指标以及 44 个三级指标，以此对市域疾控机构进行应急能力评估。

综合已有研究成果，可以发现突发公共卫生事件应急能力评估体系的一级指标大体上可包括预防及应急准备能力、监测与预警能力、应急响应处置能力、事后恢复能力四大构成部分，整体反映相关主体面对突发公共卫生事件的应急能力展现过程。

预防与应急准备能力主要反映应对突发公共卫生事件提供的资源准备情况，这包括一个完整、可操作的应急预案；具备专业技术水平且接受过培训的应急队伍以及充足的应急物资储备，监测与预警能力反映运用技术资源对危险源的监测过程。该指标可分为对危险源、重点防护目标及已发生事件的监测预防能力，信息收集与分析能力，突发事件上报时间及时性、内容完整性、准确性。应急响应处置能力是评价系统中更为关键的一项内容，它主要反映在已有资源基础下如何科学应对、处理危机并及时消除恐慌、引导社会舆情的过程。事后恢复能力是对资源投入产出进行分析以及对突发事件的反思和学习过程，主要包括对受损民众及关联人员的安抚能力，对突发公共卫生事件产生社会经济、心理、健康等影响的综合评价和事后评估能力等。

这 4 个一级指标全面概括了突发公共卫生事件应急能力评估的内容，可以将上述指标设为一级指标，在各自维度下进一步设立二级指标、三级指标，通过对各主体参与突发公共卫生事件应急的全过程评估，实现科学、完备地构建公共卫生应急能力评价体系。

本章小结

当代突发公共卫生事件显现出高度复杂性与不确定性，我国政府总结历史经验，制定了一系列应对突发公共卫生事件的政策方针与行动方案，逐步建立起一套适合本国国情的公共卫生应急管理体系。未来要高度重视构建全要素、立体型、数字化的风险预警预控与应急联动机制，以及公共卫生事件背后的心理干预工作。同时强化应急能力评估，不断提升应对公共卫生事件的系统能力。

关键词

突发公共卫生事件　应急响应　心理干预　政府能力

复习思考题

1. 突发公共卫生事件的基本特征有哪些？
2. 简述突发公共卫生事件应急管理体系的构成内容。
3. 什么是突发公共卫生事件心理危机？如何进行社会心理干预？
4. 如何构建突发公共卫生事件应急能力评估指标？

拓展阅读

世界卫生组织："国际关注的突发公共卫生事件"（PHEIC）

国际关注的突发公共卫生事件（Public Health Emergency of International Concern）是世界卫生组织（WHO）传染病应急机制中的最高等级，这一举措出自 2005 年版的《国际卫生条例》（International Health Regulations）（以下简称《条例》），中国是该条例的缔约国之一。世界卫生组织设立"PHEIC"制度的初衷是为了调动国际社会资源对疫病进行及时预防与控制，特别是为了保护一些医疗系统比较脆弱的国家。

当前，认定 PHEIC 的法律标准仍旧比较模糊，其最终决定权是世界卫生组织总干事召集的、由若干专家组成的"突发事件委员会"会议，并由总干事根据委员会的建议做出最后的决定。根据《条例》，PHEIC 需要满足以下两个条件：（1）通过疾病的国际传播构成对其他国家的公共卫生风险；

（2）可能需要采取协调一致的国际应对措施。

截至目前，WHO 共宣布了 7 次 PHEIC，分别为 2009 年的 H1N1 流感、2014 年的小儿麻痹症、2014 年西非的埃博拉、2016 年的寨卡病毒、2019 年刚果的埃博拉暴发，2020 年的新型冠状病毒疫情和 2022 年的猴痘疫情。

资料来源：搜狐网. 普华永道：国际关注的突发公共卫生事件（PHEIC）的影响及应对建议. https://www.sohu.com/a/370670924_708296.

参考文献

[1] 新华社.《国家突发公共事件医疗卫生救援应急预案》，http://www.gov.cn/yjgl/2006-02/26/content_211628.htm，访问日期：2022 年 7 月 4 日

[2] 卫生部.《国家突发公共卫生事件应急预案》，http://www.gov.cn/gzdt/2006-02/28/content_213129.htm，访问日期：2022 年 7 月 4 日

[3] 马文·拉桑德.《风险评估：理论、方法与应用（第二版）》，刘一骝译. 北京：清华大学出版社，2013

[4] 朱荟、陆杰华.《中国特色公共卫生应急联动体系的支撑条件与实践路径》，《上海行政学院学报》2021 年第 2 期

[5] 石亚军、程广鑫.《优化部门协同：理顺部门非对称协调配合关系的应对——以防控新冠肺炎疫情为例》，《政法论坛》2021 年第 1 期

[6] 杨月巧.《新冠肺炎疫情各节点我国应急管理机制分析》，《中国安全生产》2020 年第 5 期

[7] 吴洪涛、王超男、廖凯举等.《中国卫生行政部门应急能力评估分析》，《中国公共卫生》2020 年第 1 期

[8] 陈蓉、何永超、张放等.《疾病预防控制机构卫生应急能力评估指标体系构建》，《浙江大学学报（医学版）》2018 年第 2 期

[9] 惠志斌、李佳等.《人工智能时代的公共安全风险治理》. 上海：上海社会科学院出版社，2021

[10] 国务院.《突发公共卫生事件应急条例（2011 修订）》，http://www.gov.cn/zhengce/2020-12/26/content_5574586.htm，访问日期：2022 年 7 月 4 日

[11] 申锦玉、牛建军、陈敏等.《疾病机构突发公共卫生事件应急能力评价指标探讨》.《现代预防医学》2011 年第 1 期

第五章　社会安全事件应急管理

导　读

目前我国正处于向现代化迈进的特定阶段，经济社会结构转型与体制转轨并行，传统因素、现代因素与后现代因素并存，是社会冲突矛盾的多发期，也是各类社会安全事件的易发期。本章简要介绍社会安全事件的特征、分类以及带来的严重危害，揭示当代社会安全事件的复杂性与现实挑战。社会安全事件的影响不仅表现在客观经济社会层面，还包括对社会成员个体心理的冲击，以及政府公信力的损害。社会安全事件的发生有着诸多主客观原因，需要建立多层次综合认知和应急系统变革，提升科学防控与响应能力。此外，本章特别探讨了社会稳定风险评估制度及其实践，为应对重大决策事项的社会风险提供启示。

学　习　目　标

➤ 理解社会安全事件的基本特征

➤ 了解恐怖主义事件发生的根源

➤ 掌握社会安全事件应急处置要点

➤ 掌握社会稳定风险评估制度实施内容

第一节　社会安全事件的类型与特征

一、社会安全事件的类型

社会安全事件是具有较强本土色彩的话语，一般是指一定规模的社会主体在表达其利益诉求或者出于特定目的，采取较为激烈乃至极端方式的一种群体性行为。按照《国家突发公共事件总体应急预案》（2006），"社会安全事件主要包括恐怖事件、经济安全事件和涉外突发事件等"。综合已有学术研究，本书认为社会安全事件涵盖群体性事件、经济安全事件、涉外突发事件、恐怖主义事件。

（一）群体性事件

1. 概念

按照《现代汉语词典》（第 7 版）的解释，"群体"泛指本质上有共同点的个体组成的整体。国内外对群体性事件的认识有一定差异，国外学者一般将群体性事件界定为"集群行为""集合行为"。群体性事件通常与政治、经济联系密切，且易引发群体骚乱，其基本构成特征可以归结为：（1）有多数人参与；（2）参与人有一致利益诉求；（3）群体活动结果对社会造成不正常影响。从我国实践认知和历史演变来看，群体性事件通常是指违反法律法规或既定规则，对正常社会秩序和安全稳定造成不良影响的集体行为。这类行为既有可能是临时的规模性聚集，表达发泄特定诉求与主张，以争取和维护自身利益，也有可能是有组织性、有预谋性的群体活动，以制造社会轰动效应乃至社会混乱来谋求特定利益，极端情况下会发生集体罢工、罢市，封锁党政机关、集体械斗、打砸抢等，严重威胁普通民众的人身财产安全与社会安全。

2. 具体特征

在我国本土社会语境中，群体性事件被视为社会安全事件的重要组成部分，不同于其他社会安全事件，其具有一系列自身特征，这表现为以下三个方面。①

一是主体多元化，涉及社会个体、部门、行业来源广泛。群体性事件

---

① 张国亭：《当前群体性事件的趋势特征与有效应对》，《理论学刊》2018 年第 5 期，第 119–126 页。

通常触及个人经济利益、特定权益或其他诉求，由此触发的不稳定因素来自政治、经济、卫生、教育、军转、社会保障、生态环境等多个方面，呈现出多元化趋势。除在职员工、失业人员、军转干人员、个体工商户、城市拆迁户、农民、流动人口（外来务工人员）、矿区水库移民等主要群体外，近年来还出现机关事业单位在职和离退休干部、私营企业老板直接或间接参与的群体性事件，也包括一些新兴社会阶层和人群元素，如民族宗教界人士、民办教师、乡村医生、出租车司机、非法集资受害群众等。

二是群体性事件的外部表现方式普遍激烈。受不良舆论导向影响，群体性事件中部分民众形成了"小闹小解决，大闹大解决，不闹不解决"的隐性心理认知，认为通过传统的信访方式反映和解决问题不如采取更为激烈的方式（如示威游行）。出于法不责众的心理，群体参与者形成一个相对较大的"团队"和集体态势，共同向有关政府部门和社会系统施压。某些极端情况下，部分参与者会采取围攻党政机关，阻断道路，非法集会，制造标语口号，散布请愿材料等方式，与有关机构或组织部门对抗。群体性事件激化后往往会伴随违法犯罪活动，如打砸抢烧等，造成交通瘫痪，办公场所、设施、车辆受损，工作人员受伤等后果，严重冲击社会和谐稳定秩序。

三是群体行动的组织性与联动度高。出于明确的利益诉求，一些群体性事件的发生不再限于自发松散，而是在特定环境作用下转变为有目的、有组织计划、有分工串联的行动。从我国现实情况来看，多数群体性事件背后存在组织者、规划者、指挥者和领导者，表现为分工明确，目的性、破坏性强。每项活动的具体事项都由负责规划的专职人员发起和组织，包括群体性事件的开始时间、发生地点、参与人员、诉求口号等。

四是各种矛盾相互交织，处置难度大。现实中一些群体性事件涉及经济、历史和特定政策法律，问题复杂、关联人数众多、时间跨度大。很多情况下，历史问题和现实问题相互关联，经济和社会因素相互关联，经济利益和某些政治权利相互联系，参与者的合理要求、诉求和采取的非法手段相互交织，这使得事件的定性与处置均面临诸多复杂情况。不少民众被非理性诉求欺骗、胁迫以致与少数不法分子纠缠在一起，其外部表现既有群众的自发行为，也伴随国内外敌对势力的背后煽动。

（二）经济安全事件

经济安全事件主要发生在经济、金融领域，其发生对社会安全领域内公众经济安全造成了直接或间接影响。20 世纪 80 年代，日本政府在其发布的《国家综合安全报告》中首次提出经济安全事件概念。此后我国有学者依据产业部门进行经济安全划分，譬如把国家农业安全、国家能源安全划分为第一产业的安全，把国家制造业安全、国家建筑业安全等划分为第二产业的安全，把贸易、金融业、服务业、信息产业安全等划分至第三产业的安全。随着全球经济一体化进程的快速发展，国际经济波动引发的经济连锁反应对我国经济安全，特别是产业链、供应链安全产生了重大影响，历史积累问题也在特定刺激下容易引发经济安全事件。现实中，市场风险、经营风险、操作风险、道德风险、关联风险等都可能导致各种经济安全事件的形成。经济部门与社会系统联系广泛，经济稳定对国家发展秩序起着关键的决定性作用。如果经济安全事件处理不当或管控不力，很可能引发系统性的社会危机。例如，英国巴林银行破产（1995）、法国里昂信贷银行危机（1995）、东南亚金融风暴（1998）、美国次贷危机（2008）和越南经济危机都给各国经济造成巨大的损失。

经济安全事件与其他类型安全事件的不同点之一，就是其带来更广泛的对社会心理和社会秩序的冲击，对整个社会稳定和经济发展产生剧烈的负面影响，国家往往难以在短时间内有效应对关联问题，这也增加了经济安全事件的巨大威胁性。

（三）涉外突发事件

当前，经济全球化引发的政治多极化已成为时代的重要特征。"涉外无小事"，相较于一般突发事件而言，涉外突发事件更加敏感，处理更加困难。一旦处理不当，不仅会对国内社会秩序产生负面影响，还会影响国家间的关系，损害国家形象和国际声誉。目前，我国学界对"涉外突发事件"一词并没有完全统一、规范的概念界定，但通常来看可以概括为：具有一定涉外因素、可能对国家利益和社会公共秩序和安全产生重大影响、需要采取必要的应急措施加以应对的社会安全事件。

涉外突发事件可以划分不同类别。首先，根据侵犯对象的不同，涉外突发事件可划分为侵害外国、外国人、中国、中国公民的涉外事件四类。其次，从行为对象的角度出发，可以将涉外突发事件分为两类：一是以外国或外国人作为行为主体的突发事件，针对的是中国和中国公民。二是以中国或中国公民为行为对象，针对外国国家或外国人。再次，从事件发生的地点来看，可以分为中国领土范围内发生的涉外事件和在中国领土范围外发生的涉外事件。国内发生的涉外突发事件，应当依照我国法律、有关国际公约或我国签署的特别协议条款来处理。在处置我国疆域外的突发事件时，必须考虑中国与事件发生国的关系，考虑国家有关法律法规，结合相关国际公约和议定书以及双方签署的法律支持文本进行处理。最后，根据事件性质可分为涉外刑事突发事件、涉外公共安全突发事件和涉外灾害突发事件。

（四）恐怖主义事件

一直以来，对于"恐怖主义"认知受到政治意识形态、政治动机、国家博弈等因素影响，各国法律体制和政府机构在其国家体系中对恐怖主义往往采用不同的定义。按照我国《中华人民共和国反恐怖主义法》（2016），恐怖主义事件被认为是一类社会极端暴力思想及关联行为，是实施者有组织、有预谋使用暴力或以暴力、恐吓手段相威胁的极端犯罪行为，其结果导致社会恐慌、侵犯人身财产，严重危害社会公共安全，与地区冲突、核武器扩散、走私一起被称为"国际社会四大恶"。因带有特定政治目的和暴力手段，这使得恐怖主义行为表现得极端疯狂，加上恐怖主义事件的发生往往与民族、宗教矛盾以及复杂的国际形势密不可分，也决定了当代反恐斗争的艰巨复杂。

特别地，随着科技革命的迅速发展和全球化进程的加速，国际互联网成为现代恐怖主义活动的新领域，网络恐怖主义（cyber terrorism）有替代传统恐怖主义的趋势。一些恐怖组织开始对网络实施攻击，包括重要政府网站和金融网站，使其面临瘫痪，该类恐怖主义事件的破坏性、危害程度更加严重。

二、社会安全事件的特征

作为突发事件的一类，社会安全事件与其他安全事件具有某些共同特征。比如：事件的突发性、处置时机的紧迫性、损害的系统性等。除此之外，社会安全事件还往往具备与其他突发事件的不同特点，包括人为性、敏感性、预谋性。

（一）人为性

社会安全事件的直接诱因往往源自人的主观意愿，人的故意或恶意直接导致事件发生，即主要是人为原因造成的。相较之，自然灾害、事故灾难、突发公共卫生事件的发生是自然因素、人为因素及其之间的相互作用。

如果说事故灾难发生过程中的人为因素是无意的、错误的或失误的操作，突发公共卫生事件发生过程中的人为因素是有意和无意并存，那么社会安全事件诱发的人为因素则具有故意性和恶意性的共同作用，其发生前通常存在人为的预谋策划。

（二）敏感性

近年来，由于民族、宗教、历史遗留、公共部门回应不当等缘由诱发的部分社会安全事件，更在社交网络、新媒体等作用下产生突发舆情效应，对其处置和回应状况往往牵连社会神经，社会敏感性极强。如 2022 年发生的河北唐山烧烤店打人事件，造成社会公共安全感的心理冲击，也一度激发民众对地方公安执法部门的质疑。一些涉及民族、宗教等因素引发的社会安全事件呈现一定范围的涉外性和政治敏感性，处置不善将导致更突出的负面社会效应，乃至会激化社会矛盾，扰乱国家发展秩序。

（三）预谋性

与其他突发事件不同，社会安全事件通常不是无端发生的，其背后伴随着复杂的因果联系，暴发前往往经历一个缓慢、平静的能量积累过程。从引起突发社会安全事件的原因上来看，其形成演化常常经历量变到质变，有预谋、有策划的组织过程，特别是恐怖主义事件更为典型。比如，2009年发生的乌鲁木齐"7·5"严重暴力犯罪事件、2014 年云南昆明火车站恐怖事件等均表现为有策划、有预谋的组织化特征。

第二节　恐怖主义事件

一、概述

恐怖主义势力和暴力恐怖事件，对当代全球和平发展构成严重威胁。《辞海》（第 7 版）将恐怖主义的概念界定为："通过暴力、破坏、恐吓等手段，制造社会恐慌、危害公共安全、侵犯人身财产，或者胁迫国家机关、国际组织，以实现其政治、意识形态等目的的主张和行为。"荷兰学者亚历克斯·施密德（Alex Schmid）在其所著的《政治恐怖主义》一书中列举了国际社会 109 种恐怖主义界定，得出的结论是：（1）恐怖主义是一种带有政治性的武力或暴力行动；（2）制造恐怖气氛是恐怖主义活动的目的，在心理上达到威胁、恫吓；（3）对恐怖主义概念要素（随机性、无选择性、不受人约束性、突发性等）存在明显分歧，人们的认知差异是一大影响因素①。此外，国内学者胡联合（2001）在《当代世界恐怖主义与对策》一书中对50个恐怖主义概念进行了系统分析。②

综合来看，国内外对恐怖主义事件形成了一定共识：首先，恐怖主义事件多数具有政治性、组织性和社会性；其次，多是使用暴力、极端、武力手段以达到威胁恐吓的目的；最后，恐怖主义事件多数是有计划、有组织的共同行为，有着自身的宗旨、目标和准则。基于此，本书将恐怖主义界定为：实施者针对非战斗目标、非武装人员等进行有组织的违法暴力破坏活动（爆炸、绑架、暗杀、劫持人质、危害网络系统等），以制造社会恐怖气氛、引起社会恐慌乃至全面混乱，最终达到某种私利或者政治目的的极端行为。客观上，恐怖主义产生的根源具有多样性和复杂性，从根本上说国家及地区经济、政治、文化、社会、民族宗教领域的矛盾冲突是恐怖主义事件产生的主要原因，同时也夹杂着国际秩序失衡、西方现代新殖民主义等因素影响。

借鉴国内外已有研究成果，本书依照行为主体、动机和根源对恐怖主义事件进行分类，具体如下：

（一）极端民族主义型恐怖主义

极端民族主义与民族主义是两个不同的概念，民族主义指以本民族的利益为基础而进行的运动或思想，是在近代民族国家形成后逐渐形成的，它与恐怖主义并不相挂钩，只有极端的民族主义组织或者个人才关联恐怖主义活动。种族主义以自我为中心，认为自己所属的团体（如民族、人种或国家）比其他团体优越，而对其他种族采取歧视和压迫的姿态。

极端民族主义者宣扬本民族是本国或世界上最优秀的民族，只为本民族服务，歧视别的民族，用暴力手段迫害其他民族民众，剥夺他们的生存权、生命权等。极端民族主义者鼓吹民族自决，即宣扬一个民族在容许自治的情况下应当分离。20世纪末以来世界上比较有影响力的民族分离主义恐怖组织主要有：西班牙"埃塔"、"爱尔兰共和军"、俄罗斯车臣组织、斯里兰卡"泰米尔猛虎组织"等。

---

① SCHMID AP and JONGMAN AJ, Political Terrorism Amsterdam: North-Holland Publishing Company, 1988.

② 胡联合主编《当代世界恐怖主义与对策》，东方出版社，2001，第5-6页。

（二）邪教型恐怖主义

世界上的邪教组织种类繁多，但基本上将教主崇拜视为第一教义，对内部教徒进行洗脑和精神控制，散布传播反社会的思想和情绪，将教徒变成反社会型的恐怖组织成员，表现出反科学、反人类和反社会的极端特征。与其他恐怖主义行为相比，邪教恐怖主义具有宗教控制性、极端疯狂性和事件表现多样化特征。随着现代科技的发展，邪教恐怖主义进一步呈现出科技化、网络化、国际化的新型发展趋势。

（三）宗教狂热型恐怖主义

带有明显宗教狂热色彩的恐怖主义是当代危害严重的恐怖主义类型，也是历史最为悠久的恐怖主义活动之一。宗教狂热型恐怖主义把某一正常宗教的思想或利益极端化，使其行为不受任何法律、道德、舆论和传统伦理规范约束，旨在"消除异己分子"或消除非本民族的人类群体，传播本组织或本民族的极端宗教思想，并演化为极端恐怖主义行为。

（四）极右恐怖主义

国际社会一般把采用恐怖手段，企图复辟法西斯和军国主义或者宣称"种族优越论"，对外来移民或其他有色人种实施暴力攻击的组织称作极右恐怖主义组织。极右恐怖主义出现于20世纪60年代，80～90年代在北美、欧洲和大洋洲迅速发展，它表现为以极右思潮为支撑，反对社会主义、共产主义，奉行新法西斯主义、种族主义和极权主义等，其核心是通过暴力手段反对社会变革，社会变革被认为会威胁其价值观和生活方式。如美国的"三K党"（Ku Klux Klan）、德国的"新纳粹"、意大利的"新法西斯"等均是此类组织。外国移民是极右恐怖活动的主要针对对象，在其影响下，一些地区出现捣毁非白人经营的商店、饭馆，用私刑虐待移民与避难者的恐怖事件，也会利用音乐会、宣传小册等手段大肆宣扬极端种族主义。

（五）极左恐怖主义

极左恐怖主义以极左思潮为支撑，主张通过激进、冒险的有组织活动推翻现政府。作为一类典型的政治和意识形态恐怖主义，极左恐怖主义是社会矛盾和政治对立的产物和反映。它们表面标榜信奉"社会主义"，试图通过各种非法暴力活动和手段来改变社会进程和资本主义制度。如今，极左恐怖主义整体上渐渐走向低潮和边缘化，但依然没有绝迹，印度和拉美的极左恐怖主义事件发生率近年来有上升趋势。

（六）高科技型恐怖主义

利用现代科技手段和工具制造极端事件是该类恐怖主义的主要特征，其中网络恐怖主义最为突出。网络恐怖主义通过网络空间实施或以网络为载体发动恐怖攻击，对社会秩序的破坏、民众心理的冲击、国家安全的危害更加突出。作为一种新兴恐怖主义事件，网络恐怖主义具有攻击手段多元且活动隐蔽分散的特点，常常以电脑"黑客"技术手段为支持，引发网络系统在短时间内瘫痪、混乱和崩溃，并造成巨大经济损失，给基于网络系统运作的社会政治、经济、军事、文化系统造成极大危害。随着科学技术的不断发展，网络恐怖主义活动向集团化方向发展的趋势越来越明显，一些恐怖主义分子利用互联网招募人员、传播暴恐思想、传授暴恐技术、筹集恐怖活动资金、策划恐怖袭击活动，这使得由此带来的社会危险性更大、攻击性更强。

此外，近年来一些国家和地区还出现了经济金融活动、生物研究活动中的恐怖主义行为，不法分子利用计算机网络技术窃取重要经济机密文件和生物研发信息，由此扰乱正常的社会秩序，这给反恐和网络安全保障工作带来新的挑战。例如，恐怖主义"基地"组织（AlQaeda）寻求收购有关化学和生物武器研发的制造工厂，以利用其为本组织极端暴力行动服务。

二、恐怖主义事件的重大危害

（一）国际危害

1. 威胁国际社会政治经济安全

恐怖主义对国际及地区政治经济的影响不容忽视，在一定程度上造成地区政治动荡。恐怖事件的发生严重违背联合国宗旨原则，极端分子为了达到阴险目的不择手段，使用各种方式制造恐怖袭击，造成重大人员伤亡，威胁国际法治及和平发展氛围。恐怖组织的资金多数是通过非法渠道敛取，造成国家资金流失和经济秩序的混乱，更会影响一国旅游业的正常发展，最终对国家和地区经济安全构成巨大威胁。

2. 破坏国际活动，加剧国家间摩擦

近年来，恐怖组织的跨国活动是国家间、区域间摩擦升级，国际政治矛盾加剧的导火索。例如，巴勒斯坦与以色列之间的矛盾多年来一直存在，地区内一些极端分子试图通过暴力手段来使对方屈服以实现特定利益诉求，这使巴以两国关系更加紧张，严重影响两国的正常社会秩序和地区经

济社会发展。此外，震惊全球的"9·11"恐怖袭击一度给美国国内的经济、社会造成巨大损失和恢复难度，此后美国先后对阿富汗和伊拉克发动战争，致使多年处于战争中的两国生灵涂炭，民不聊生，并进一步恶化了中东地区与西方国家间的关系。

3. 造成极大的社会心理恐慌

恐怖主义是一种狂热的暴力活动，不仅通过制造恐怖事件来伤害或毁灭社会，更要通过制造恐怖气氛来折磨其报复对象的心灵或精神。恐怖主义事件的发生使民众产生极度的心理恐慌，严重挫伤公共安全感。这类恐惧心理也会改变民众原有的生活和行为方式，比如 2005 年伦敦地铁爆炸事件之后，虽然民众的生活秩序逐步恢复正常，但在很长一段时间内地铁客流量急剧下降，该事件在当地民众心理上留下挥之不去的巨大阴影。

（二）国内危害

1. 冲击经济安全，加大反恐成本

经济安全是各国国家安全及发展利益的重要组成部分，恐怖主义事件严重危害经济安全，这主要表现在两个方面：首先，一些恐怖主义事件把袭击矛头指向非武装的平民、经济金融资源以及社会公共基础设施，经济破坏性极大。其次，各国不断加大资金投入和社会投入来应对恐怖活动，比如建立反恐机构和反恐部队，由此关联的直接成本、间接成本高昂。21世纪以来，"东突"恐怖组织在我国新疆区域策划并实施了一系列恐怖主义事件，在一定程度上影响了我国西部开发和地方经济发展，破坏区域经济建设与改革，导致地方政府机构不能正常运转、民众无法安心生产生活、国家重大投资和建设项目受到严重影响。

2. 破坏政治安全与社会稳定

近年来，恐怖主义活动呈现出越来越多样化的特点，其勾结各种分裂势力，危害我国的领土完整和主权。譬如，"东突""藏青会"等恐怖主义推崇通过暴力手段实现其不可告人目的，其本质就是要分裂国家，不仅是对国际法所倡导的民族自决原则的滥用，更严重损害了中国的国家主权、安全和发展利益。此外，"东突"恐怖组织还联合亚洲中部地区的各种分裂势力、恐怖组织等策划恐怖袭击事件，旨在威胁中亚、南亚地区的社会稳定和人民安全，进而影响我国的政治安全。一些恐怖主义事件中普通民众被视为袭击目标，恐怖主义分子通过制造社会恐怖氛围来引起民众恐惧和社会秩序混乱，其险恶用心昭然若揭。

3. 侵蚀少数民族群众的国家意识

一段时期以来，"东突""藏独""疆独"等恐怖主义势力发动了一系列恐怖事件，对我国新疆、西藏当地民众思想造成一定混乱，动摇并侵蚀民族群众的国家认同，造成诸多恶劣社会影响。其中，"藏青会"作为"藏独"中有影响力的极端组织，在拉萨等地策划和组织实施了多起恐怖骚乱事件和暴力活动，以期削弱藏民的国家认同。本质上，极端恐怖主义事件的发生，严重破坏我国传统宗教观、民族观和价值观，其极端言论与思想与我国现代法制、道德准则根本背离，是极端宗教文化的产物。暴力恐怖活动不仅对我国边疆社会稳定和民族团结产生巨大危害，还侵蚀包括维吾尔族、哈萨克族等在内的民族群众思想和心灵，形成恶劣社会后果。

三、恐怖主义事件应急处置与防范

恐怖主义事件具有突发性与极端性，现代恐怖主义活动越来越多表现出高科技、跨国性与复杂性的特点，给我国反恐工作带来诸多挑战，也更加需要完善反恐行动机制。根据国际社会和我国政府反恐经验举措，未来需重点把握以下五个方面：

（一）跨部门多层次合作

反恐是一项极其复杂艰巨的系统工程，涉及指挥、协调、管理、情报、行动、资金、人员等各个方面，离不开跨部门、多层次的深度合作。其中，情报传递共享机制、责任分工机制和专业人员互派机制是反恐协作体系建设的重点，以保证跨部门协作能充分发挥不同部门的优势，形成反恐统一战线与行动合力。

经过若干年的发展，我国已初步建立起了国家反恐合作机制，即国家安全部门及相关部门共同协调，采取预防打击恐怖活动的系列措施，实现快速反应。在中央层面，成立了国家反恐工作协调小组，依托公安部成立反恐局；在地方层面，各地设立了反恐工作协调小组及其办公室，依法组建了反恐专门力量，明确规定了机构协调相关党政司法职能部门（如政府、行政部门、法院、检察院、公安等）的工作职能，对于反恐决策执行和形成合力起到了重要作用。

（二）反恐情报搜集

情报搜集是完善反恐预警机制的前提，情报搜集全面、可靠才能对可能的恐怖事件进行准确界定，进而采取有效措施将恐怖袭击扼杀在萌芽状态。从现实恐怖事件发展来看，恐怖组织对于即将发起的恐怖事件往往都有一个较长时间的预谋、策划过程，如准备相关武器、资金，选择地点，调配人员等。故此，为了最大程度地遏制恐怖事件的发生，应高度注重反恐情报的前期搜集工作，加强系统预防、情报分析、应急响应、风险评估等各个环节的工作，全面准确掌握恐怖组织内部资金动向和行为、人员、武器配备等情报。我国体现反恐情报法制支持的《中华人民共和国国家情报法》于 2017 年 6 月 28 日施行，该法案明确规定了我国国家情报机构的工作保障、机构职权、法律责任等，为促进反恐情报信息工作的开展提供有力支撑。

反恐情报工作是对恐怖活动进行精准预测、分析和管控的前提条件。一般而言，反恐情报信息工作的能力体系来源于四个要素，即人才、资金、反恐数据库和基础设施与技术，这四个要素组成了反恐情报信息工作能力的"原动力"。

（三）反恐立法

反恐立法是有效打击恐怖主义的前提和基础。通过相关法律赋予侦察机关相应的权利，有利于依法打击和控制恐怖分子及恐怖组织。譬如，联合国修订的《关于国际恐怖主义的全面公约（草案）》从主体、手段、对象、目的等方面对反恐制度规则进行了概括，并提出反恐行动的指导原则。

我国反恐立法起步较晚，经历了从起步到发展再到不断完善的历史演进过程，最初的有关反恐法律条文只在刑法、行政法中有简单规定；21 世纪以来，我国开始制定修订包含专门性反恐内容的法律法规，比如《中华人民共和国外国人入境出境管理条例》《中华人民共和国国家安全法》《中华人民共和国武装警察法》等；2016 年，《中华人民共和国反恐怖主义法》在全国人大常务委员会上通过，该法案正式将反恐怖主义纳入国家安全战略中，明确对反恐工作的领导机构、组织力量、行动机制等做出界定，对国内反恐工作起到了极大的促进作用。

（四）源头控制

当代恐怖主义事件背后离不开非法资金和组织人员，故此必须强化恐怖主义的源头控制。首先，资金是恐怖活动与暴力事件的关键支撑动力，要坚决严厉打击恐怖组织利用各种非法渠道敛财的行为，如贩毒、走私、抢劫、洗钱等。此外，许多恐怖组织披着"慈善"的外衣、打着"社会服务"名号、开着非法"公司"为其恐怖行动筹资，严厉打击这些关联行为对切断恐怖组织的经济来源十分重要。其次，要强化对宗教极端分子、宗教异类个体、民族分裂主义分子的控制，涉民族恐怖主义事件往往与复杂的民族纷争、宗教问题或地区利益博弈纠缠在一起，故必须加强民族宗教问题矛盾的化解，从源头上遏制该类恐怖事件。

（五）科技支持与能力提升

随着信息技术的发展，恐怖活动越来越多地表现出高科技特点，恐怖主义事件的技术性和隐蔽性特征愈发突出，如"基地组织"通过网络进行假慈善或其他营利性业务，将组织的非法收入披上合法化外衣，利用位于美国的包含潜在目标信息的大型数据库进行恐怖活动。①故此，高效地开展反恐斗争就必须加强反恐的前沿科技研究、开发工作，提高发现恐怖分子伪装、藏匿武器的能力，更新反恐部门的技术装备，从硬件设施上确保反恐工作的顺利进行。与此同时，高度重视反恐人员培训，通过实战化反恐演练增强其预防、发现恐怖主义行为的能力，培养人员过硬的心理素质、扎实的专业技巧，以及发挥反恐侦破专家、谈判专家和技术专家的重要作用。特别地，要针对恐怖主义事件特征及各国反恐力量的构成状况，强化包括军队在内武装力量的反恐能力建设，定期进行反恐演习，确保专业反恐队伍训练有素，为把握反恐局势主动权提供坚强保障。

第三节　社会稳定风险评估

当前，我国正处于改革攻坚期、发展关键期和矛盾凸显期，全面深化改革进入深水区，不可避免会触及深层次社会关系，牵动既有利益格局变化。面临复杂的国际国内形势，调节各方面利益关系的难度也在增大。同

---

① 考德威尔：《危中求安：如何在动荡的世界寻求安全》，彭子臣译，金城出版社，2017，第177-198页。

时，随着现代网络信息技术的广泛运用，民众对政府公共决策产生了前所未有的影响力，决策不当引发的问题借助网络力量，极易演化为公共舆情事件乃至社会安全事件。社会稳定风险评估作为一项源于基层的实践创新，最终上升为国家制度，其根本主旨是保障政府重大决策的科学合理实施，防范化解社会风险，也是维护社会稳定、安全管控关口前移，加强和创新社会治理的新思路。习近平总书记指出，对于涉及群众切身利益的重大决策，要认真进行社会稳定风险评估，充分听取群众意见和建议，充分考虑群众的承受能力，在决策前解决可能影响群众利益和社会稳定的问题和矛盾。①

一、社会稳定风险评估基本内容

社会稳定风险评估（以下简称"稳评"）是在重大决策之前，通过对利益相关群体进行社会风险排查，从源头上减缓对社会稳定可能带来的负面影响，降低社会安全事件发生的可能性。稳评制度包括评估对象、评估主体、评估内容与评估节点要求等基本内容。

（一）评估对象

2012 年 1 月，中共中央办公厅与国务院办公厅联合印发《关于建立健全重大决策社会稳定风险评估机制的指导意见（试行）》，其中明确指出，凡是直接关系人民群众切身利益且涉及面广、容易引发社会稳定问题的重大决策事项，党政机关做出决策前都要进行社会稳定风险评估。近年来，各地区在社会稳定风险评估具体实践中，纷纷确立了稳评实施的重点或关键领域，如四川遂宁率先提出了"五五工程"，确立了稳评实施的五方面重大事项、五项重点内容；上海确立了"分类评估"的创新思路；陕西宝鸡建立起稳评决策的评估目录；河南漯河将评估事项细化为 5 个大项、14 小项等。基于国家方针政策要求及成熟地区的探索实践，社会稳定风险评估范围主要包括：事关广大人民群体切身利益的固定资产投资建设项目、重大公共政策、重大公共活动和其他社会稳定事项（详见表 5-1）。

---

① 新华社：中央全面深化改革领导小组第二次会议，2014 年 2 月 28 日。

表 5-1　社会稳定风险评估主要范围

主要决策领域	具体评估事项
重大固定资产投资建设项目	涉及土地征用、拆迁补偿、居（村）民安置、环境保护的能源化工、水电核电、交通运输、机械加工、矿产资源开发、农林水利、文化旅游、公共基础设施等重大固定资产投资开发项目
重大公共政策	1. 城市基础设施建设、旧城改造中拆迁补偿、居民安置等政策； 2. 涉及职工分流、安置，资产处置、社会保险、待遇调整或收入分配制度变动的企业改制、重组、机关事业单位改革； 3. 社会保障中关于社会保险、社会救助、住房保障和就业等重大政策调整； 4. 涉农土地经营权流转、农业产业结构调整、农村集体资产管理处置等政策和改革措施； 5. 水、电、燃气、教育、医疗、药品、公共交通等关系群众切身利益的商品、服务价格和收费标准重大调整； 6. 行政区划和城乡建设规划、教育、卫生、交通布局重大调整； 7. 涉军人员类相关政策变动调整
重大公共活动	涉及人员多，可能对社会稳定、公共安全产生影响的重大公共活动
其他重大事项	1. 重大自然灾害、卫生疫情预警防控方案，食品、药品安全预警防控监测方案，重大安全、质量事故处置； 2. 重大事项社会稳定风险防范化解预案； 3. 涉及民生问题的法规规章、规范性文件的制定、修改、废止等； 4. 涉访涉检案件处置； 5. 其他与群众切身利益相关、易引发不稳定问题的重大事项

（二）评估主体

"谁决策，谁评估，谁负责"的原则界定了稳评责任的主体，但并不意味着"自我评估"。一般来说，提出重大决策、起草政策、报批项目、牵头改革和实施工作的有关部门是稳评的主要机构，如果涉及多个部门，牵头部门是评价工作的主体。从实践中的角色类别来看，稳评主体可以分为评估责任主体、评估实施主体、评估监督主体。

1. 评估责任主体

"稳评"作为地方政府一项专项职能，遵循"属地管理"和"谁主管、谁负责""谁审批、谁负责"的基本原则，按照目前政策规定，各级党委、政府应履行社会稳定风险评估的主体责任。

进言之，评估责任主体是做出实际决策的职能部门。若地方党委和政府做出决策，由其或者指定部门作为评估责任主体，党委和政府有关部门做出决策的，由该部门或者牵头部门组织开展风险评估工作，也可商请其他有关部门作为评估责任部门。

2. 评估实施主体

评估实施主体是稳评工作的具体操作部门。制定出台重大公共政策、实施重大改革的牵头单位、重大工程建设项目的主管部门、重大事项和重大活动的举办单位或主管部门，都是社会稳定风险评估的具体责任部门和实施主体。根据实际需要，稳评实施主体可以按照重大决策复杂性的状况，依法组成由政府主管职能机构、社会综治、维稳、法制、信访等有关部门，有关社会组织、专业型机构、科研院所专家学者以及决策关联群众代表等参加的联合评估小组，具体开展实施风险评估工作。

3. 评估监督主体

政法委作为维护地方社会稳定工作的主要领导机构，依法依规监督地方社会稳定风险评估工作的开展，具体职责包括：

一是负责指导、协调地方政府和各个职能部门开展重大决策社会稳定风险评估工作；

二是督促和监查各级部门开展重大决策社会稳定风险评估工作的执行情况；

三是为各级部门和第三方评估机构提供稳评的技术咨询与服务；

四是参与各级部门组织的社会稳定风险评估报告的评审会议；

五是具体负责重大决策社会稳定风险评估报告的备案工作。

（三）评估内容

按照我国稳评制度实施规范及实践要求，风险评估内容主要包括合法性、合理性、可行性和可控性。

1. 合法性

就语义而言，合法性的"法"有标准、规范、正义、公道等含义，对应英文语境下的"legitimacy"一词，意味着有效的统治或管理必须具有的属性和功能。重大公共决策的合法性评估体现于法学意义上，主要表现为重大决策的出台要经过严格的核查审批程序，确保其内容不能与国家现行法律法规相抵触或违背，在一线实施或执行过程中，要严格依法办事，真正履行有法可依、有法必依、执法必严、违法必究的法治原则。

综合而言，合法性评估蕴含两方面的内涵，一是法理意义上的合法，二是社会意义上的正当。在具体实施过程中，合法性评估包括三个测评方向，即重大决策是否具有法律法规或政策依据；决策议事程序是否符合有关法律法规；决策机关是否享有相应的决策权并在权限范围内进行决策。

2. 合理性

经济社会发展有其客观规律，重大决策作为公共性选择只有符合客观规律才能对地区经济社会发展发挥促进作用，这既是发展规律的本质性要求，也是一种价值原则。重大决策合理与否，民意人心是最为直接的衡量依据。实践表明，只有符合绝大多数群众的根本利益，遵循审慎兼顾现实利益和长远利益并重原则，坚持与地区经济社会发展目标和群众需求相吻合，政府重大公共决策才会夯实必要的民意基础、民心基础，才能获得广大人民群众的支持拥护。在当代中国，重大决策符合经济社会发展规律的重要标准之一，就是坚持以人为本、全面践行新发展理念，不仅要考虑政府决策的经济价值、技术价值，更要将社会价值、民生价值、环境价值作为更加突出的审视标准。

此外，重大决策的制定出台，不应忽视空间维度内执行的客观差异，应充分把握政策的连续性、统一性和配套措施，尤其要重视评估某些专业性政策在已实施地区、行业、部门、群体间的具体效果及问题，扩大横向、纵向比照范围，审视政策内容中的不连续、不统一、不协调问题，深入了解特定群体的真实需求，动态考察受影响群体实际状况，及时采取针对措施，并将其作为决策合理性评估的参考因素。

3. 可行性

可行性具有丰富的内涵，针对对象不同其内涵也有不同。传统意义上的项目可行性分析偏重从经济财务、技术条件等工具性角度评估，却往往忽视在特定社会环境下的匹配度测量，成为现实社会风险积聚的重要源头。社会稳定风险评估与项目可行性分析的最大区别在于：稳评立足政府公共管理者角度，重点评估可能引发的社会不稳定因素，即重大决策中的社会安全性（非仅仅环境安全），其目的是在既定范围内从社会的视角进行决策方案选择的论证，以使多种资源合理利用和优化，实现经济功能和社会功能的统一。具体来说，稳评可行性评估的主要内容包括：是否与本地经济社会发展水平相适应；相关配套措施是否经过科学严谨周密的论证；决策出台的时机和条件是否成熟；决策方案是否充分考虑民众接受程度，是否得到了大多数群众的支持。

4. 可控性

"风险"的典型特征是损失及危害的不确定性，社会稳定风险则是发生在社会系统内的损失及危害的不确定性。社会稳定风险的可控性评估，就是在一定条件约束下，决策主体对社会系统风险进行识别预测后，采取一定措施来防范、化解风险由此带来的可能性损失。

从我国实际出发，社会稳定风险的可控性评估重点关注重大决策可能影响到的公共安全领域，即是否会引发诸如群体性事件、集体上访等社会安全事件的苗头或倾向，是否会引发严重的社会负面舆论、境内外敌对势力的干预以及其他大规模社会影响的安全稳定问题。针对政府重大公共决策可能引发的社会风险，是否具备得当的前瞻性对策措施，能否将风险控制在预测范围之内，这也是可控性衡量的关键标准。

（四）评估节点要求

社会稳定风险评估是典型的"前置评估"与"过程评估"相互配合的社会风险治理制度，既是重大决策前的一个前置性程序和工作机制，同时也在管理过程中不断发挥控制作用。稳评制度是通过把评估的事前手段置入决策中，分析可能引发危害社会稳定的因素并进行分级预警管理，进而采取有效措施降低、消除社会风险。故此，社会稳定风险评估是重大决策落地前的重要判断依据与行动基础，从两者的发生时序来看，应当先进行稳评而后根据结论做出决策取舍。本质而言，社会稳定风险评估是对尚未输入社会过程的决策扰动事项与决策社会目标相比较后产生的风险进行控制，因此是一种"前置性控制"手段。"前置性控制"不同于"事后反馈控制"，它是事先发现并预警人为决策活动中的各类风险，以控制不利社会稳定因素的一种管理行为，其意义在于通过"关口前移"，消除风险控制的被动性和时间滞差，在出现问题之前就识别发现问题，预先制定纠偏防范措施，化解或减缓社会风险的破坏性作用。在现代风险社会中，"前置性控制"是整个社会风险控制体系中最具意义的组成部分，对各国政府决策活动具有典型的导引作用。

此外，从重大工程项目的全周期、全方位评价要求出发，社会稳定风险评估也必须做到全程、全面。立足项目实践，重大固定资产投资项目的建设，具备如下三个鲜明特征：一是项目会在特定的社会环境和条件下进行；二是始终与当地社会、相关群体发生互动关系，且在互动过程中不断触发多种利益诉求；三是一旦项目实施与受影响群体间的动态利益平衡被打破，总会有新的矛盾和冲突产生，进而形成持续不断的社会风险。实际上，在项目周期的不同实施阶段，民众反应会呈现一定差异性特征，诱发的社会风险因素也会出现差异。例如，征地拆迁和移民安置是贯穿重大建设项目土地征收环节的关键内容，在项目周期不同阶段产生的社会影响或社会风险存在不同表现。执行前期，对关联民众的影响主要体现在因征地拆迁而导致的直接物质利益损失，利益诉求更多集中于物资利益补偿方面。移民安置实施完成后，民众利益诉求更多集中于新的安置环境和条件下的适应性矛盾风险。从某些工程建设项目的实施情况来看，征地拆迁民众在迁移前与安置后的信访量出现前少后多的现象，也说明同一项目在不同周期阶段所导致的社会风险表现是不同的。故此，社会稳定风险评估不仅要注重项目决策前的社会风险判断，也应当贯穿于项目执行周期全过程，包括实施中的风险监测与动态评估。

二、社会稳定风险评估程序与方法

（一）评估程序

一般来说，规范的稳评工作流程或操作程序包括以下环节：①制定评估方案。由评估责任主体确定评估方案，明确具体要求和目标。评估工作方案应明确稳评依据、方法、主要内容、职责分工、工作进度、征询意见、评估报告等事项。②调查论证或风险调查。评估实施主体将拟决策事项通过公告公示、走访、问卷调查、座谈、听证等多种形式，广泛征求社会意见，科学论证可能存在的社会风险因素，并利用一定工具手段对主要风险概念、影响程度进行评估分析。③确定风险等级。根据前期风险分析结果预测各主要风险因素的可能变化趋势，结合历史经验事件和专家意见等，综合确立高、中、低三类风险等级。在该层面，地方政府在实践中有不同的认定和做法。比如，上海等地划分风险的依据为：高风险（红色）：大部分群众有意见、反应特别强烈，超出群众心理和实际承受能力，可能引发大规模群体性事件；中风险（橙色）：部分群众有意见、反应强烈，可能引发一般群体性事件或比较严重的信访问题；低风险（绿色）：绝大多数群众赞成或多数群众理解支持，少部分人保留意见，有引发个体矛盾冲突的风险。④编制风险评估报告。在等级确定基础上，编制社会稳定风险评估报告，包括评估过程、评估依据、实施意见等。⑤审查与决策。评估责任主体将报告、风险化解工作方案提交集体审议，视具体情况由集体研究做出实施、暂缓实施或不实施决定。对已批准实施的重大事项，要密切监控运行情况。⑥督导和维稳措施。重大决策、重大工程项目实施过程中，评估责任主体要指定行业监管部门全程跟踪了解，建立阶段性维稳会商制度，及时掌握动态信息。对已经评估付诸实施的决策事项，坚持全程跟踪并做好后续评估，及时发现和化解实施过程中的矛盾和问题，完善相应措施，确保重大事项顺利推进。

（二）评估方法

社会稳定风险评估一般采用定性与定量分析相结合的方法，对主要风险因素进行多维度判断，估计风险发生概率和可能的影响程度。选取维度通常包括：决策或项目阶段、地域、关联群体、风险诱因、社会影响表现、风险概率分布、影响程度等特性。

具体来说，定性评估方法主要包括头脑风暴法、主观估计法、历史经验对比法等；定量评估方法主要包括敏感性分析、贝叶斯推断分析法、模糊数学法、蒙特卡罗模拟法等；综合评估方法主要有德尔菲法（Delphi）、故障树法、成功度法、模糊综合评价等。除以上三类专业评估方法，具体实践中还有其他评估工具方法，比较常见的有社会调查法、系统分析法和利益分析法等。评估方法并无优劣之分，只有适宜恰当的应用需要。在地方社会稳定风险评估实践中，一般会在全面系统的社会风险分析基础上，具体问题具体分析，综合运用各种风险评估方法。

三、稳评组织体系与责任机制

组织体系是重大事项社会风险评估开展的关键载体，主要涵盖评估主体与模式、评估机制与流程、评估结果应用等，涉及组织权、管理权与评价权。从一定意义上说，社会稳定风险评估组织体系与责任监督体系的建设水平，直接决定重大决策稳评功能的有效实现。

（一）地方稳评组织体系特点

目前，我国省级政府层面稳评组织体系大体上初步形成了如下架构：纵向上，各地成立由省委、政法委书记任组长（或副组长），省政府分管副省长任副组长（或组长），省直相关单位和部门为成员的重大事项社会稳定风险评估工作领导小组，下设办公室在政法委。各市、县（市、区）根据各自实际，参照省级模式，成立相应的组织领导和办事机构；横向上，各地立足于定政策、做决策、重大项目报建审批等核心领域，积极协调党委办、政府办、发改委、环保厅、住建厅、人社厅、水利厅、交通厅、教育厅等重点部门建立稳评工作制度，完善工作机制，着力把风险评估工作纳入决策审批程序，把好第一道关口，确保评估工作有效落实。经过若干年的发展，各地政府按照"属地管理、分级负责""谁主管、谁负责"的原则基本形成了纵向到底、横向衔接、重点领域全覆盖、各部门整体推进的社会稳定风险评估工作格局。

中国稳评组织体系建设要遵循风险评估的一般规律，将现代风险评估的元素、流程、理念、工具等运用到稳评过程中，其中一个必要途径就是加强公众参与。公众参与是指企业、群众、社会组织或专业人员，有意识、有目的地参与特定社会行动。公众参与是一个动态交换意见过程，有利于增进公众了解公共决策事项，有利于双向信息交换和公众理性认知。根据现实实践，要进一步健全完善公众参与稳评的组织机制：一是保证参与代表的广泛性和合理性。不仅注重阶层结构、职业状况和地域分布等特点，还应选择相关领域的专家和一线实操工作人员参加。二是明确参与权利和义务。参与代表有权利获得决策项目的有关专门信息，也有义务遵守法律法规、保守秘密。三是规范参与程序。例如，围绕利益诉求的听证沟通前，应当明确听证目的、内容和要求，使参与代表有时间进行前期信息收集和必要调研。四是安排科学合理的对话交流空间，有关评估部门给予参与者适当的机会和时间，使其意见和建议得到充分表达。

（二）完善稳评责任机制

根据中办、国办《关于建立健全重大决策社会稳定风险评估机制的指导意见（试行）》，（中办发［2012］2号）地方党委和政府要加强对社会稳定风险评估工作的监督检查。评估主体不按规定程序以及公共财产造成较大或者重大损失等后果的，应进行评估责任追究；决策机关不根据重大决策社会稳定风险评估结论、无视社会稳定风险做出实施有关事项决策，给党、国家和人民利益以及公共财产造成较大或者重大损失等后果，应当进行决策责任追究。

1. 主体责任

按照既有规定与实践，地方政法委以及政府有关职能部门可以组织相关人员进行社会稳定风险评估工作，也可以委托第三方机构具体实施。第三方机构在接受地方政府委托后，对社会稳定风险评估的结论负责。其间，会产生评估责任主体和评估决策主体。

依据"属地管理，分级负责""谁主管、谁负责""谁审批谁负责""谁经营、谁负责"的基本原则，凡应进行稳评的重大事项，有关决策提出部门、政策发布部门、改革牵头部门、项目报建部门是负责组织实施稳评的责任主体，对稳评过程和结果承担主体责任。如果评估事项是由人大、政府制定或涉及多部门职能交叉而难以界定责任主体的，由人大、政府指定责任主体。无论是何种情况，各级党政主要领导对重大事项稳评工作负总责，分管领导负直接责任。上一级行政机关和同级人民政府作为稳评的决策主体，对重大事项可做出实施、部分实施、暂缓实施或不予实施的决定，应当向责任主体反馈并承担相应责任。

2. 责任查究及内容

重大事项实施中引发群体性事件和社会安全事件的，要依法依规进行责任查究。县（市、区）党委、政府有查究权限的，按照有关党纪、政纪规定，针对造成的地方维稳责任做出相应处理；若无查究权限的，则提出查究建议，报请上级党委、政府或者上级主管部门进行处理。

具体而言，涉及稳评的如下情形要进行责任追究：应当进行社会稳定风险评估的事项，责任主体不组织或消极执行评估；拟决策事项经过评估被否决或决策方案需修改后实施，责任主体和有关单位擅自实施；拟决策事项实施过程中，责任主体拒不接受评估机构合理建议并造成重大损失；责任主体评估工作流于形式和走过场，未能预测拟决策事项可能引发群体性社会安全事件；决策机关指定的行业（事项）监督部门没有全程跟踪监督，对有关风险问题处理不及时而引发群体性社会安全事件；经有关部门认定应当追究责任等。

3. 责任追究办法

对于评估责任主体而言，评估主体不按规定的程序和要求进行评估导致决策失误，给党、国家和人民利益以及公共财产造成较大或者重大损失等后果的，要依法依规对责任人给予处分；依照《中国共产党纪律处分条例》第一百二十一条规定，对直接责任者和领导责任者予以相应处分，评估主体隐瞒真实情况或弄虚作假，给党、国家和人民利益以及公共财产造成较大或者重大损失等后果的，依照《中华人民共和国公务员法》第八十七条和《行政机关公务员处分条例》第二十二条规定，对责任人予以相应处分，并依照《中国共产党纪律处分条例》第一百二十一条规定，对责任人中的党政领导干部实行问责。

本章小结

社会安全事件的发生演变有其特殊性，涉及不同的利益群体，其中恐怖主义事件的诱因极为复杂，造成危害也更为突出，对当代和平发展环境构成严重威胁。社会安全事件的应对处置必须坚持科学精神，厘清不同利益群体之间的关系，客观把握历史与现实原因，综合施策果断出击，做好社会舆论引导和公共安全保障工作。此外，社会稳定风险评估作为我国政府推动的一项面向社会安全事件风险防控举措，对于防范化解社会风险与应急能力提升发挥了重要作用，经过若干年发展已取得较丰富的理论与实践成果，有助于从源头、体制上控制和消减风险，增强地方政府统筹安全与发展的治理能力。

关键词

社会安全事件　恐怖主义　社会稳定风险评估

复习思考题

1. 结合具体案例阐析社会安全事件的诱发原因。
2. 社会安全事件的应急处置措施有哪些特殊之处？
3. 如何有效打击网络恐怖主义威胁？谈谈个人看法。
4. 阐明并分析我国社会稳定风险评估实践的重大现实意义与实施内容。

拓展阅读

社会稳定风险评估"南通模式"示范全国

重大事项社会稳定风险评估机制是一项从源头上化解社会稳定风险和推动传统维稳模式转型的重要制度安排，强调维稳关口前移和风险源头治理。稳评的要义在于它不仅是一个"设限"的评估机制，而且把握风险源头，化解社会矛盾，达成社会共识，从而推动建设事业的"积极机制"。南通在这方面先行先试，形成了一整套行之有效的"南通模式"。

2021 年 8 月 25 日，中央政法委召开第七次新时代政法工作创新交流会，南通市委政法委书面交流了"聚焦源头维稳 构建社会稳定风险评估'南通模式'"，成为此次会议上 5 个会议交流、6 个书面交流的设区市之一，也是江苏省唯一参与会议交流的设区市。

近年来，南通坚持治未病、防未然，聚焦源头、聚力防控，探索建立"制度规范、标准引领、科技支撑、服务为先"的社会稳定风险评估"南通模式"。2019 年以来，南通市累计评估重大决策事项 3032 个，其中委托第三方机构评估 1422 个。通过稳评暂缓实施事项 7 个、要求调整方案 28 个、未予实施 3 个，化解各类矛盾 1542 件，全市未发生一起因稳评不到位引发的涉稳事端，社会稳定风险指数各项指标持续保持全省领先。

用制度筑牢稳评"刚性门槛"

南通如此强烈的稳评意识，得益于制度设计与刚性执行。他们在全国率先出台《南通市重大决策社会稳定风险评估实施细则（试行）》，实现决策事项应评尽评。南通市委、市政府还确立"三个一律"原则，明确稳评作为重大决策前置程序，即需要报请市委市政府研究决定的重大决策，未作稳评一律不作议题受理，一律不纳入议题上会，一律不予批准实施，倒逼了各级党政主要负责人一手抓"经济报表"、一手抓"平安报表"，促进南通经济发展与社会稳定"两手抓、两手硬、两促进"格局的形成。

用标准化规范"第三方"稳评

为防止项目主体既当"运动员"，又当"裁判员"，南通大力推行第三方社会稳定风险评估模式，有效解决了稳评"内部循环""挂档空转"问题。

南通制定的第三方稳评工作技术规范被江苏省市场监管局确立为省地方标准正式发布。配套制定出台《社会稳定风险评估第三方机构库管理实施办法》和《社会稳定风险评估专家管理暂行办法》，加强了对专业稳评机构资格准入管理。同时制定稳评委托合同书模版，明确责任主体和稳评机构 11 项权利义务。

以服务作为稳评"角色定位"

南通市在稳评中坚持服务民生的理念，对关系到人民群众切身利益的稳评事项，稳评流程中一定设置群众走访环节，项目结束后，再次上门开展稳评的评价工作，真正实现了以人民满意为工作目标的宗旨。

在第三方社会稳评工作中，南通市坚持助推发展的理念，整合规范行政审批稳评事项，做到"一个事项、一次稳评、一套资料"，并明确政府出资开展第三方稳评，实现稳评"最多跑一次"，切实优化了投资环境、减轻了企业负担。

资料来源：江苏法治报．http://jsfzb.xhby.net/pc/con/202108/30/content_9654
68.html.

参考文献

[1] 谢瑜、雷舒越．《涉外突发事件应急处置机制的构建》，《四川警察学院学报》2014 第 6 期

[2] 周明、曾向红主编．《恐怖主义的新演变及其理论解释》．北京：中国社会科学出版社，2019

[3] 井凯笛．《理论解构与制度建构：3·14 事件的法治反思》，《云南民族大学学报（哲学社会科学版）》2015 年 5 期

[4] 罗振向．《基于法治精神推动社会应急治理发展路径思考——评〈社会安全法治论：突发社会安全事件应急法律机制研究〉》，《中国安全科学学报》2021 年第 3 期

[5] 寇丽平．《社会安全治理新格局》．北京：国家行政管理出版社，2018

[6] 刘智勇主编．《社会安全与危机管理研究》．北京：人民日报出版社，2018

[7] 詹姆斯·M. 伯兰德．《解读恐怖主义：恐怖组织、恐怖策略及其应对（第三版）》，王震 译．上海：上海社会科学院出版社，2019

[8] 朱正威、石佳、吴佳等．《社会稳定风险第三方评估：实践进展，现实障碍与优化策略》，《江苏行政学院学报》2017 年第 4 期

[9] 高山、李维民．《国内社会稳定风险研究的十年理论考察：进路与展望》，《湖南社会科学》2016 年第 6 期

第六章　网络群体性事件应急管理

　　21 世纪以来，互联网及平台载体的迅猛发展不仅改变了传统的信息传播方式，也成为新型的"社会舆论场"，对现实生产生活、舆论环境以及政府公共决策产生巨大影响。狭义上的网络群体性事件特指网民群体为了共同利益或其他目的，利用网络进行串联、组织、呼应的事件。它与可能或已经影响社会稳定的群体性事件的发生演变通常有着特殊的社会背景或条件，这对当代网络治理及政府应对能力提出更高要求。本章以"网络舆情""网络群体性事件"为重点，结合现实场景阐析网络环境下的突发事件特征、发展演进逻辑，进而提出理性认知和科学应对的若干思路。

➤　了解网络舆情的基本概念

➤　了解网络群体性事件特征和类型

➤　理解网络群体性事件应急干预思路

➤　理解政府网络治理制度创新

第一节　网络舆情与网络群体性事件

一、网络舆情

追本溯源，"舆"字的本义是指车厢、车中装载东西的部分，后泛指车辆。舆人，指造车的工人，也指古代职位低微的吏卒。南梁何逊在《七召·治化》有云："采舆人之片言，纳匹夫之小善。"进一步引申，"舆人"就有了与坐车官吏相对应的平民百姓、普通百姓的含义。《左传》中有记载"舆者，众也"，宋代王安石在《上富相公书》也提到，"伏惟体道为国自重，以答舆人之心"。这里的"舆人"便是众人的意思。由此，"舆情"的基本含义指民众的意愿，后代指百姓的情感情绪。

网络舆情与现代互联网相伴而生，它通常指在一定范围的社会空间内，公众以网络为媒介围绕社会热点事件的发展变化，对公共问题和关联政策持有的态度、情绪、意见和主观认知。网络舆情在一定程度上可以反映公众对各类社会公共事务、个体及组织行为的观点态度，并通过互联网平台展现出特定的群体思想情愫和矛盾纠葛。

（一）网络舆情基本特征

在当代，网络舆情的形式通常结合社会问题迭代演进，政府公共部门则面临舆论引导和有效管理的新问题。网络舆情与传统媒体舆情相比，有着自身鲜明的特点。一方面，网络舆情的发生和传播基于现代互联网平台，网络社会的虚拟性、开放性、即时交互性决定了网络舆情传播快速、突变的特征。另一方面，目前我国网络治理体系尚不完善，导致网络舆情会出现社会偏差等现实问题。

1. 迅捷性

在互联网助力下，社会公众可以通过社交媒体、新闻评论、政务网站、领导信箱等多种渠道发表个体或集体意见，民意表达方式更加便捷畅通。广大网民能够借助互联网平台、新媒体等渠道第一时间发布相关实地信息，携带网民的主观解读和观点传播迅速形成网络舆论。在没有外部干预的环境下，公众只需简单地复制粘贴，网络信息即可无限次快速传播。故而，当代网络舆情的形成和发展演化极其迅速，往往只需一个热点事件再辅以情绪化的意见表达，某一个热点事件就可以引起社会全民关注，个人态度会被汇聚成显性化的网络舆情乃至网络群体性事件。在此过程中，各种渠道的意见集聚形成强大舆论导向，打破了原有信息传播的时空界限，网络实时更新的特点使舆论信息呈几何倍数传播。

2. 多元性

现代互联网是一个多元开放平台，它拓展了普通公民的社会公共空间，提供发表观点意见、参政议政的便利渠道，使每个人成为网络信息的发布者、接受者和传播者。就舆情传播和接受主体范围来看，网民广泛地分布于社会的各个阶层和领域。从舆情传播的内容来看，由于互联网的匿名性特点，网民更愿意表达个人观点与心理态度，能够反映真实的内心想法。因此，网络舆情在一定意义上能比较客观地反映现实社会的矛盾冲突，体现不同群体的利益诉求。此外，网上舆情的主题内容极为宽泛，涉及话题往往是自发性、无组织、主观且随意的，关联政治、经济、文化、军事、社会等各个方面。

3. 偏差性

网络舆情是社情民意中最为活跃、意见观点最为尖锐的一类，但有时却不能客观真实地反映全面的观点和立场。受到各种主客观因素的影响，网络平台常常存在一些情绪化的言论和表达方式，缺乏理性客观分析和辨别，甚至有些人把互联网作为情绪发泄的场所，肆意歪曲事实，在社会层面产生了诸多负面影响。更有一些舆论被错误诱导利用，以博取空间流量、社会声誉或获取特定商业利益。由于网络空间法律道德的约束相对较弱，缺少特定的规则限制和有效监督，这会导致一些非理性言论在网络空间肆意传播，如揭露个人隐私、群体盲从等，这些偏激、不当、非理性言论甚至具有一定反社会倾向，控制不当将给政府形象和社会造成严重危害。2021年5月9日，四川成都市第四十九中学学生坠亡事件发生后迅速引发网络关注，网络上一度出现"学校故意拖延隐瞒""救护车没有及时赶到救治""学校化学老师为留学名额实施迫害"等言论，由于前期有关部门回应不及时、幕后组织推波助澜等，使得该网络舆论呈现出一边倒态势，严重影响学校和政府的形象与公信力。

4. 即时交互性

互联网给公众参与社会公共事务、参政议政搭建了便利的平台，能够提供实时交流的互动空间。特别地，当突发事件发生之后，不少网民往往会积极主动地利用网络社交平台发布和传播信息，寻求个体意识的认同感，释放心理压力情绪，而这种网络间的互动往往进一步形成突发事件的网络舆情。网民之间的即时互动，使得公众关于特定事件的各种观点和意见能够迅速地提炼出来，短时间内舆情被集中表达和反映，尤其是微博、微信公众号等社交平台的出现与技术变革，改变了过去传统媒体的单向信息传播方式，使网络舆情的实时交互功能更加突出。

（二）公共危机舆情

公共危机舆情管理的关键目标是对涉及可能风险的舆情信息进行综合分析，对舆情状况、主要风险点、负面影响等进行识别和评估，在此基础上形成舆情应对措施。

1. 公共危机舆情的定性

公共危机舆情是指特定性质的公共危机事件发生后，个人、团体或机构依托网络平台，借助网络工具在网络空间发表对公共危机事件的情绪、意愿、态度、意见和行为倾向的总和。通常来说，公共危机舆情除了具有一般网络舆情的特征外，还表现出快速传播、情景依赖、多级衍生和群体极化的特性。

从舆情源头看，公共危机事件是公共危机舆情的现实根源。随着信息技术和网络平台的发展，一旦发生公共危机事件，便会迅速引发公众的关注、探究与讨论，进而形成公共危机舆情。在舆情传播的过程中，聚焦危机事件的公众借助网络平台和信息技术广泛讨论。并且，所谓"网络意见领袖"、大众媒体等相关主体凭借掌握的信息资源，从多个渠道参与事件讨论，表达个人利益诉求和观点，推动公共危机舆情的发酵。更为严重的是，经过网络平台的有意识、无意识地轮番炒作，不实或虚假信息会快速催化公共危机舆情变异升级。在舆情呈现暴发式增长的过程中，"羊群"集聚效应和舆论领袖作用充分凸显。随着公共危机事件的复杂化，社会公众作为舆情的主要受众，由于知识水平、逻辑思维能力、理性程度等具有明显差异，该群体在公共危机舆情中的讨论可能会变得极端化、情绪化、片面化，甚至具有煽动性。伴随着新兴技术的发展，网络媒体为公众提供了发表意见和讨论事件的平台，也为舆情的发酵创造了空间，各种消息充斥，这要求人们提升消息辨别能力。同时，部分媒体社会责任的缺失使得舆情环境丧失道义，低俗恶搞、娱乐至死的网络环境更是使得舆情环境急剧恶化，官方媒体权威受损，在一定程度上损害了政府公信力（图6-1）。

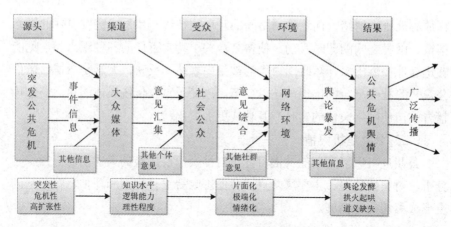

图 6-1　公共危机舆情形成机理

2. 公共危机舆情的定责

随着现代信息技术的飞速发展，互联网、自媒体平台发挥了舆情表达和信息传递的功能，网络平台的发展进入了新的发展阶段，迎来更大的挑战。网络舆情一旦发酵，很容易在极短时间内形成井喷效应，若控制不力甚至会引发严重公共危机舆情事件。依照我国有关法律法规，网络绝非法外之地，公共危机舆情事件涉及主体具有一定法律责任，包括刑事责任、民事责任、行政责任和违宪责任，造成恶劣影响的信息发布者、传播者应当承担相应的后果。譬如，《中华人民共和国刑法》第二百九十一条规定，"编造虚假的险情、疫情、灾情、警情，在信息网络或者其他媒体上传播，或者明知是上述虚假信息，故意在信息网络或者其他媒体上传播，严重扰乱社会秩序的，处三年以下有期徒刑、拘役或者管制；造成严重后果的，处三年以上七年以下有期徒刑"。针对行为人在公共危机舆情事件中由于违反民事法律、违约或者根据民法规定应承担法律责任，相关责任人应当承担民事责任，并进行相应的赔偿或补偿。在公共危机舆情事件中涉及从事与宪法规定相抵触的活动时，应当承担违宪责任。

对于公共危机舆情事件中的监管主体，除了承担相应法律责任外，还应承担相应的行政责任。具体而言，根据《中华人民共和国公务员法》第一百零八条规定，"公务员主管部门的工作人员，违反本法规定，滥用职权、玩忽职守、徇私舞弊，构成犯罪的，依法追究刑事责任；尚不构成犯罪的，给予处分或者由监察机关依法给予政务处分"。根据《中国共产党问责条例》第七条第九项规定，对于党的组织、党的领导干部"履行管理、监督职责不力，职责范围内发生重特大生产安全事故、群体性事件、公共安全事件，或者发生其他严重事故、事件，造成重大损失或者恶劣影响的"，应当予以问责。

3.舆情风险评估

近年来，各种新兴网络媒介的兴起使得公共舆情呈现裂变式扩散，吉林长春长生问题疫苗事件、江苏丰县八孩事件、河北唐山烧烤店打人事件等典型舆情事件迅速引发了社会关注与讨论，并最终升级为公共危机事件，对地方政府公信力一度造成严重损害。网络舆情作为互联网时代的产物，与社会生活、公众情绪息息相关。舆情这把"双刃剑"，既能充分反映民意，为公众参与政治提供广阔平台，推动政府决策公开化、透明化；又可能导致"社会失序""情绪失控""信息失真"。因此，舆情风险评估也成为政府网络应急管理的重要组成部分。

当前，国内不少研究者从多个维度对舆情风险评估展开研究，取得显著成果。从微观层面来看，聚焦舆情风险评估指标体系和政府部门"舆评"是一个典型特征。比如，兰月新（2014）等构建了 HHM 框架，通过 AHP 法和 ABC 法进行舆情风险量化和评级，为舆情风险评估提供了参考。[①]路枝芳、薛耀文（2016）采用因子聚类分析方法对国内舆情热点事件进行研究，发现了包括政府认同度因子、悲观度与舆论共识度因子、网民积极因子以及网民理性因子等对舆情的演化作用。[②]从宏观层面来看，有研究进一步探索舆情的预测与预警机制，如高顾源（2019）等通过扎根理论和层次分析法比较分析 40 个案例，探究舆情风险的影响因素及其演变逻辑。[③]

总体来看，国内舆情风险评估研究逐步深入，不断将技术型风险和社会风险纳入考量，形成了多种评估指标体系和评估模型。

二、网络群体性事件

（一）概念界定

"群体性事件"是具有中国本土特征和学术话语的一个表达方式，我国

---

① 兰月新、董希琳、邓新元等：《基于 HHM 的公共危机事件网络舆情风险管理研究》，《情报杂志》2014 第 10 期。

② 路枝芳、薛耀文：《基于因子聚类分析的舆情风险研究》，《情报科学》2016 年第 7 期，第 76-80，85 页。

③ 高顾源、张桂蓉、孙喜斌等：《公共危机次生型网络舆情危机产生的内在逻辑——基于 40 个案例的模糊集定性比较分析》，《公共行政评论》2019 年第 4 期，第 101-123，192 页。

政府及学界认知经历了一个长期发展过程，最早出现在社会治安领域，被称之为"群众闹事""聚众闹事"，视为一种不正常的社会现象。20 世纪 80 年代初至 90 年代又被称为"群众性治安事件""突发性治安事件""群体性紧急治安事件"。直到 2004 年，中共中央办公厅、国务院办公厅在《关于积极预防和妥善处置群体性事件的工作意见》中将此类事件做了统一界定："群体性事件是由人民内部矛盾引发、群众认为自身权益受到侵害，通过非法聚集、围堵等方式，向有关机关或单位表达意愿、提出要求的事件。"关于网络群体性事件，国内学界也有着不同认知。从社会稳定的角度出发，研究者认为网络群体性事件是影响社会稳定的特殊群体性事件，如刘振华认为："网络群体性事件是指超过特定数量的网民以现实事件为基点，出于各种目的在网络公共空间表达意愿观点等，从而形成网络舆论压力，从而影响或冲击现实生活秩序的事件。"[1]从网络群体性事件分析来看，研究聚焦事件本身涉及的目标、人群和性质。比如，南京大学杜骏飞提出："网民群体围绕某一主题，基于不同目的，以网络聚集的方式制造网络舆论、促发社会行动的传播过程。网络群体性事件既可以是自发的，也可以是有组织的；可能是有序、健康的，也可能是无序、不健康甚至是非法的。"[2]郝其宏认为："网络群体性事件是一定数量的网民为了特定目的围绕热点问题，在网络公共领域大规模汇聚意见进而影响现实生活的群体性事件。"[3]综上，本书认为网络群体性事件是指社会中规模较大的网民群众为了维护共同的利益，在网络公共领域表达意愿、提出诉求的群体性非正常事件，在短时间内可能产生较大的社会影响，甚至可能严重影响社会稳定。

随着互联网的发展和网民数量的激增，现实中的群体性事件在网络世界得到充分呈现和复制，网络群体性事件与现实群体性事件密切相关（见表 6-1）。通常，现实群体性事件的参与者一般是当地居民，指向小群体范围的冲突事件，有着特定的利益诉求，采取方式包括静坐、聚集、游行等；而网络群体性事件的参与者是虚拟的互联网用户，数量更为庞大，组织内群体联系比较松散，指向范围广泛的对立或焦点事件，通常没有具体诉求，

---

① 刘振华、宋佳玲：《社会转型期我国网络群体性事件的防治》，《新疆警官高等专科学校学报》，2014 第 4 期，第 21-25 页。

② 杜骏飞、李永刚、孔繁斌：《虚拟社会管理的若干基本问题》，《当代传播》，2015 第 1 期，第 4-9 页。

③ 郝其宏：《网络社会学》，吉林大学出版社，2022，第 94-96 页。

采取的方式主要通过网络点击、跟帖、转载等。

表6-1　网络群体性事件与现实群体性事件比较

比较要点	现实群体性事件	网络群体性事件
发生空间	现实社会	虚拟空间
参与主体	现实居民	匿名网友
事件起因	维护自身利益	追求公平正义
参与形式	静坐、游行	点击、评论、转载
演化规律	群体同质化-群体异质化	话语异质化-话语同质化
干预方式	地方性政府控制	非地方性政府控制
造成后果	必然存在社会危害性	未必存在社会危害性

（二）网络群体性事件特征

网络群体性事件的发生源于现实社会中利益和价值观方面的矛盾冲突，各种言论信息通过网络快速传播扩散，由于网络空间的漏洞和监管不到位，信息失真、谣言四起现象时有发生。网络群体性事件作为当代群体性事件的一种特殊表现形式，除了具有普通群体性事件的一般特点外，还具有自身的独特性。

1. 规模庞大

集群行为和个体行为的区别之一体现在行动主体的规模。网络群体性事件中，事件参与的主体不是个人或少数人，而是规模庞大的群体。网络空间的互联性使得网络群体性事件超越传统时空界限，不同经历和职业背景的人可以通过网络空间进行实时互动，形成大规模的参与人群，规模常常能达到数十万，数百万甚至更高级别。并且，聚合能量的倍增性使得网络群体性事件在极短时间内形成一呼百应的效果，突破传统的"边界效应"。当政府部门未能对舆情信息进行有效监测和引导时，一些不良舆论信息将会呈现几何倍数传播，影响规模巨大的普通人群。此外，网络群体性事件以话语聚集和主体多元化为基本特征，随着网络突发事件的发酵，网民以群内同质化、群际异质化的特点快速聚集，原先志同道合的网民内部也会出现群体极化倾向。

2. 传播迅速

在网络空间，由于联系的快捷和实时互动性强，往往一个简单的共同话题，互不认识的人就可能在短时间内建立自发的、无组织联系。网络可以瞬间将大量的信息传送到世界各地，跨越地理范围迅速形成讨论潮流。在此环境下，网民可以在没有地理限制和阶层顾虑情况下，在网络空间上实现一呼百万应，特定主题演化并升级为网络群体性事件的可能性大大增加，个别关键人物对网络舆情的导向产生重要影响。相较之，传统媒体有着严格的信息审查制度，信息经过一定新闻主体的内部审查，传播速度较慢，信息内容和表现形式也更加权威、慎重。在传播者与受众之间，"把关人"起着继续或中止信息传递的作用，而网络媒体的"把关人"作用显著弱化，每个发布信息的人成了信息的"把关人"，这可能使错误信息迅速传播，增加了发生衍生风险的可能性。并且，随着信息技术的发展，网络平台还为信息传播提供了多种渠道，甚至是快捷方式。网民们不仅可以通过私信的方式进行信息流通，还可以通过电子邮件、网络论坛、微博、微信公众号等渠道进行信息的发布与传播，特别是网络一键群发的功能设置更为信息的迅速传播提供了便利。

3. 监管更困难

现实社会中，普通群体性事件受到刑法、治安管理法、信访条例等国家法律法规的明确规范和限制，其参与者、组织者、界限等在一定范围内是可控的。一般来说，地方政府有着预防现实群体事件的预案、机制和工具，可以通过传统暴力机器（如警察）进行控制。然而，网络空间集群行为受到监管的难度较大，相关法律空白使群体行为和个人行为的界限比较模糊，互联网信息监管仍然有待完善。首先，网络空间缺乏对信息发布的权威审查机制，由于网络匿名的客观环境，不少网民自恃属于"无名的大多数"，不愿为网络上的非理性行为买单，更倾向以道德名义参与突发事件。其次，一些网络"键盘侠"行为更具有明显的群体娱乐特征，在事件无序发展的过程中获得快感。并且，当网络群体性事件发生时，存在"三个进不去"现象，即基层党组织"进不去"，思想政治工作"进不去"，公安、武警等强制力"进不去"。

4. 网络与现实互相影响

网络群体性事件通常包括三种类型：现实与虚拟并存型、现实诱发型、网内网外变异型，体现出虚拟与现实的交互特征。事实上，网络群体性事件不仅发生在互联网上，而且有可能从网络传播到现实世界，从而引发大规模的社会群体事件。

网络群体性事件与现实社会群体性事件同步影响，主要有两种情形：

第一种是群体性事件同时发生在网络和现实。如 2008 年重庆、三亚等地出租车司机罢工事件，以出租车司机为主要话题的网络讨论，在现实世界中引发大规模的罢工事件。第二种情形是由真实世界群组事件引发的网络群体性事件。如 2008 年贵州"瓮安"事件和 2009 年湖北"石首"事件，由现实社会冲突事件起始引发，而后大量新闻媒体介入网络空间，引发公众线上更为激烈的讨论，最终演变成现实社会群体性事件。其间，网民的从众心理显现，"羊群效应"得以释放，增加了突发群体性事件的处理难度。网络使传统意义上的群体性事件从虚拟向现实发生了重大转变，呈现出线上和线下群组联动演变的特点，形成的破坏性影响也更加突出。

（三）网络群体性事件类型

关于网络群体性事件类型的划分并没有统一的标准和认知，不同类型的网络群体性事件对社会造成的影响和危害也不同。根据网络群体性事件的初始指向目标，大体可以分为四类：个人指向型、政务指向型、民族指向型以及网络娱乐型。[①]

1. 个人指向型

个人指向型是由个体不当言行引发的一种网络群体事件，通常源于一些官员、知名人士、公众人物等。随着我国反腐倡廉行动的持续深入，利用职权非法谋取私利的官员很容易引发民众的反感、愤怒，乃至引发网络群体性事件。典型的一个案例是 2012 年被网络曝光的陕西省安全生产监督管理局"微笑局长"杨达才，在延安交通事故现场，因其面含微笑被网友拍照上传网络，后追查个人收入与佩戴过多块名表不符导致网络热议。"表叔"事件曝光后，引发社会公众的广泛讨论和严重不满，要求严查严惩违法违纪官员。此类事件的暴发还包括一些社会公众人物，如郭美美炫富、范冰冰偷税漏税事件等都属于这一类型。

2. 政务指向型

政务指向型是指政府公共部门成为群体性冲突的当事人或冲突问题的仲裁者，网络舆论的焦点针对政府的官方行为，而非具体个人，主要集中在环境保护、征地拆迁、公民政治权利保护等方面。如果一个地区的政府行为与居民的切实利益（如公共健康需求）相冲突，很容易经过网络平台引爆，从而形成网络群体性事件。例如 2012 年四川什邡事件、江苏启东事

---

① 常锐：《群体性事件的网络舆情及其治理研究》，中国社会科学出版社，2015，第 37-44 页。

件、连云港核废料事件等，这些关系民生环境的问题引发激烈网络群体事件。由于时间压力和高度不确定状态，突发事件在网络环境下极易风险扩大化，政府应对面临更加严峻的考验。

3. 民族指向型

民族指向型是指针对民族和宗教的网络群体性事件，社会公众利用网络社交平台、新闻论坛等渠道发表排他性言论，创作和传播具有民族、宗教色彩的系列网络作品，对某些国外网站发动网络攻击，抵制一个国家的商品和某些公众人物，以及相关的网络签名活动等。由于这类事件往往被贴上"爱国"标签，容易混淆民众判断，具有一定的蛊惑性和煽动性。

4. 网络娱乐型

网络群体性事件中还包括一些特殊的娱乐导向类型，比如"网络恶搞""网络公关"等。这些事件一般是基于网民的兴趣爱好，也可能是出于宣传目的，但都有意或无意地引发了网络狂欢甚至是网络失序。比如"贾君鹏事件"，2009 年 7 月 16 日，有网友在百度贴吧发布了一则名为"贾君鹏你妈妈喊你回家吃饭"的帖子，这则调侃娱乐式的事件却在短短 5 小时内引发了超过 20 万网民的点击和浏览，掀起了"贾君鹏是谁"等一系列延伸事件，成为网络流行语。这类网络群体性事件通常不会影响社会生活的有序运转，但在一定程度上却能催生新的"网络文化"。

（四）网络群体性事件危害

互联网打破了传统媒体渠道的单向、垄断式局面，某一突发事件可以在极短时间内突破地理时空限制而快速传播，在网络空间形成舆情。若应对处理不当，其负面影响及衍生风险很可能被网络平台无限放大，进而演变为网络群体性事件，威胁社会公共安全，甚至对社会稳定秩序构成威胁。

1. 损害政府公信力

当前，中国正处于经济社会剧烈转型期，利益结构出现调整，互联网的开放性大大削弱了政府作为舆论"把关人"的作用，某些偶发事件由于"蝴蝶效应"会使民众的不满情绪和现实矛盾在网络世界渲染放大，若引导不当，公众的情绪表达与宣泄就很容易引发网络群体性事件。为了吸引公众关注和网络流量，一些网络媒体往往不加鉴别和证伪就对外发布不准确信息，更有甚者凭空捏造信息。这些不实信息借助网络呈现几何倍数增长转发，致使网络舆情越来越偏离实际情形。真实信息和垃圾信息相伴而生，造成网络传播权威性与可信度的缺失，进而影响干扰政府公共部门的决策行为和管理行动。大量案例表明，网络群体性事件的处置不力，在社交媒介和公众舆论快速互动下会放大政府机构的缺陷和过错，降低公众对政府的信任，甚至使公众对政府机构产生强烈质疑和抵触，由此严重损害政府公信力。

2. 扰乱社会公共秩序，危害社会稳定

传统媒体时代，部分敏感信息可以在审查时预先处理，而网络时代人人都是麦克风、扩声器。网络群体性事件演化的动力主要来源于人的情绪情感，在社会矛盾凸显的时期，公众的负面情绪容易被催化。当网民情绪的宣泄超出理性的判断，不良信息会持续发酵并快速传播，造成私人问题公众化，一般问题政治化。在此背景下，网络群体性事件发生演化中常常会出现一些情绪化和极端化网络言论，导致舆情的非理性化趋势，甚至形成"网络扰政"和"网络暴政"。并且，网络群体性事件的发生可能会挑战社会主流意识形态的主导地位，引发公众的质疑，动摇公众信仰，造成世界观、价值观和人生观的矛盾与冲突，增加了社会不安定因素，破坏社会和国家稳定。

3. 增加社会治理的难度

网络群体性事件对政府的公共管理与社会治理提出了新的要求和重大挑战。现实中，网络群体性事件更容易受到国内外黑恶势力的影响和操纵，一些组织及别有用心的个体利用互联网恶意炒作，并进行心理误导，诱使大量负面信息迅速升级为民众关注点，加速了事件的恶性发展。通过舆论造势，引发现实冲突事件，乃至引发社会失序和不稳定，增加了政府公共部门应对处置和社会治理的难度。这一方面是网络群体性事件延伸至社会群体性事件导致的，严重影响了社会稳定。另一方面，是网络群体性事件本身所反映出的社会治理盲点。比如"天价烟周久耕事件"反映了地方官员腐败问题，监督机制仍存在缺陷；"煤矿工人尘肺病事件"反映了缺乏对弱势群体和职业病人群的关心等，这些问题都折射出我国地方公共治理领域仍存在不少缺位和短板，相关制度和政策不完善。

第二节　网络群体性事件治理

在互联网时代，传统危机管理思路面对新兴互联网空间的快速变化显得捉襟见肘。在此背景下，公共危机管理的理念与行动必须与时俱进，针对网络群体性事件的特点建立实时、立体的监测系统，推动适应性的应急干预和评估。

一、网络群体性事件治理原则

（一）党性政治原则

党性政治原则是马克思主义新闻观的核心要义，也是中国共产党新闻舆论工作的根本原则。党性政治原则就是坚持党对新闻舆论工作的领导，关键就是坚持"党管媒体"原则。这要求网络群体性事件治理的过程中，始终坚持党的领导，牢牢坚持党性原则，切实落实舆情治理工作就是党的思想政治工作。具体而言，在网络群体性事件中要在思想上政治上行动上同党中央保持高度一致，绝不触碰"政治红线"和绝不逾越"道德底线"。

（二）正面引导原则

正面引导原则是马克思主义新闻观的基本原则，开展网络群体性事件的治理工作必须坚持正面引导原则，改进网上宣传方式，充分运用网络传播规律，通过理念、内容、形式、方法、手段等创新，加强正面引导质量和水平，弘扬主旋律，激发正能量。①在此前提下，要准确把握正面引导的时、度、效，将事实和真理作为网络群体性事件的"定盘星"。

（三）分众化原则

随着现代信息传播渠道数量的增加，当代舆情传播显示出分众化趋势，即新闻传播媒介的受众逐步从大众分化为各具兴趣和利益的分散群体。分众化现象意味着网络群体性事件的治理主体需要关注网络群体的多元需求和特殊利益，要根据目标群体的个性特征制定治理措施，做到细分目标受众，实施精准引导。面对分众化的传播趋势，要尽快适应传播趋势的发展，构建网络群体性事件应对的新机制。

（四）责任追溯原则

舆论是对社会客观现实的一种反映。在信息化时代，信息表达再也不是专业新闻工作者和新闻机构的特殊权利，普通社会公众都可以借助网络平台进行自由表达。但是与此同时，互联网绝非法外之地，公众的表达也

---

① 黄楚新：《马克思主义新闻观：党的新闻舆论工作的"定盘星"》，《人民论坛》2018年第32期，第92—93页。

需要承担相应责任。当发生网络群体性事件，政府有关部门应坚持责任追溯原则开展应急处置和治理工作。对此，要完善网络表达责任追溯制度，健全追溯性责任的认定机制，妥善处理网络群体性事件的责任问题，强调网络并非法外之地，加强网民的责任伦理意识。

二、网络群体性事件治理的重点

（一）信息采集是基础

防患于未然，这是网络群体性事件治理的最有效的路径。准确把握网络舆情内容和态势是降低网络群体性事件发生升级的前提，信息收集能力在一定程度上反映政府职能部门舆情监控及发展的成熟度和完备性。可依托各级网信部门组建网络专职监测队伍，实时监测网络舆情动态，积极引导网络舆情，防止事件复杂化、扩大化。建立网络监测信息机制，需要依靠现代网络信息技术和数据挖掘手段，把握社会舆情特点和总体趋势，及时洞察特定群体的认知和情绪变化。

一是加强网络舆情日常监测。利用现代舆论监测技术，构建全面、多层次、常态化的网络舆论监控和内部报告机制，及时了解网络舆论的动态，利用大数据等手段建立网络感知数据库，用于观察"舆情民意数据"及网民观点现实动向等，并以此为基础进行分析评判及预测。

二是加强特殊对象的重点监测。针对重大政策发布、重大工程启动、重大活动开展等，要特别强化网络信息的重点监测。网络群体性事件的发生演化有着许多不确定性因素和过程风险，如果没有及时根据信息态势做出判断与回应，很可能造成网络突发事件。因此，要充分考虑各种风险要素，及时做好监测评估、应急准备工作，为应对风险的升级变化赢得主动。

三是扩大网络舆情监测范围。实践表明，网络社会背景下现实生活中的各个领域，都有可能产生不良负面舆情，进而发生群体性突发事件。故此，要不断加大网络舆情监测范围和物质投入，充分发挥监测的科技赋能，制定实施网络突发事件的回应和引导措施。

（二）舆情研判是前提

对舆情进行科学分析和判断是预防网络群体性事件的前提。信息技术的发展、网络平台的互动性为公民参与公共事务管理创设了良好的环境，同时也对网络群体性事件的治理提出了新要求新挑战。对此，需要建立网络舆情研判预警机制，在收集整理有效信息的基础上，分析预测舆情发展态势，实现对网络舆情的实时监测。

一方面是加强网络舆情研判的技术和人力保障。在技术方面，建立有效的网络信息汇集、整理、评估、决策和信息反馈体系，形成舆情研判数据库。通过技术手段开发舆情研判系统，对收集到的信息进行准确的分类和反复研判，从中发现敏感内容，掌握舆情发展的态势。同时，应当组建专职人员队伍，涵盖舆情研判专家等，通过人工监测和专家研判，实现技术与人工的协调配合。另一方面是建立健全网络舆情预警机制。建立涵盖预警指标、预警等级、预警测度、预警方法、预警活动等在内的舆情预警机制，针对网络群体性事件的类型和特点，制定有效的预警预案。

（三）引导配合是关键

网络群体性事件具有传播速度快、影响范围大、关联利益多等特点，必须建立高效协调的快速反应机制。在具体的流程运作中，需要充分衔接动态监测、积极响应和舆情反馈三个环节，尤其当涉及不同的机构时，更要促进跨部门联动，相互支持配合。

第一，要提高政府部门科学决策的能力。根据网络群体性事件的性质和类型，科学设计并快速启动应对计划。把握好危机处理的最佳时机，构建并完善职责明确、组织有力、运行灵活、统一高效的应急处置机制，实现准确预判、果断决策，第一时间快速处置，最大限度减少社会负面影响。第二，要提高快速反应能力。网络群体性事件具有成势快、影响广的特征，这要求政府在应对过程中必须提高快速反应能力，做好各部门之间的协调与配合，明确各部门分工，启动科学合理的应急响应程序。网络群体性事件有一旦发生，相关部门应当密切关注网络舆情发展态势，避免其进一步恶化、扩散为严重的社会群体性事件。第三，重视发挥多元舆情引导作用。政府需要转变传统思维，明确"宜疏不宜堵"，积极主动、及时地回应公众质疑；发出主流声音，引导网络舆论，帮助网民理性、客观地思考，促使公众能够配合政府的相关措施，尽快平息网络群体性事件。

三、网络群体性事件治理的方法和手段

互联网是一个虚拟的网络空间，也是一个现实的治理空间。当网络群体性事件发生后，应当依法依规对其进行处置响应，采取多种应急干预方法和手段，阻断有害信息的传播。

（一）法律手段

网络非法外之地，其发展受法律法规约束。完善的法律法规为治理行动提供制度保障和支持。为了促进网络平台健康有序的发展，我国颁布了一系列网络治理及信息监管的政策法规，对网络平台言行进行监管规范。按照我国法律规定，任何个人与组织都不得利用互联网煽动颠覆国家政权或是煽动分裂国家、破坏国家统一；不得造谣或者发表传播其他有害信息；不得损坏他人商业信誉或商品声誉；不得散布淫秽、色情、赌博、暴力、恐怖信息或是教唆犯罪等。政府部门加强网络的法律规制，有助于改变网民因网络隐匿性、虚拟性而产生的侥幸心理；依法处置网络暴力行为，进一步净化网络环境。这些规定对于保障网络的健康发展，保护公民权益，维护社会稳定秩序无疑是必要的。

（二）技术手段

网络舆情干预的技术手段主要体现在对互联网内容信息进行屏蔽和过滤。当发现含有不良信息时，技术程序会自动屏蔽该页面传递到用户端，从而阻止不良信息的传播。需要特别指出的是，技术手段干预绝不等同于对公民言论自由的干预。事实上，世界上没有一个政府对网络信息采取放任的态度。必要的强制性技术干预有利于形成更加健康的网络环境。从这个意义上说，技术干预并不是限制网络言论自由，而是在法制框架下科学理性地保护网络自由。通过提高自身监控技术水平，整合多方力量，从源头上管控网络群体性事件，用技术工具规制网络舆情。

目前常用的网络技术手段包括对 IP 地址监测、跟踪；运用智能型软件进行敏感词组的自动过滤，对负面消息及时清除；对论坛等平台信息的发布进行信息审查；论坛博客、社交媒体实行实名认证制度等。此外，还可以通过定期组织开展净化网络空间的专项行动，对云盘、网络直播平台、新闻客户端等重点领域进行集中整治，严厉打击网上虚假信息和不当言论。2017 年，中办国办联合印发《推进互联网协议第六版（IPV6）规模部署行动计划》，该计划的实施致力于加快我国 IPV6 规模部署，建立 IPV6 发展监测平台，完善风险监测指标体系和测试检查手段。

（三）自我约束手段

网络舆情监管及群体性事件治理不仅需要加强立法支持和技术防范，更需要网络从业者和各类网络媒体的自我管理，建立网络自律规范，加强网民自律性，推动内化于心的行业自律和约束。一方面，要加强网络自律宣传力度，强化道德规制。通过潜移默化的道德宣传和道德教育，实现"谣言止于智者"，避免"人肉搜索""网络暴力"等行为。另一方面，吸收传统媒体的审查作用，网络信息安全员要牢固当好"把关人"，树立正确的职业道德，按照国家规范及标准对信息内容进行审核发布。大力宣传积极向上的"正能量"网络话语，崇尚科学理性的网络行为；对含有危害社会稳定、国家统一、捏造、歪曲事实、散布谣言、煽动犯罪等有害内容及时删除，并提交有关部门。同时，可以借助意见领袖等人物的号召力和影响力引导网民讨论，保障网络空间的健康运行。

意见领袖是指在某一领域具有一定权威，在社交过程中能够经常为他人提供观点或建议并且对他人观念施加影响的人物，网络大V就是典型的意见领袖类型。现实中，一些大型论坛引导网络舆论的普遍方式是培养"意见领袖"，邀请一些有影响力的专业人士、政府官员等围绕某些热点问题进行讨论，并和网友进行互动交流。一些意见领袖往往拥有权威的话语权，能够把更多的舆论关注点吸引到更高层次、关系国计民生的重要话题上来，促使网民能够理性地对待和思考现实问题。在网络群体性事件处置过程中，如果能够有效赢得意见领袖的支持和参与，有助于获得关联群体更多认同。

四、网络群体性事件治理的工作协同

工作协同的目标是推进网络群体性事件治理效果，提升全社会对网络危机治理的认可度和参与度。多元主体的工作协同就是要强化相关主体在权责、资源、政策等方面的组织协调与配合，不断创新改善网络舆情事件的公共治理方式，主要包括如下内容：

（一）权责协同

权责体系是实现多元协同治理价值、推进协同治理效果的重要前提。在网络群体性事件治理过程中，政府、社会组织、公民等均具有相应的权利和责任，应当形成权责匹配的配置功能，促进治理效果的最大化。

协同治理强调治理子系统联动关联，形成"心往一处想，劲往一处使"的局面，实现取长补短、优势互补和"1+1>2"的协同效应。第一，政府作为治理网络群体性事件的主导方，处于核心领导地位。由于网络群体性事件自身的特殊性、复杂性和跨域性，很有可能牵涉多级政府或者存在职权边界模糊的情况。对此，必须厘清权能责任，促进各方治理主体协同工作。第二，社会组织作为网络群体性事件治理不可或缺的一方，应当发挥其灵活性、动员性、专业性等优势，最大程度弥补或协助政府解决相关治理难题。第三，媒体、意见领袖作为主要舆论引导者，在引导网络舆论的同时应当做好监督者。对谣言、反动言论等进行及时排除，引导主流价值观，积极传播正能量。第四，网民作为网络空间的主要参与者，在享受信息时代自由表达便利的同时，应承担起公民的责任，自觉树立政治意识、法律意识，避免情绪化、煽动性的非理性声音。

（二）资源协同

治理网络群体性事件，实现各子系统之间有序运转和协同的先决条件是充足的资源保障，这其中包括人力资源、资金、技术、物资保障等方面。对此，应从以下方面着手，全方位调动社会资源。

第一，建立公共财政应急保障机制。应当增加网络空间治理公共预算，建立专款专项，同时积极动员并吸纳社会资源，发挥社会组织在资金供给、资源协同中的作用。第二，设立人力资源储备项目。网络群体性事件治理是一项复杂的专业性工作，需要汇集各方面的专业人才，通过各领域的专家、专业技术人员提供专业支持，推动在技术层面、政策修正层面的网络监测、预警和处置。第三，开展技术培训和能力提升工程。网络群体性事件治理对网络技术和监测技术具有较高的要求，需要相应支持系统的技术保障。因此，要深化网络空间技术研发，特别注重搭建织密网络安全网，提升网络空间协同治理的工作效能。第四，加强物资资源调配。网络群体性事件治理离不开必要的物资保障。对此，要整合多方物质资源，建立物资调配网络，保障突发事件响应时期的资源供应。

（三）政策协同

政策协同是指在政策制定过程中，对于超越政策领域或超越单个部门的职能范围，而采取措施保障治理效能的协同方式。政策协同涉及不同部门主体间合作，强调一种旨在增进公共价值的契约性合作，表现为上下级政府之间的纵向协同，同级政府之间以及不同职能部门之间的横向协同，公共部门与社会组织之间的内外协同。梅吉尔斯（Meijers）等人把政策制定中的跨界协同划分为三个层次：最低层次是政策合作，中间层次是政策协调，最高层次是政策整合。网络危机事件的政策协同体现在网络空间处置规范上，强调政策制定、执行过程的合作协调，形成有效的分部门政策，并最终整合为一体化的公共治理方案。

政策协同意味着各级政府、各个部门需要打破行政壁垒，破除行政区域界线，改变各自为政、单打独斗的工作方式，通过资源整合、统一行动、信息共享等实现对网络群体性事件的协同治理。具体目标表现为：一方面，保障各类网络媒体、社会组织、网络服务提供商和广大网民网络话语权的有效行使，通过立法形式规范其网络空间行为及其社会责任，依法界定和保护各主体在网络危机事件中的治理功能或角色。另一方面，在适当放权基础上，保障网络空间治理和安全系统的统筹建设，促进各类网络平台的健康发展。网络危机治理中的政策协同不仅有利于各主体高效整合资源，推动网络社会朝着良性、安全目标发展，还能够规范网络舆情信息传播，有利于网络群体性事件的综合治理。

（四）信息协同

网络群体性事件源于多种类型的社会热点事件，政府需要在互联网平台建立与民众的有效沟通机制，理性引导舆情、化解民怨。一方面要构建通畅的民意表达渠道，使得社会民众的情绪、诉求、需求能够得到合理表达；另一方面要完善舆情信息的发布和通报机制，通过有效公开推动，达到信息的科学理性交流。

网络民意是一种新的民意表达形式。随着互联网技术的普及和发展，互联网已成为公众舆论和公众参与社会事务最集中的场所之一。实践证明，互联网作为民众参与国家事务管理和矛盾疏解的便捷渠道，网络民意在发挥舆论监督和推进基层民主进程中发挥了重要作用。政府公共部门应高度重视畅通网络民意渠道和新型网络问政，加强对网络舆情的监测与分析，不断创新网络民意表达的新渠道。具体而言，首先要统一协调各类媒体，科学设立新闻发言人制度，及时向社会公众通报舆情情况及发展态势。特别地，政府部门要主动融入大众，坚决消除工作中的形式主义，用平等积极的态度进行网络交流。在处置网络群体性事件过程中，要改变居高临下的错误意识，对网络意见做出负责任的回应，而不是采取冷漠态度。此外，制定明确问责规范并将其纳入部门及官员绩效考核中，明确网络诉求回应要求，对处置不力导致网络空间事态恶化并造成恶劣社会影响的，必须严肃追究问责。

本质上，网络空间治理要协调政企、政社、政府内部之间的权责关系与功能运行，坚持以问题导向，整合资源形成社会合力，维护网络空间的良好秩序与公共安全秩序。

本章小结

网络群体性事件是当代网络社会环境下产生的一个新的风险，亟需公共部门重视与回应。与传统舆情相比，开放的网络社会空间决定了网络舆情风险的复杂耦合特征，由此引发的网络群体性事件爆发的速度更快、传播范围更广、社会损害更大，对国家安全和地区社会稳定、政府决策等均产生不利影响。面对各类网络群体性事件，政府部门要立足构建长效机制，建立健全信息交流和监管体系，完善网络舆情引导机制，科学有效地防范和应对各类网络风险。

关键词

舆情　网络群体性事件　网络治理　网络安全

复习思考题

1. 当代网络舆情的基本特征有哪些？
2. 简述网络群体性事件的类型及其特点。
3. 网络群体性事件发生的驱动因素有哪些？
4. 自媒体时代政府应当如何有效处置网络群体性事件？

拓展阅读

兰州市舆评中心打造全国舆评范本

2019 年 6 月，兰州市委网信办与人民网合作成立了人民网·兰州市舆评中心，成为国内首家综合类城市舆评中心。近年来，兰州市深入贯彻中央关于加强风险防范和健全科学、民主、依法决策机制的指示精神，兰州市舆评中心为兰州市提供了舆情风险评估报告、舆情风险管理办法、应急预案制定、舆情风险案例库等研究工作，成果颇丰、针对性强收获了良好的社会反响和业内评价，已经成为全国网信系统的品牌舆评范本。

各地"舆评"工作向日常化、纵深化发展，舆论风险评估的价值正在被越来越多的地方政府重视和认同，其应用场景也不断扩展。兰州市舆评中心全面践行政策精神，全力打造舆情风险管理的制度化、体系化、标准化，筑起防范化解重大风险的"防火墙"，为兰州市高质量发展保驾护航。人民网联合兰州市委网信办主动适应移动网络发展趋势，不断探索新时期的网络舆论引导工作的方式方法，创新舆情解决方案，打通舆情引导"事前—事中—事后"全流程，逐步实现舆情风险防范工作常态化、长效化，创新政府公共治理的新模式。

兰州市舆评中心集成大数据挖掘、舆情监测和应急管理的丰富经验，依托人民网在舆情领域的资源优势，深度研究、总结、分析兰州市的舆评工作效果、舆情应对能力，按照社会民生、群体事件、司法事件、政府治理、文化科教、意识形态、突发事件与其他事件 8 个方面，全面梳理分析兰州市 49 个重大案例的传播形态、舆情焦点等，编制成案例集，为兰州市提升舆情风险的防范与舆论引导工作能力提供了有效的支撑和保障，全面贯彻落实了防范理念，实现了对风险的精细化管理。

资料来源：人民网．人民网·兰州市舆评中心打造全国舆评范本. 2021-03-08. http://gs.people.com.cn/n2/2021/0308/c183283-34610469.html.

参考文献

[1] 李诗悦、李晚莲．《公共危机网络舆情演变机理：路径及动因——以动物疫情危机为例》，《中国行政管理》2019 年第 2 期

[2] 傅昌波、郭晓科．《基于层次分析法的舆情风险评估指标体系研究》，《北京师范大学学报（社会科学版）》2017 年第 6 期

[3] 王扩建．《网络群体性事件：一种新型危机形态的考量》，《天津行政学院学报》2010 年第 2 期

[4] 郝其宏．《网络群体性事件的演化过程分析》，《电子政务》2014 年第 10 期

[5] 唐逢九．《公共治理视角下网络群体性事件的应对》，《电子政务》2011 年第 11 期

[6] 杨维东．《构建网络舆情应对长效机制》，《光明日报》2016 年 3 月 31 日第 7 版

第七章　新兴风险及非传统安全

导读

　　随着科学技术的快速发展和人类创新实践活动的深入，现代社会系统呈现愈加复杂不确定性的一面，由此带来一系列新兴风险形态乃至公共危机场景，这就要求政府部门不仅要关注传统风险灾害，更要高度重视新兴风险和非传统安全带来的挑战，并提升综合应对能力。本章在比较传统风险与新兴风险的基础上，阐析新兴风险发展状况及特殊性，分析其危害影响和演化趋势，以深刻把握应对当代新兴风险和非传统安全问题的重要性及关键目标，结合相关案例探讨新兴风险治理策略，突显政府风险管理的时代价值。

学习目标

➢ 了解新兴风险区别于传统风险的特征

➢ 理解防范化解新兴风险的重要意义

➢ 了解非传统安全内涵及主要内容

➢ 把握新兴风险治理的前瞻性举措

第一节　新兴风险概述

近年来，全球经济开放发展，科技创新水平不断提高，呈现政治多极化、经济全球化、文化多样化和社会信息化基本态势，与此同时，风险的跨国性、联动性、多样性更加突出，公共安全的内涵和外延也更为丰富。除了自然灾害、事故灾难等传统威胁，新兴风险所带来的影响正受到关注。粮食安全、气候问题、网络攻击、生态破坏、新型疾病、跨国犯罪等全球非传统安全问题层出不穷，对国际秩序稳定和人类生存环境都构成了严峻挑战。国际社会越发重视新兴安全问题的政策议题，并广泛将其纳入全球安全治理讨论。新兴风险作为世界范围内新的风险来源之一，由偶发转为多发，凸显出的一系列复杂特性增加了政府的应对难度。

一、概念及类别

（一）新兴风险

新兴风险（emerging risk）的概念最初来自经合组织（OECD）和国际风险管理理事会（IRGC）的两个报告。OECD 的报告将新兴风险纳入系统风险命题，指出全球面临极大不确定性和潜在广泛性新的重大危险趋势，影响社会赖以生存的社会系统、运输系统、环境生态系统等，涉及从人口、科学技术到社会结构等方面的变化，导致风险影响的综合性。[1]IRGC 将新兴风险定义为在新的或陌生条件下逐渐显露的风险或熟知的风险。[2]张海波（2018）将陌生风险（unfamiliar risk）和极端风险（extreme risk）归入新兴风险的范畴，注重新兴风险的触发器，包括熟悉的风险逐渐发展为新的威胁。[3]美国国家科学院（The United States National Academy of Sciences）认为新兴风险难以被清晰判断或现有评估手段无法对其进行有效管理，因而造成危害的概率更突出。[4]沙巴纳·梅志里（Chabane Mazri）（2017）

---

[1] OECD, "Emerging Risk in the 21th Century: An Agenda for Action", 2003, accessed November 4th, 2022.

[2] IRGC, Guidelines for Emerging Risk Governance, 2015, accessed November 4th, 2022.

[3] 张海波：《大数据的新兴风险及其适应性治理》，《探索与争鸣》2018 年第 5 期，第 40-42 页。

[4] SCIENCE, "A Research Strategy for Environmental, Health, and Safety Aspects of Engineered Nanomaterials. Washington", Washington, DC: the National Academies Press, 2012, accessed November 4th, 2022.

将新兴风险定义为三个层次：一是隐藏风险，对于这类风险人类并未发现但其已经存在，在学术研究或社会讨论中并未涉及或引起关注；二是存在科学争议的风险，风险的最初特征或释放的信号引起外部关注，但由于掌握信息不足尚不能确定；三是虽然没有科学证据，但是个体感知发生了明显变化的风险事件。[①]保罗·霍普金（2013）通过分析外部和内部环境的变化将新兴风险分为三类，出现在外部环境中的新兴风险；已被熟知的现有风险，以前尚未遇到但与新的战略、策略或发展行动相关的风险。[②]

国际风险管理理事会（IRGC）将新兴风险归为三类。

第一种风险类型具有高度不确定性，以及人们缺乏对风险潜在影响和交互作用的认识。这些风险具有来自新产品、服务或行为导致的不确定性，包括社会的动态发展、科学和技术创新的进步，特别是在与现有技术和实践的互动中，缺乏关于其可能导致后果的知识和经验。

第二种是复杂性不断增加的风险，导致非线性影响和意外的可能。系统性影响的风险源经过相互作用和适应性行为，在相互依赖和复杂环境中，人们缺乏对它们关联方式的认知。就技术系统而言，关键不是技术固有的风险，而是该技术与其他类型风险的相互作用。例如在能源、运输、通信和信息技术方面，技术间的相互关联大都十分复杂。

第三种风险可能对预期影响的背景环境造成改变（如社会和行为趋势、组织环境、法规、自然环境等）。在不断变化的背景下，已有技术、产品或流程可能会出现新的和意外风险。这类新兴风险对熟悉的流程、产品或技术（概率和规模方面）的潜在影响以及对传统的治理方式提出的挑战，包括组织设置变化，处理意外事件能力等。

综合国内外研究成果，新兴风险整体可包含两大类：一是新出现的某种陌生风险。包括一些新兴科技的应用产生的风险，多伴随技术发展而来，如网络安全风险、核风险、转基因生物风险等；二是已有的风险在新的社会环境下发生聚合、突变、交织等变化，使风险的发生状态、发展形势、危害后果等产生新的特征，原有治理方式失灵或者需要重新认识。

（二）非传统安全

"非传统安全"一词多见于冷战后西方国际安全与国际关系研究之中，

[①] MAZRI C. "Defining Emerging Risks". *Risk Analysis*, 2017.

[②] 保罗·霍普金：《风险管理：理解、评估和实施有效的风险管理》，蔡荣右译，中国铁道出版社，2013，第47-49页。

1998 年出版的《新安全议程》（New Security Agenda）对非传统安全领域进行了较为权威的研究，但仍未对"非传统安全"给出明确定义。西方对非传统安全的研究与阐述多是在传统安全观的基础上，结合全球面临的一些现实安全问题和威胁，从安全主体的多元性、安全问题的多样性、安全威胁的性质等角度切入，着重于剖析传统安全与非传统安全之间的区别。

"9·11 事件"后，我国学术研究和媒体开始使用"非传统安全"一词，一些学术论坛逐步涉及非传统安全领域的对话和研讨。国内对非传统安全的定义不尽相同，有学者把非传统安全定位为新的安全威胁，是人类社会鲜见的发生在战场之外的安全威胁；有学者将其定义为国家间相互作用对本国造成威胁的非军事、政治和外交冲突等。其中，浙江大学余潇枫教授关于非传统安全的研究获得较多关注，在其看来，非传统安全的概念与非军事安全或者全球安全等概念在某种程度上具有相似性，"非传统安全威胁"更倾向于"新的安全威胁"，一般指"一切免于由非军事武力所造成的生存性威胁的自由"。余潇枫教授（2021）还提出"内源性非传统安全威胁""外源性非传统安全威胁""双源性非传统安全威胁""多源/元性非传统安全威胁"等概念。①

二、新兴风险的特征及属性

（一）新兴风险与传统风险

传统风险概念建立于一些假定和管理制度之上，有着一般可循的认知规律和应对方式。相比之下，新兴风险主要在于其潜在后果或发生概率的不确定性，难以预测且处理手段非常规。马兹里（Mazri）认为新兴风险是风险发展的一个必经阶段，根据风险的成熟程度，在某一种或一类风险被人们熟知和应对方案成熟之前都是新兴风险。

一般认为，新兴风险发生灾害前，将会出现致灾因子（详见表 7-1）。传统风险中的致灾因子以自然领域居多，发生频率相对较高，已产生较成熟的治理体系。而新兴风险的致灾因子更为强烈，后果影响更具复杂性，对其来源的认知尚有不熟悉领域，故应对起来面临更多困难。传统风险管理框架往往根据潜在影响和发生的可能性进行优先排序，但对待新兴风险并不总是有效。

---

① 余潇枫：《非传统安全与公共案例学"再定位"》，《中国社会科学报》2021 年 12 月 16 日。

表7-1　新兴风险致灾因子[①]

自然致灾因子	存在于自然环境中，风险要素之间的变化、相互叠加导致无法预知的后果使得熟悉风险也变成陌生风险，对人类构成威胁；如日本地震引发核电站泄漏的次生灾害；或由于全球气候、生态的变化，导致气候极端风险，包括风暴、干旱、飓风、山火等
技术致灾因子	主要产生于工业背景或技术背景下的某些活动，如核辐射、工业污染、有毒有害物质泄漏、信息网络等
人为致灾因子	源自人类的故意行为，包括恐怖袭击、蓄意破坏、社会动乱等
生物致灾因子	主要来自有机体或生物媒介的传递，包括病原体、毒素和生物活性物质，可能导致传染病暴发和动植物疫情等

（二）新兴风险的属性

新兴风险在关键特征上存在差异，通常超出传统风险的事前预防与准备能力，对事中的应急措施有较高要求。具体而言，新兴风险有以下属性：

1. 新颖性

一方面，从风险治理的角度来看，新颖性主要反映在新近发生的风险，事态发展独特或与以往有很大差异，缺少一定的处理经验。如与新技术密切相关的互联网风险，高端技术工具的使用降低了原有管理和监管手段的效力，增加了应对难度。或者一些新兴产业或领域，如电子商务、物流等，发展时间较短，发展速度较快，产生风险后应对能力较弱。另一方面，从风险信息角度来看，新兴风险本身具有隐蔽性，且由于专业化分工，风险信息不对称，风险制造者自身掌握大量信息，传播途径的相对封闭，使风险难以被监测，甚至易被忽略。传统的风险管理工具在新兴风险上将不再完全适用。以2018年南方科技大学"基因编辑婴儿事件"为例，一方面基因编辑技术的"脱靶"效应尚待解决，其潜在遗传疾病风险尚未可知；另一方面，科学界暂时无法妥善处理基因编辑技术造成的风险问题，具有风险管理方面的瓶颈。

对于新兴风险，一直以来普遍缺乏关于风险事件发生的可能性、驱动因素和影响的共识。潜在风险的不确定性使得传统方法对损失规模、发生频率、分布和后果的预测未必准确有效，通过现有技术或评估工具得出的风险报告可能不具有持续性。因此，完全依照原有规则程序无法担负新兴风险管理，需采取一些紧急状态下的非常规手段进行应对。

[①] 王宏伟：《公共安全管理研究：非常规突发事件及其应对》，人民出版社，2013，第47页。

2. 高度不确定性

根据乌尔里希·贝克和安东尼·吉登斯对"风险社会"的经典判断，当代风险实际上源于现代性的"负作用"。随着现代性的发展，必然会产生贝克所强调的科技维度的新兴风险和吉登斯提出的制度维度风险，如转基因风险和全球化风险。由此，新兴风险具有高度不确定性，其发生频率和潜在影响很难被评估。换言之，新兴风险的不确定性体现在对风险的认知方面。张海波（2016）分析了新兴风险的陌生性，认为这一特性形成了新兴风险与现行应急管理体系的根本冲突，新兴风险的陌生性加大了突发事件的分类、分级和分期的认知难度。①2017 年，梅志里在国际著名期刊《Risk Analysis》上发表文章专门讨论新兴风险定义。除了 IRGC 所做的定义外，与"新兴风险"相关的定义多达 10 余种。这些定义对新兴风险的阐释角度各不相同，这恰恰证明了新兴风险的高度不确定性。

新兴风险是一个不断演变的过程，演化和发展路径都是不确定的，不易被及时、有效的认知，少有具体指导方法用于确定新出现的风险如何对现有结果或预期实现目标发生干扰。以往经验在不清晰的演化路径下极可能发生"失灵"现象，因此需要灵活变通以及创新风险管理方法和手段。

3. 复杂性

复杂性主要体现在新兴风险本身的复杂性和应对的复杂性。新兴风险的发生，尤其是在现今高度耦合的社会系统，往往并非一个孤立的事件，可能产生多个连锁反应，或者说是"多米诺效应"明显。现代社会发展和变革极为迅速，人类社会生存系统、生命体和自然、社会领域之间的联系愈发紧密，形成了相互依赖、相互影响的复杂风险环境。随之而来的是不同事件或对象的交互性和复杂性增加，原先单一关系变成了多层次的因果关系，当各种矛盾交织叠加，极易形成聚合效应，使得新兴风险内涵扩大，从而引发风险的链式效应。

风险以链状或网状群发的态势发展，给应对带来了难度。一些技术风险成因涉及自然环境、社会制度、意识观念等多方面因素，需要涉及多领域的改变或调整。同时，随着风险的扩散，往往不限于特定的行政范围或地理范围，暴露于新兴风险下的个人或组织，面对的是不稳定和未来影响高度不确定性的环境，以及具有各种相互作用和"级联效应"（cascade

---

① 张海波：《破解应急失灵须重视新兴风险》，《学习时报》2016 年 1 月 18 日。

effect）的复杂关系（如图 7-1 所示）。理解和管理新兴风险通常需要采用跨学科方法，突破条块、职能以及地域等界限，协调多方共同应对。

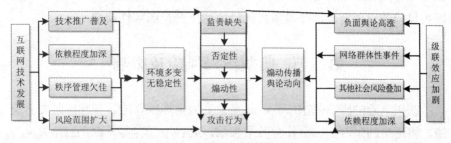

图 7-1　互联网技术的风险链式反应

4. 高度危害性

新兴风险的耦合演化使社会脆弱性成倍增长。脆弱性并非单一概念，而是包含了"适应性""敏感性""易损性""不稳定性"等相关概念。新兴风险的触发因素多且复杂，一旦暴发，则其社会影响剧烈。如一些新型疾病传播的速度较快，技术灾难破坏力极强，风险本身流变性可能导致多重威胁和损失，甚至一些新型技术的使用对人类社会和自然环境的影响可能是不可逆转的，仅凭自然和社会自身的应对力无法承受和自我恢复。以2021 年郑州"7·20"特大暴雨灾害事件为例，灾害导致全市死亡失踪 398人，因暴雨导致郑州网络瘫痪，移动支付无法使用，一段时期内人们回到了"以物易物"的时代，数字城市的脆弱性显而易见。新兴风险需要面对社会化的责任机制，且这种责任是无限制的责任，处理过程中伴随巨大的社会影响，使事后恢复重建增加了更多社会成本。

新兴风险往往是多重致灾因子相结合，导致公共危机并不断扩散。全球化趋势使世界各地区的关联性增强，导致新兴风险的源头也在扩展，涉及自然界、新技术、人类行为等致灾因子的协同效应。以 2011 年日本东京大地震引发的福岛核泄漏事件为例，福岛核泄漏是特大地震、海啸、断电、柴油机损毁、辅助给水系统瘫痪等一系列小概率事件同时发生作用而导致。地震为原生致灾因子，连带海啸致灾因子，导致福岛核电站爆炸，多重灾难使社会适应性降低，政府应急方案失灵，一度引发当地社会动荡，表现出社会承受力不足，暴发了更大范围的社会危机。

我国目前正处于经济社会转型的关键期，取得了许多创新成就，科学技术在推动社会变革发展上发挥了重要作用。在聚焦科技发展的同时，对潜在风险的监测防控工作同样重要。金融危机、核安全危机、生态危机等全球性问题背后隐含着"人类命运共同体"的哲学价值。风险全球化作为新兴风险的重要背景，使得新兴风险快速上升至国际性议题。

第二节　典型新兴风险及影响

新兴风险的影响范围广泛，甚至上升为全球性风险。各种风险要素交错，将衍生的影响扩大至社会各个领域，处置不慎容易导致"应急失灵"。新兴风险演进的过程是非线性的，有着特殊的变化规律，若风险管理不当，可能引发社会动荡甚至导致灾难。当前，我国正处于工业化、城镇化、信息化快速发展的特殊时期，经济社会各个子系统正经历重大且深刻的变化，传统或非传统、自然或社会风险相互交织并存。

一、网络安全风险

网络安全与信息化建设是事关国家安全发展的重要工作。云计算、大数据、人工智能的兴起，一方面是科技的进步，另一方面也为不法分子利用高科技进行网络犯罪提供了可乘之机。世界各国纷纷意识到互联网安全的重要性，近年来致力于促进网络空间国际规则达成共识。在网络时代，掌握信息就是掌握资源，出于获取商业利益等原因最易受到威胁的就是大量个人信息。而政府公共部门也是遭受网络信息攻击的对象，其信息安全保障状况上升为社会各界关注的重大问题。表7-2展示了近年来部分重大网络安全事件。

表7-2　近年来典型网络安全事件

序号	事件名称	事件概要
1	美国医疗中心披露数据泄露：影响超130万人	2022年1月4日，美国佛罗里达州的 Broward Health 公共卫生医疗系统披露了一起大规模数据泄露事件。调查显示，入侵网站的黑客获得了病人的个人医疗信息，其中可能包括全名、出生日期、实际地址、电子邮件地址等关键信息，影响到 1 357 879 人
2	沃达丰遭破坏性攻击致葡萄牙大面积断网	2022年2月8日，国际电信巨头沃达丰旗下葡萄牙公司披露，由于遭到破坏性网络攻击，导致 4G/5G、固话、电视等网络服务全部中断。沃达丰在葡萄牙拥有超400万移动用户、340万家庭及企业宽带用户，此次攻击造成了大规模不便甚至混乱

序号	事件名称	事件概要
3	英伟达和三星遭黑客攻击，造成大量机密数据泄露	2022 年 2 月 23 日，国际芯片巨头英伟达被曝遭黑客组织 Lapsus$ 攻击和勒索，约 1TB 机密数据被窃取；韩国科技巨头三星电子也泄露了大量机密源代码；黑客组织还入侵了微软、沃达丰、育碧和美客多等大型企业
4	黑月亮（BlackMoon）僵尸网络大规模感染	2022 年 3 月 1 日，国家互联网应急中心监测发现，BlackMoon 僵尸网络在互联网上进行大规模传播，给网络空间带来巨大威胁
5	国家计算机病毒应急处理中心披露美国国安局网络间谍木马	2022 年 3 月 14 日，国家计算机病毒应急处理中心对名为"NOPEN"的木马工具进行了攻击场景复现和技术分析。该木马工具针对 Unix/Linux 平台，可实现目标的远程控制。根据 NSA 内部文件，"NOPEN"木马工具是一款功能强大的综合型木马工具，也是美国国家安全局接入技术行动处（TAO）对外攻击窃密所使用的主战网络武器之一
6	"3·15"晚会曝光多起网络安全相关案件	2022 年"3·15"晚会上，涉及网络安全相关的案件（以免费 Wi-Fi 为名诱骗用户下载恶意 App（手机应用软件）、应用软件平台强迫捆绑下载、骚扰电话、儿童手表安全防护等）被相继曝光。工业和信息化部表示，将依据相关法律法规严厉查处
7	苹果公司因 DNS 故障发生大范围网络故障	2022 年 3 月 22 日，苹果公司发生大范围网络故障，一些用户的 Apple Music、iCloud 和 App Store 等服务被切断，公司内部企业和零售系统也出现了短暂的网络链接错误，此次宕机导致数千名用户无法使用近 12 项苹果服务。苹果系统状态页面曾显示 11 项服务遭遇宕机，包括播客、音乐和 Arcade 游戏
8	北京健康宝遭受攻击	2022 年 4 月 28 日，北京健康宝使用高峰期遭受网络攻击，经分析发现，网络攻击源头来自境外；在北京冬奥会冬残奥会期间，北京健康宝也遭受过类似网络攻击

（一）网络风险对组织的影响

1. 企业组织

网络风险带来的损失既有实质性物质利益，又有无形的信誉损失。核心知识产权重要数据等机密信息泄露，危及组织核心竞争力；组织网络运营被恶意干扰中断，需要付出额外运营成本进行修复，恢复运营后又将面临机会成本的损失；交易往往是多方的，若某一方的线上业务无法继续，则其他组织的计划同时受到影响。继而造成外界对组织评价的美誉度降低、组织市场价值丧失、组织形象受损等负面影响。

以工业互联网为例，传统工业企业借助互联网创新发展，取得不菲成长业绩，但同时网络安全风险却不断暴露出来。互联网企业面临着"内部失灵"的各种风险，在大数据应用与治理的过程中存在不可控的"代理风险"和安全挑战。比如，2022 年 2 月 28 日，日本丰田公司称由于其零部件供应商小岛工业疑似遭网络攻击，导致日本 14 家工厂 28 条生产线的运营暂停，影响约 13 000 辆汽车的生产，造成 3 个工厂关闭。

2. 行政组织

近年来，我国政府部门大力推行数字治理、智慧政务，政务网络规模逐步扩大，而安全问题也在凸显，机构脆弱性逐渐暴露。全国政务网络规模超大、系统复杂且工作设备繁多，遭受冲击的可能性增大。随着网络大小黑客组织兴起，不乏一些具有敌对意图和宗教背景的组织频繁干预，对国家信息环境、信息网络与基础设施等方面构成重大威胁。

当代政府行政组织面临网络安全风险的挑战，对电子政务的管理具有不确定风险，比如，2022 年 3 月，以色列多个政府网站遭到黑客攻击，并在短时间瘫痪，这些包括以色列总理府、内政部、司法部网站等。显然，网络安全风险会造成恶劣的影响，对行政组织的有序运行构成严重威胁。

（二）网络风险对个人的影响

网络是一把双刃剑。一方面网络的迅速发展让人们能够享受到互联网的便利；另一方面，网络空间的无边界性、极强的虚拟性与交互性使得信息在传播时可能存在丧失隐秘、虚假、色情、暴力等负面情况，严重威胁着个人的正常生产生活和健康成长。个人用户信息泄露是较为普遍的全球性网络风险问题，其规模和程度不断升级。恶意软件研发、黑客攻击和保护措施缺位导致个人隐私频频泄露，对公民生活造成不必要的干扰和影响。此外，网络安全风险还可能让人们遭受网络诈骗、网络欺凌，甚至是走向网络犯罪的道路。

近年来与网络安全风险相关的刑事案件不胜枚举。根据团中央发布的《2016 年互联网不良信息对青少年危害分析年度报告》，淫秽色情信息是儿童接触不良信息的主要形式；公安部发布的《2018 年网民网络安全感满意度调查报告》显示，有三分之一左右的网民曾遇到"私人浏览信息被收集并泄露、网络账户信息泄露"的情形；此外，《青少年蓝皮书：中国未成年人互联网运用报告（2019）》披露，短视频软件对未成年人的影响快速增加，网络娱乐等束缚人们生活，"娱乐至死"弥漫在网络世界。由此可见，网络安全风险除了黑客、系统崩溃、隐私泄露以及计算机病毒等技术问题，还面临着网络信息的无序性、渗透性问题。

二、转基因技术风险

转基因技术是指基因重组技术。它是在体外通过人工"剪切"和"拼接"等方法，对各种生物分子进行改造和重新组合，而后导入微生物或真核细胞内进行无性繁殖，使重组基因在受体细胞内生长，产生出人类需要的基因产物或者改造创造出新生物类型。转基因技术引发转基因植物安全的许多问题，诸如不能排除筛选标记基因具有潜在毒性和致敏性的可能性，并有可能漂移到其他生物体中威胁环境生态安全。

总体来看，转基因技术对社会的可能性风险危害主要表现为：

（一）对人体健康的影响

尽管尚未有明确的案例或科学研究证明转基因食品对人类健康存在切实的伤害，但各国公众依旧对转基因食品持质疑态度。对转基因食品的安全忧虑主要体现在以下五个方面：一是转基因食品的营养成分是否与非转基因食品一致，是否能够为人类提供营养物质；二是转基因食品对人体是否具有毒性；三是转基因食品是否会成为人类新的过敏源；四是转基因食品是否存在非预期反应；五是转基因食品是否会发生基因转移，并且影响人类的基因序列。[①]

国际权威机构诸如世界卫生组织（WHO）、联合国粮食计划署（WFP）等多次召开专家会议，出台了一系列转基因食品安全评估条例，形成了较为系统、科学的转基因食品安全评估体系。在关键成分分析、营养学评估、毒理学评估与致敏性评估等方面建立了规则标准。虽然暂无实验证明转基因技术食品对人类健康存在影响，但是转基因技术的繁杂性与有限性使得转基因食品对人体健康仍存在潜在的毒性和过敏风险；并且在转基因剪裁

---

① 王国义、贺晓云、许文涛等：《转基因植物食用安全性评估与监管研究进展》，《食品科学》2019年第 11 期，第 343-350 页。

转移过程中，抗生素的频繁使用也给人体健康带来风险。

（二）对生态环境的影响

转基因技术影响了生态链中的自然选择，打破了原有物种的隔离与竞争关系，如加拿大超级杂草、水稻转基因漂流、转基因大马哈鱼逃逸等事件，充分说明人为的技术干预对生物自然生长秩序不但没有起到维护作用，反而对其形成了干扰。

第一，危害物种平衡。人工改变或注入新的基因使得转基因物种具有较高的生长能力，提高了相应产量，且在抗病抗药方面也优于传统作物。从而，使其获得了对自然环境更强的适应性，对同类其他物种造成"入侵"，限制了他们的正常繁衍生长。同时，生物链、生态圈的作用使得非目标生物也受到牵连，以转基因水稻为例，其通过花粉的传播将会对传统的水稻品种产生影响，长此以往，对环境与生物多样性将造成严重威胁。

第二，破坏生态系统。转基因作物原先并不存在于自然界中，至今存在的生物大都是经过长久的进化发展而最终形成的，而转基因作物是一类融入了人类意志的"产物"，一旦进入自然界，可能由于尚不存在天敌的制约，打破原有物种间的竞争机制，破坏生态系统平衡等一系列稳定关系，而成为生态环境的入侵者，且这种破坏性一旦造成，依靠自然本身的调节能力可能无法维持现状甚至是难以修复。

（三）对社会伦理道德的影响

社会伦理道德的发展与技术发展未处在一个平衡位置，社会伦理对技术发展的约束处于较弱地位，往往效率和经济利益成为评价新技术的首要标准。新技术的研发风险与利益并存，有时技术主体一旦责任意识缺失便让整个技术失去了应有的人文关怀。

出于对公众生命权和健康权的保障，任何技术上可能危害生命健康的信息应当及时公开，科学未知领域探索与伦理道德之间应保持清楚分界。转基因技术作为研究尚不成熟的领域存在认识的局限和不足，一旦发生关于伦理道德的争议，极易引起公众舆论，乃至造成社会恐慌。目前，社会对转基因技术的社会伦理道德争论主要涉及两个方面，即人际伦理问题和环境伦理问题。比如，2008年五六月间，湖南省衡南县江口镇中心小学的80名6岁至8岁儿童，在不知情的情况下接受"黄金大米"试验，该事件被曝光后相关人员因违反科研伦理受到惩戒。

三、人工智能安全风险

当前，以人工智能为代表的颠覆性技术正深刻改变着人们的生产生活方式，重塑着社会形态结构。必须注意的是，人工智能是一把双刃剑，它在给人们带来便利的同时，也是对人类社会的法律制度、伦理道德、治理体系等的巨大挑战。习近平总书记曾指出："要加强人工智能发展的潜在风险研判和防范，维护人民利益和国家安全，确保人工智能安全、可靠、可控。"[①]随着人工智能时代的到来，有研究者提出人类社会将会面临三大问题，生物算法；意识与智能的分割；由大数据构造的不确定外部环境。[②]在发挥人工智能巨大能量的同时，应当充分认识其背后的不确定性，这些不确定性可能会引发一系列安全风险和社会风险，甚至破坏社会稳定。具体而言，主要表现在四个方面。

第一，技术不确定性产生技术风险。物联网技术、AI 技术、云计算等新兴数字技术仍未成熟，尚存在安全漏洞，技术核心的归属权、技术标准等尚不明确。美国电子商务信息安全中心（RSA Security）在其 2020 年发布的《数字风险报告》中就明确提及包括网络攻击风险、云转换风险、第三方风险在内的八大类风险。比如，河南郑州"7·20"特大暴雨灾害导致城市网络瘫痪，2022 年疫情防控中西安一码通崩溃事件引发"没必要，不亮码；有必要，码不亮"的市民调侃。

第二，数据垄断产生市场风险。在数字时代，得益于新兴技术的大力发展，数据的自由流动成为可能。从理论上看，数据流动的时空不再被技术局限，其流动速度和流动方式也优于其他资源的流动。但是，数字技术在给人们带来便利的同时，也构建了虚拟的存在，创造了"想象的共同体"，使得人们成为"技术利维坦"的奴隶。数据的自由流动在强权力的干涉下成为虚妄，强势组织将数据占为己有，形成数据垄断的超级大平台。

第三，算法偏好产生社会风险。智能算法的精准推送披上"私人订制""个性化"的外衣，算法偏好将人们囚禁于数字壁垒中，让"信息茧房"的"回音壁"现象进一步发酵，使观点相似的人组成特定团体。当既定的价值偏好在特定群体中不断交汇、共生、震荡，在此过程中屏蔽、剔除不同的

---

① 习近平在中央全面深化改革委员会第九次会议上的讲话，2019 年 7 月 24 日。

② 苏竣、魏钰明、黄萃：《社会实验：人工智能社会影响研究的新路径》，《中国软科学》2020 年第 9 期，第 132-140 页。

声音，便可能会产生群体极化效应，形成极端观点，并对社会稳定造成威胁，造成社会群体之间的割裂与对抗。①

第四，价值冲击产生认知风险。短期内新兴数字技术的迅猛发展同样也冲击着人们的价值观。在隐私、伦理、道德、世界观和价值观等方面产生颠覆性的认知，新旧文明交织，新旧文化更替，产生了巨大的认知风险。比如，由于个体差异性，老年人陷入数字技术使用盲区，出现与社会脱节的情况，成为隐形的"失声群体"。此外，数字应用在便利用户的同时，也在收集用户的个人信息和数据，侵犯个体的隐私权，将用户置于"裸奔"的境地。

四、生物安全风险

近年来，生物技术及产品滥用误用、环境与生态灾难等事件在全球蔓延，生物性威胁以其复杂性、多样性和简易性特点成为人类发展面临的新型安全威胁，生物安全风险严重侵害着人类安全，成为当前全球新兴风险治理的紧迫任务。

2021 年 9 月 29 日，习近平总书记在中共中央政治局第三十三次集体学习时强调，加强国家生物安全风险防控和治理体系建设，提高国家生物安全治理能力。在传统意义上，生物安全指生态系统处于正常状态，能够有效防御或化解农业空间、动植物以及人类生命健康免受传染病和外来入侵物种侵害的状态。随着时代发展和安全议题的细化，生物安全被理解为采取积极措施避免生物恐怖主义或其他疾病的暴发。生物安全类事件包括传染性疾病流行事件、实验室生物安全事件、新技术谬用类事件和重大生物入侵事件等常见的生物安全事件，还包括生物恐怖主义、生物武器等类型事件。②

第一，传染性疾病流行风险。传染性流行病是指由病原体引起的，在人与人之间、动物与动物之间或人与动物之间传播，并出现临床反应的一系列疾病，比如新冠肺炎疫情。这一类传染性疾病会对人类生命安全或动物安全构成重大威胁，严重影响正常的生产生活秩序。

---

① 苏竣：《开展人工智能社会实验　探索智能社会治理中国道路》，《中国行政管理》2021 年第 12 期，第 21-22 页。

② 李明：《国家生物安全应急体系和能力现代化路径研究》，《行政管理改革》2020 年第 4 期，第 22-28 页。

第二，实验室生物安全风险。实验室生物安全风险是指实验室人员因操作不当或其他事故原因，导致实验室研究的致病因子发生泄露，致使人们受到感染并扩散。实验室生物安全风险一般包括微生物实验室风险、动物实验室风险等。2017年，据报道美国CDC（美国疾病预防控制中心）下属实验室内的高度管制致命流感病毒样本遗失，引发外界担忧。

第三，新技术谬用安全风险。新技术谬用安全风险一般是指部分生物技术、生物产品本身具有的潜在性生物危害，在一定条件下可能会暴发、蔓延并造成严重危害。其原因主要包括三个层面：危险材料的滥用、危险生物研究活动、实验室人员的道德缺乏和行为不当。[①]比如，2018年11月发生的南方科技大学"基因编辑婴儿"事件。

第四，重大生物入侵风险。生物入侵主要指某种生物从外地自然传入或人为引入后放任不管，并对当地生态系统造成一定危害的情况。近年来，入侵我国的外来生物数量呈现激增趋势，辽阔的地域给不同生物提供了多样的生存环境。生态环境部与国家多个部委联合发布《2020中国生态环境状况公报》显示，全国已经发现660多种外来入侵物种，其中71种对自然生态系统已造成或具有潜在安全威胁，体现在对生态平衡、农业生产和人类健康的严重威胁上。

第三节　新兴风险的安全治理

一、基本理念及思路

新兴风险有别于传统风险，应对新兴风险在一定程度上也不同于常规风险。风险是危机在特定时期出现的可能性，在演化中一旦超出社会系统承受力将可能暴发危机，风险治理（risk governance）正是在危机发生前对风险进行感知、控制，削弱其发生的可能性。有学者根据风险意识、风险评估、治理机制三个关键要素将风险治理分成三个阶段，即刺激—反应阶段、萌芽阶段、成熟阶段。风险管理者面临的挑战在于发现这些新的风险，为解决这些风险整合资源，完善风险治理的制度设计。

---

① 王小理：《生物技术谬用风险与治理路径探析》，《中国科技人才》2021年第6期，第17-25页。

（一）新兴风险治理框架

国际风险治理理事会（IRGC）收集了多个西方国家具有代表性的风险治理框架，根据组织的专门性，治理框架也有所不同。该机构发布的治理指南为新兴风险的治理提供了一套思路：首先，对风险进行识别，评估潜在威胁和机遇并确定其优先级，根据实际制定新风险识别和评估流程。其次，制定方案以应对可能对组织构成风险的威胁。欧盟网络与信息安全局（ENISA）定期关注与信息技术相关的新兴风险，在发展和传播有关信息技术新兴风险的应对方法中，形成了专门的风险治理框架。包括，第一阶段进行信息管理，收集可能导致风险出现的技术以及发展趋势的信息。第二、三阶段为情景构建和分析阶段，目的是制定应对风险的方案，包括描述每个方案要考虑的时间范围、参与者、应用技术、数据等。然后将风险评估结果报告给关键利益相关者，以促进传播和反馈，最后进行持续改进。这为新兴风险治理在宏观组织与具体实施上提供了参考。

针对新兴风险治理问题，国内学者也提出了一系列的风险治理框架。比如，王谦（2020）等人构建的 HMM 理念，以社会技术系统理论为分析框架，在系统分析"数字政府"发展过程中蕴含的风险基础上，从风险管理体系、风险管理过程和风险治理主体三个维度，提出了"数字政府"风险治理框架。①沙勇忠（2020）等人立足大数据驱动公共安全风险治理的适应性困境，基于"结构—过程—价值"三维分析框架，在厘清大数据在风险治理中的角色作用基础上，构建了"情景价值—治理价值—发展价值"的价值层次模型。②

（二）新兴风险的威胁评估

新兴风险作为一种系统性风险，对经济社会发展产生威胁，单方面解决某一方面风险不足以削减风险发展的力量。对于新兴风险，有必要展开威胁评估，科学准确把握风险情况，继而选择对应的治理工具，降低新兴风险的威胁。

1. 威胁评估内容及方法

当前，威胁评估易与安全评估或风险评估的概念混淆。从威胁评估和

---

① 王谦、曾瑞雪：《社会技术系统框架下"数字政府"风险分析及治理》，《西南民族大学学报（人文社科版）》2020 年第 5 期，第 226-233 页。

② 沙勇忠、王超：《大数据驱动的公共安全风险治理——基于"结构—过程—价值"的分析框架》，《兰州大学学报（社会科学版）》2020 第 2 期，第 1-11 页。

安全评估来看，威胁评估属于广义的安全评估的一部分。广义的安全评估是对评估主体整体安全关系的评估，包括其面临的"存在性威胁"、享有的安全环境和相应的危机事态等。狭义的安全评估针对被威胁者展开，而威胁评估则是针对威胁主体本身展开的。从威胁评估和风险评估角度来看，二者的研究对象均是"存在性威胁"。威胁一般被视为可能对国家利益造成损害的某人或某物，而风险则是特定威胁导致的危害性后果，并不一定发生，倾向于对发生可能性及现实危害性的评估。换言之，威胁导致了风险。美国国土安全部（DHS）就曾混淆了"风险"和"威胁"，根据可能性和后果对威胁进行了评估和等级划分。准确地说，威胁评估是指在综合分析多种因素的基础上，识别和评估各种威胁的过程。

目前，威胁评估较为常见的是要素评估法和特征评估法。要素评估法一般用于传统安全问题。比如，美国国防部在评估恐怖主义威胁时以存在、能力、意图、历史、目标和环境六大要素作为威胁评估信息。特征评估法则是从事件或事物的特质来评估威胁。夏尔－菲利普·戴维（Charles－Philippe David）在《安全与战略》一书中提出威胁评估特征标准，包括"威胁的来源是否明确""威胁具有强烈还是弥散性的效果""威胁的时空临近程度"以及"威胁的文化和历史根源是什么"等。

2. 风险承受力评估

新兴风险充满不确定性，应急预案在实际应急管理实践中未必达到预想的效果。应急预案的规划总体基于社会的承受能力，加强新型风险承受力评估，能够更加明确政府的风险管理责任，发掘应急管理中的关键行为，提高应急管理的可操作性。风险承受力指标可以从控制能力、制度能力、技术能力和公众能力进行考察，如图7-2所示。

控制能力是应对新兴风险的根本，经济发展水平在一定程度上决定应急基础设施和物资的完备程度，过于陈旧或老化的资源水平难以应对新兴风险的高危害性。例如，一些新型疾病的大规模传播，多源自医疗资源较弱的地区，对疾病的诊断有误或不及时，增加了疾病进一步传播的概率；而医疗水平相对高的地区则能够控制疾病的传播范围和速度。

制度能力体现在制度、规划的制定上，完善的制度体系是应对新兴风险的保障，新兴风险的不确定性导致不存在绝对周全的应急预案，但仍然应争取应急预案的完备，新兴风险治理涉及多部门的合作，突破条块分割障碍需要依靠部门联动机制，以提高治理工作的效率。

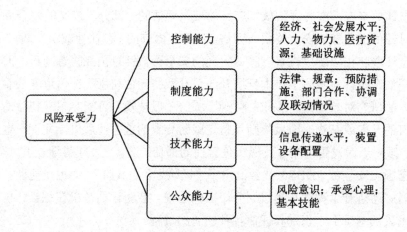

图7-2　新兴风险承受能力指标

技术能力在风险的监控和技术应对上起到关键作用，一些现实问题通过技术的研发可以得到解决。一些人工检测技术已经成熟，能够为应对新兴风险提供有用的信息和数据。如地理信息系统（GIS）不仅用于地理、空间或位置数据收集和灾害规模和程度的监测，还用于事件发生前的脆弱性评估和改进备灾、减灾和应急计划。

公众的风险意识和面对舆论的态度影响政府部门的管理行为和社会稳定状况。新兴风险的陌生性创造了社会谣言散布的条件，即营造恐慌氛围，2011年日本福岛核泄漏事件后我国发生"抢盐"风波和关于转基因技术的不实报道均在一定范围内对社会稳定造成影响。

通过对社会承受能力评估和风险状况排查，采用科学评估模型预测风险发生概率以及危害程度，可以追踪风险可能发生和发展的趋势，有针对性地采取风险消减、风险转移、风险防范等措施。

（三）新兴风险治理策略

新兴风险复杂多变，单一治理主体通常不具备全部的应对资源，仅依靠政府主体很可能增加治理成本，应当确立多中心治理理念和系统思维。

1. 强化制度保障

政府是新兴风险治理主体，应首先强化制度层面保障，进一步形成专门的新兴风险法律法规和规章制度。一方面，要梳理风险治理的法律法规，在查漏补缺基础上，进一步完善相关法制规章，加强科学有效的制度供给。譬如，面对数字技术治理风险，必须及时建构和健全数字治理规制体系，加快面向平台系统规范运行的立法进程。另一方面，政府必须具有前瞻性的治理视角，制定具有导向意义的指导意见和方案，最大程度地为新兴风险治理提供制度保障和法律支撑。

2. 推动协同治理

无论何种风险形式，风险治理都是以利益相关者为对象的，其过程表现为多主体协同，实现团体或联盟之间的配合、回应等互动关系。利益相关者行为具有趋利特征，安全利益诉求的强度也具有阶段性差异。协同治理依靠具有共同价值观、多主体参与的系统作为政策基础，发展协同治理共同体。协同治理框架包括预防联盟、准备联盟、宣传联盟、挖掘联盟、学习联盟等内容，分别承担相应功能。

针对信息失真问题，政府部门除了接受科层体系信息上报，还应主动建立信息挖掘联盟，借助社会媒体或第三方机构力量，多方获得有价值的风险信息。联盟之间要注重分工合作，减少因分工模糊而导致的职责边界问题和多头领导、相互冲突的矛盾。

3. 应急网络管理

组建应急网络是应急管理打破组织障碍、协同治理风险和危机的一种新型方式。应对当代新兴风险要不断提升风险治理能力，提高政府专业人员的能力素养，保持敏感的风险感知力。在应急网络上，部门节点越明确，工作联系越紧密，越有利于突发情况下进入应急状态，提高风险治理效率。同时，提高应急网络能力可借助现代技术手段，将互联网、物联网和大数据技术结合数字化、智能化管理工具，充分应用到信息存储、分类、传递和分析评估等新兴风险的治理。

具体而言，构建新兴风险应急网络应从两个方面着手：第一，按照风险监测、风险识别、风险评估的逻辑具体实施。比如，通过定期巡检、重点抽查等方式进行常态化监测，充分掌握新兴风险的发展态势，开展多维度监测活动。第二，建设新兴风险监测和防治数字化、智能化平台，提高新兴风险防范化解能力。建立精准预判、精心预备、精确预警和精细预防的风险治理平台，大力推进"智慧风险防治"建设，构建全要素的新兴风险预测预警体系、"全过程"的新兴风险辅助决策体系、"全覆盖"的新兴风险治理体系，全面提升新兴风险应急能力，以信息化、智能化推进新兴风险防控现代化。

二、新兴风险治理的未来趋势

（一）科技支持

科技发展可能带来不确定性风险，甚至造成"信息茧房""数据鸿沟""数据烟囱"等技术异化现象，不能达到技术赋能的效果，反而呈现出"技术缚能"。然而技术科技也是应对风险的重要手段，风险与发展辩证统一，要围绕新技术制定应急方案，对冲解决一些现实风险问题。新技术，特别是高性能分布式计算、卫星观测成像技术、移动通信和互联网技术等应用前景广泛，这些技术和其他技术一起，极大地增强了新兴风险危害的监测分析能力。

第一，构建规范、科学、统一的数据、网络和平台系统技术标准。通过科技支持探索具有普适性的技术标准，推动物联网、互联网、人工智能等建立统一的技术规范，为构建科学统一的新兴风险治理应急平台破除技术壁垒，提供技术保障。

第二，建立政府部门之间、层级之间、区域之间的数据共享机制。新兴风险治理过程中，往往涉及多个部门、多个层级、多个地区的风险安全问题。为了更好地实现多主体间快速反应、协调联动，并最终有效防范和化解新兴风险安全问题，应加快建设跨部门、跨层级、跨区域的数据共享机制，运用科技手段统筹推进新兴风险问题的预测、分析和监控。

（二）政社协同

第一，完善以政府为主体的新兴风险安全治理体系。充分利用大数据、物联网、互联网等技术手段，强化政府新兴风险治理的职能、机制、流程和队伍，全面提升应对新兴风险的复合能力。此外，要发挥政府领导作用，统筹协调各方共同参与新兴风险治理。

第二，健全新兴风险安全治理多元协同机制。新兴风险安全严重影响全社会的生产生活，对全人类形成严重威胁。新兴风险治理任务不可能由政府单独承担，社会各界均有责任和义务投入风险治理过程，发挥各自优势功能和资源供给。比如，可以探索公私合营（PPP）模式参与新兴风险治理的机制，强化第三方对政府治理新兴风险的监督评价作用。

第三，强化新兴风险治理的社会动员机制。社区作为"最后一公里"，既是风险应对的薄弱环节，也是必不可少的空间场景，应当完善政社企一体化的新兴风险治理机制，充分调动包括社区在内的基层组织的积极性和创造性，发挥风险减缓的作用。

（三）信息公开

危机信息受众包括四类：（1）公众；（2）官员；（3）利益相关者；（4）媒体。在大数据技术彰显的时代，数据本身也是新兴风险的导火索之一，若不能及时有效地予以管控，可能会引起大数据"反噬"并造成危害。

信息公开既需要及时、准确地向社会公众传递风险信息，也需要收集公众知情后的反应。公共部门和私人部门均要具备信息敏感性，及时沟通业务领域的信息传递和资源配置，化风险为机遇。同时，强化数据安全，保障公众隐私。信息公开应当坚持"数据脱敏、非必要不公开"原则，遵守规则，灵活应对，注重权限管理和隐私保护，保障风险治理过程中信息公开的合法性、合规性和正当性。

本章小结

新兴风险是伴随现代社会快速变革发展与新技术开发应用过程产生的，如网络安全风险、核安全风险、转基因技术风险等。新兴风险较之以往传统风险，不确定性和复杂性更为突出，一旦发生，影响范围更广，危害程度更深，需要不断增强新兴风险防范和治理能力。政府公共部门尤其要提升新兴风险认知与监测水平，采取科学合理措施对其进行有效遏制。

特别强调的是，提升政府风险防范能力的同时，要明确技术创新不可逾越的伦理规范，倘若仅以片面"技术理性"为导向，可能导致技术偏离正常发展道路而造成更大风险。

关键词

新兴风险　非传统安全　威胁评估　风险治理

复习思考题

1. 什么是新兴风险？请举例说明。
2. 简要说明新兴风险与传统风险的区别。
3. 引入具体实例说明新兴风险的危害与社会影响。
4. 防范化解新兴风险应遵循哪些基本原则？

拓展阅读

人工智能数据安全与监管机制研究

2021年7月9日，国家工业信息安全发展研究中心发布了《人工智能数据安全与监管机制研究》报告，报告阐述了人工智能数据安全的内涵，分析了人工智能数据安全的主要体现，叙述了全球主要国家高度重视人工智能数据安全监管的最新动态，明确指出我国积极应对人工智能安全挑战的具体表现，并针对人工智能数据安全监管问题提出对策建议。

报告强调，人工智能正在以强大的赋能性对生产生活方式产生深刻影响。当前，以机器学习为代表的人工智能技术需要依托数据建立其智能，数据资源日益成为人工智能发展的重要基础和引擎。然而，随着越来越多的数据在人们的生产生活中被收集和利用，数据安全风险和隐私保护等问题成为人工智能系统在开发和应用过程中的严峻挑战，数据安全问题与人工智能已深度交织。

报告认为，人工智能加剧或催生数据安全风险。一方面，人工智能由于过度采集、数据窃取、逆向还原、开源框架风险等安全问题加剧传统数据安全风险，例如，人工智能使得数据采集扩大化，一旦泄露或滥用将严重威胁个人隐私。另一方面，人工智能经由数据投毒、样本偏差、对抗样本和深度伪造带来新型数据安全风险，例如，攻击者通过数据投毒入侵模型，造成人工智能算法模型错误或失效。

报告指出，为应对人工智能数据安全的风险和挑战，我国应该加快完善法律体系，围绕重点领域制订、修订相关法律及实施细则，实施分级分类监管，制定人工智能安全风险分类管理体系，推动技术创新与标准制定，将法律和伦理要求嵌入人工智能产品，并且提升安全保护意识，加强人工智能治理领域国际交流合作。

资料来源：CICS-CERT 国家工信安全中心. 人工智能数据安全与监管机制研究报告. 2021.

参考文献

[1] 夏荣宇、张海波.《新兴风险的包容性治理——以"基因编辑婴儿事件"为例》,《贵州社会科学》2021年第3期

[2] 张海波.《中国第四代应急管理体系：逻辑与框架》,《中国行政管理》2022 年第 4 期

[3] 何哲、黄璜、刘文宇等.《建设网络强国、促进国家治理体系和治理能力现代化行动指南——〈习近平在网络安全和信息化工作座谈会上的讲话〉精神学习体会》,《电子政务》2016 年第 6 期

[4] 佟丽华.《儿童网络安全风险、网络保护的国际发展及其启示》,《中国青年社会科学》2018 年第 1 期

[5] 肖显静.《转基因技术的伦理分析——基于生物完整性的视角》,《中国社会科学》2016 第 6 期

[6] 陈振明.《实现治理数字化和智能化转型》,《国家治理》2020 年第 3 期

[7] 刘杰、任小波、姚远等.《我国生物安全问题的现状分析及对策》,《中国科学院院刊》2016 年第 4 期

[8] 搜狐新闻.《美国实验室发生生物安全泄露？》,https://www.sohu.com/a/375175002_120550222,访问日期：2022 年 7 月 4 日

[9] 詹承豫.《风险治理的阶段划分及关键要素——基于综合应急、食品安全和学校安全的分析》,《中国行政管理》2016 第 6 期

[10] 周冉.《中国"外源性"能源安全威胁研究——基于非传统安全视角的识别、评估与应对》,《世界经济与政治论坛》2017 第 1 期

[11] 周冉.《非传统安全威胁识别、评估与应对研究》,博士学位论文,杭州：浙江大学,2016

[12] 李汉卿、孟子龙.《城市数字治理的生成及其风险防控：以上海市 M 区"一网统管"为例》,《当代经济管理》2022 年第 9 期

[13] 曹海峰.《新兴风险治理体系：框架构建与路径选择》,《中州学刊》2020 年第 1 期

[14] 王力、王德虎、史运涛等.《新兴技术安全风险防范化解策略研究》,《中国应急管理科学》2021 年第 5 期

[15] 余潇枫.《外来有害生物入侵与生物安全共治》,《人民论坛》,2022 年第 15 期

第八章　公共应急管理改革

　　当今世界自然−社会系统风险、灾害、危机的发生演化愈加复杂，面临更多新的挑战，亟待政府公共部门创新应对思路，深化系统改革，提升综合性治理能力。现代国家普遍重视公共部门应急管理职能运行，这为我国应急管理体系的建设提供了有益启示。中国特色社会主义进入新时代，我国政府加快应急管理改革发展进程，先后组建应急管理部和国家综合性消防救援队伍，对应急管理体制进行系统性、整体性重构。本章主要沿着历史主线，概括阐释我国政府应急管理体系改革的发展历程，总结突发事件应急管理的历史经验，进一步对未来我国应急管理体系的构建提出思考。

学 习 目 标

➤　了解国外应急管理改革发展概况

➤　了解中国应急管理体系改革的阶段性特征

➤　掌握中国应急管理体系改革的基本方向

➤　理解新时代中国应急管理改革思路与体系构建

第一节　国外应急管理改革概述

当代风险社会背景下，全球各类公共突发事件发生频率和危害性显著增加、规模和持续性影响不断扩大。为此，各国纷纷采取行动，启动相应改革以提升应急处置能力。对政府公共部门来说，应急管理的首要工作是机构设置和职能设定，通过特定的组织架构、职能权责确立、使突发事件应对和公共危机管理形成制度化体制。

一、基本发展取向

从发展历程来看，西方国家的应急管理制度主要源于民防体制，其发展、国家安全目标、维护需求紧密相关。西方语境中的"民防"与我国的本土话语有所不同，其核心要义是"民事保护"，强调外部威胁下对国民的安全保护，也体现对国家安全利益的捍卫。21世纪以来，西方国家在关于民防的主要内容、机构职能、战略定位等方面普遍发生了重大转变和调整，民防从传统意义上的主要是应对战争威胁和破坏转到了面向反恐、重大灾害等突发事件风险上来，从以防空为主的传统民防向着反恐、避战、防灾减灾职能的民防思想转变，也推动了西方现代应急管理体制的形成。换言之，西方国家应急管理部门不仅承担具有军事意义的民防职责，同时行使着一定意义上的国家安全职能，成为国家安全战略的重要组成部分。例如，2010年，英国发布《在不确定时代确保英国安全：战略防御与安全评估》报告，认为英国国家安全领域的首要风险挑战来自应急管理方面，要持续增强反恐能力，保障网络空间安全，政府工作要高度关注大洪水、流感大流行等重大突发事件，亟待整合外交、情报、国防等危机管理资源，不断提升国家应急响应能力。2012年德国政府成立了以民防为特征的部际协调工作组，用来协调处置跨地域的安全威胁和突发事件，促进了联邦部门和州之间的磋商沟通，也保持了国家安全战略在德国应急管理中的有效贯彻与落实。2013年法国政府发布的《防卫和国家安全战略白皮书》也提出，"法国面临自然灾害、工业安全、健康、技术、政策等综合风险客观存在，要加强对社会安全风险挑战和各类风险组合的响应。""9·11"事件发生后，美国政府也加快了本土安防改革，其中一个重要步骤是将联邦紧急事务局纳入国土安全部（DHS），使民防成为美国本土安全防卫战略的核心之一，提升了民防在应对恐怖袭击等安全威胁的地位和作用。对其而言，美国民防体系主要针对反恐目标，机构职能转向国土安全紧急处置和公共危机管理。

近年来，西方国家民防思想受到新安全管理范式影响而进入新的发展阶段，这一阶段除了传统反恐目标之外，民防组织和实践还积极对接气候变化、跨国犯罪、重大自然灾害、烈性传染病等重大风险挑战，这些都成为国家安全及公共应急管理的重要议题。尽管一些国家并没有明确设立以"应急管理"（emergency management）命名的机构或政府方案，但实际上是由民防部门或民防性质的机构来实际承担公共应急管理职能。对此，各国政府也推动国内安全应急改革，高度注重发挥私营企业、非政府机构、第三部门（如宗教组织、各类慈善基金会）及民众参与作用，取得不少有益经验，总体发展态势包括：由传统单向应急向综合应急管理转变、更加强化国家安全架构的调整变革和组织决策功能、着力全方位资源整合。

二、典型国家公共部门应急管理改革

如上所述，全球突发公共危机事件频发和危害性显著增加，自然灾害事件、恐怖主义、重大公共卫生事件、网络安全和新兴风险等安全事件对全球政治、经济、文化和社会等领域造成了强烈冲击，使得现代应急管理面临着更加严峻的局势。基于社会风险的复杂性、不确定性，应急管理体系和应急管理能力建设显得尤为紧迫。

在社会风险和突发事件日益增多的形势下，面对重大公共危机事件，世界各国应急管理体系在组织协调、危机研判、系统韧性等方面暴露出不同程度的不足与缺陷，如何科学、有效应对公共危机事件成为政府应急管理的核心需求。为了回应当代一系列公共安全挑战和应对应急模式"碎片化"等现实弊端，国外政府普遍强化了应急系统内部改革，特别是组织机构的设置改革（如表8-1所示）。例如，美国的应急管理体系重视反恐资源整合，经历了由单灾种应急处置到全风险应急和军民融合的发展模式转变；日本应急管理突出综合性防灾减灾功能，逐步形成了防备为主和全民参与的科技型、国际化应急管理体系。

表8-1　部分国家应急（公共危机）管理机构设置及职能建设[①]

国家	组织名称	部门组成及职责
美国	国土安全部	将原来分散在联邦部门的有关机构进行组合，设一个部长办公厅和四个司，主要负责：（1）预防境内恐怖袭击；（2）一旦境内遭受恐怖袭击，迅速回应并降低损害，帮助国家从袭击中恢复；（3）履行包括承担自然与人为危机和紧急事态预案编制等在内的责任；（4）确保非国土保护功能不被削弱或忽略，通过国会特别法令许可的除外；（5）保证美国经济安全不因国土安全工作、行动和计划而被削弱；（6）监控非法毒品交易
澳大利亚	司法部	司法部分为四个司，分别是：民事审判与法律服务司、国家安全与刑事审判司、信息与知识服务司、法人服务司。其中，专职负责联邦应急管理的是国家安全与刑事审判司，它下设四个部门：（1）安全与重要基础设施处，承担反恐和保护重要基础设施的职责；（2）刑事审判处，负责犯罪预防、全国法律执行政策、联邦反欺诈政策、刑法的法律和政策咨询，以及联邦刑法体制、国际刑法与跨国犯罪的法律问题；（3）保护安全协调中心，负责协调联邦各部门、州与地方政府之间的关系；（4）紧急事务管理局，实现对各种紧急状态的管理
俄罗斯	紧急情况部	（1）属于联邦权力机构，是与国防部、内务部、联邦安全局和对外情报局齐名的五大强力部门之一，是俄罗斯处理突发事件的核心组织，主要任务是制定落实民防和应对突发事件方面的政策，实施一系列预防和消除灾害措施、对国内外受灾地区提供人道主义援助等活动；（2）紧急情况部下设居民与领土保护局、灾难预防局、防灾部队局、国际合作局、消除放射性及其他灾难后果局、科学技术局及管理局等；（3）同时下设几个专门委员会用以部门协调，包括俄罗斯联邦打击森林火灾跨机构委员会、俄联邦水灾跨机构委员会、海上和水域突发事件跨机构海事协调委员会、俄罗斯救援人员证明跨机构委员会；（4）通过总理办公室可以请求获得私人、国防部或内务部队的支持，即该部拥有国际协调权及必要时调用本地资源的权限

---

① 闪淳昌、薛澜主编《应急管理概论——理论与实践》，高等教育出版社，2012，第63-73页。

国家	组织名称	部门组成及职责
德国	联邦民众保护和灾害救助局	（1）隶属于内政部的联邦政府机构，是德国民众保护和灾难救助的最高机构，是所有管理层行政机构以及参与居民保护的各种组织和机构的联邦服务中心；（2）内设七个职能中心，分别为：危机管理和灾害救援中心、危机准备和国际事务规划中心、重大基础设施保护中心、医疗灾害中心、民事保护研究中心、培训中心（AKNZ）、技术和设备中心；（3）民众保护和灾难救援工作涉及专业甚多，其关键是结合成一个统一高效的民事保护体系
新加坡	民防部队	（1）民防部队属于负责和平与紧急时期提供应急管理服务的国内事务部，承担一系列重要作用和功能，包括提供消防、救护、营救服务，强制执行消防安全法规等；（2）24小时轮班处理各种威胁生命安全的紧急事务；（3）通过挑选和招募及强化培训，建立一支可靠、专业、受过良好训练的官员队伍
日本	内阁官房	日本国家危机管理体系以内阁首相为最高指挥官，形成由内阁官（负责各省厅间协调）负责总体协调、联络，通过安全保障会议、阁僚会议、中央防灾会议等决策机构制定危机对策，由警察厅、防卫厅、海上保安厅、消防厅等部门根据具体情况予以配合的组织体系，由灾害管理向综合危机管理转变

（一）美国公共危机管理改革

美国是全球建立综合性应急管理体系较早的国家之一，公共危机管理能力居于世界前列。早在1908年，美国便成立了以联邦调查局为主体的危机管理体制，此后发展为以国家安全委员会为主体的综合性应急管理体制，其最著名的组织机构是联邦应急管理署（Federal Emergency Management Agency, FEMA），在其主导下明确了联邦、州和地方机构在应急反应中的职责、任务和程序，实行包括预防、准备、反应和恢复全过程的综合管理模式。事实上，联邦应急管理署是由许多部门合并而成，包括联邦准备局、联邦广播系统、国家消防局、联邦保险管理局、联邦防备机构和联邦灾害援助管理局。FEMA的成立奠定了美国全面应急管理的理念。

"9·11"事件之后，美国对紧急状态应对相关法规做了更加细致的修订，将注意力引到全国性的防备和国土安全，并于2003年正式成立了内阁级的国土安全部（DHS）。2005年"卡特里娜飓风"灾害事件袭击后，联邦政府由于缺乏准备工作和类似的救援经验，巨灾造成了大量人员伤亡，[①]这次事件也给美国政府敲响了警钟，促使其反思要构建反恐和救灾并重的全风险管理体系，强化应急管理署的相关职能。与此同时，美国大力推动从联邦到地方各个层级的"911 中心"建设。这一工程本质上是应急指挥联动系统，核心作用是实现紧急突发事件处理的全过程跟踪和支持，借助网络、可视电话、语音系统等高科技通信识别手段，在较短时间内调动警察、消防、医疗急救、环保、交通等不同警区、不同部门的力量协同介入，对突发事件做出快速、高效的反应。

2011 年时任总统奥巴马签署了"第 8 号总统政策指令"（PPD-8），明确提出美国将以"全社会"模式开展公共危机管理，即个人、家庭、企业、组织、各层次政府机构等均应为公共危机管理做出贡献。"PPD-8"指令强调国土安全部（DHS）和联邦应急管理署（FEMA）与各地区协调行动。2018 年，FEMA 出台了《2018—2022 年度应急管理战略规划》，旨在进一步加强美国应急管理的专业化和综合化，并强调社区在国家防灾减灾中的重要作用，提出了建设全覆盖、综合性、立体化的应急管理体系。正是在这个阶段，美国确立了"韧性城市"（Resilience City）建设的目标，逐步深化韧性治理导向的应急改革。例如，卡特里娜飓风曾经对美国新奥尔良（New Orleans）造成了严重损害，城市面临严峻的社会问题，也推动了韧性城市建设之路。新奥尔良的改革主要体现在五个方面：第一，明晰灾害、聚焦本土，制定了城市全面升级改造方案，加入《全球 100 韧性城市》计划，在韧性城市政策指导下开展城市治理改革。第二，通过部门联动、明确专业分工构建协同管理体系，从州政府到市政府乃至社区组织层面均进行了应急管理改革，专门成立了"韧性城市中心"，制定了一套全新的灾害应急预案。第三，通过数媒介入，强化公众参与城市建设决策，譬如建立了"邻里规划网络"系统，为普通民众参与决策、城市灾后重建提供虚拟平台。第四，重视社区保险创新资金筹措，引入洛克菲勒基金会、新奥尔良基金会等提供资金资助，加强了新奥尔良城市的内外项目建设，强化了城市韧性和应急能力。第五，依托本土文化，引导全民抗灾，新奥尔良借助本土爵士乐文化、烹饪文化和影视文化等，获得民众价值认同，有效增强了城市的凝聚力和发展活力。

---

① 王德迅：《国外公共危机管理机制纵横谈》，《求是》2005 年第 20 期，第 59-61 页。

（二）日本公共危机管理改革

由于日本特殊的地理条件，其自然灾害频发，因此十分注重公共危机管理。20 世纪末以来，日本政府建立了一套从中央到地方的公共危机管理体制。总体上，日本公共应急体制发展大致经历了 3 个阶段，分别是自然灾害防治阶段、危机管理重新认知阶段和综合性危机管理建设阶段。

第一，以应对自然灾害为主的防灾体制阶段。该阶段主要指 20 世纪 60 年代至 80 年代初，面对地震、火山、台风等频发自然灾害的侵袭，日本着力自然灾害防治工作。早在 1961 年，日本制定了《灾害对策基本法》，通过立法规定了各主体的危机管理责任义务，使国家灾害治理走上法制化道路。此后，日本设立了以首相为会长的"中央防灾会议"，建立了"国立防灾科学技术中心""地震预报联络会"等一系列防灾机构。20 世纪 70 年代后期，日本逐步形成了由自然灾害治理为主的单一性防灾体系转向多灾种（环境污染等）的综合防灾管理体系。①

第二，危机管理重新认知阶段。20 世纪 80 年代初期，日本受到世界性石油危机的重挫开始关注"生存空间和经济安全问题"。1984 年，"内阁官房危机管理特命事项担当室"正式成立，该机构是日本政府首次设立的危机管理机构，主要制定针对恐怖活动、重大自然灾害及侵犯领地等政策。1986 年，日本设立了"内阁官房内阁安全保障室"与"内阁总理大臣官房安全保障室"，共同处理有关国家安全保障事务。自此之后，日本政府便逐步完善其国家危机管理架构，从"军事领域"逐渐扩大到"非军事领域"，建立起本国的公共危机管理体系。

第三，综合性国家危机管理体制建设阶段。该阶段主要指 20 世纪 90 年代以后，日本不断整合机构，优化国家应急机制。譬如，1995 年成立了"紧急召集小组"，负责应对首相官邸的突发事件；1996 年设立"内阁情报集约中心"，24 小时不间断搜集情报；2000 年成立首相府邸危机管理宿舍，要求遇到紧急事件，工作人员徒步 20 分钟可到达官邸；2003 年日本发射了收集应急情报卫星；2004 年成立"国际组织犯罪等以及国际恐怖活动对策推进本部"；2005 年，为加强网络安全，日本特设"内阁官房情报安全中心"。2013 年，日本开始关注国际化应急管理体系建设，2015 年日本政府基于对政府安全保障体系的调查研究，进一步完善了国家危机管理体系，

---

① 王德迅：《日本危机管理体制机制的运行及其特点》，《日本学刊》2020 年第 2 期，第 1-7 页。

成立"防灾推进国民会议"，意图将防灾减灾内化为全体国民的自觉行动。在长期发展中，日本形成了"自助、共助与公助"的"三助"灾害管理模式，其中通过的《灾害对策基本法》对"三助"模式做出了具体规定。

此外，日本各级地方政府也积极推动公共应急管理改革。如，东京都建立了知事直管型危机管理体制，设置局长级的"危机管理总监"，成立"综合防灾部"，统一应对各种危机事件。①在组织制度上强调三项功能：强化信息统管功能、提高危机事态和灾害应对能力、加强首都圈大范围的区域合作。通过组织架构改革，使政府部门明确在防灾和危机管理领域的共同问题，以加强区域合作与协调。

（三）俄罗斯公共危机管理改革

苏联解体后，俄罗斯在政治、经济、社会领域的各类公共危机频发，联邦政府强力推动危机治理与改革，逐步形成了一套相对完善的公共危机管理体制。当前，俄罗斯总体形成了以总统为核心、以联邦安全会议为决策枢纽、各部门分工合作协调的应急管理架构。

1992 年，俄罗斯成立了国家安全战略的重要机构——联邦安全会议。作为突发公共事件应急管理的中枢系统，该会议负责制定保障个人、社会和国家利益免受内外威胁的重要政策，统一指挥和协调各部委行动，设置了宪法安全、国际安全、独联体合作、军事安全、信息安全、生态安全等部门委员会，从安全情报收集与分析、风险预测、预案制定等方面着手，覆盖信息分析、协调行动、效果评估等危机决策全过程。2006 年，俄罗斯紧急情况部、内务部、联邦安全局共同创建了全俄人口密集人群信息和预警综合系统（ОКСИОН）。至 2019 年，这一系统在俄罗斯境内建立了 44 个信息中心、668 个终端设施，采集消息可覆盖 7000 多万人。除加强应急预警体制外，俄罗斯还完善了应急管理法律体系，制定了包括《联邦紧急状态法》《战时状态法》《反恐怖主义斗争法》《工业危险生产安全法》《事故救援机构和救援人员地位法》《公共卫生医疗保护法案》等一大批法律法规，为国家及公民提供法律保护。目前，俄罗斯已经形成了以《联邦紧急状态法》为根本大法，辅以 150 多部联邦法律和规章、1500 多个区域性条例以及大量总统令、政府令的应急法律体系。特别地，2016 年，俄罗斯以总统令形式批准了《2030 年前民防领域国家政策基本原则》，确立了国家安全

---

① 赵成根：《国外大城市危机管理模式研究》，北京大学出版社，2006，第 149-151 页。

及应急管理目标、任务、优先事项和落实机制。

总体而言，俄罗斯的应急管理体系属于"垂直统一型"。首先，俄罗斯应急管理体系的框架是纵向贯通、垂直管理，俄联邦、联邦主体、城市和基层村镇等各级政府均建立了专门的应急管理机构，同时，通过在俄联邦下设六个"区域中心"，强化紧急情况部的核心地位和权威领导。在此基础上，建立了"全国紧急情况预防和应对体系（USEPE）"。其次，俄罗斯在紧急情况部设立了信息中心，并且在每个居民点都设置了"信息员"，保障信息传递的末梢作用。最后，俄罗斯通过组建消防队、搜救队等多支专业应急救援队伍，并且建立专业的业务培训和考核体系，保障了强大的应急救援团队。在自然灾害处理方面，俄罗斯强化统一响应和联合应急体系，制定了多层次的灾害应对预案，重视大尺度的环境科学监测，对不同范围、不同性质的突发事件进行系统回应。

三、国外公共危机管理现实挑战

当今世界面临百年未有之大变局和新的动荡变革期，在经济全球化、政治多极化、文化多元化、信息数字化态势推动下，国际社会呈现出新的发展态势与新的全球挑战。全球公共危机事件多发频发，尤其是新冠肺炎疫情在世界范围内带来的深度冲击，对当代国家公共应急管理提出严峻挑战和考验。

第一，传统安全和非传统安全问题交织。从历史演变和发展来看，国外尤其是西方国家的公共危机应对受到意识形态和地缘政治影响，其危机处置带有浓郁的军事色彩。到了21世纪，全球的意识形态之争逐步淡化，技术进步和社会发展日新月异，当代国家涌现出许多非传统安全问题。传统的治理规则滞后，加之西方政治体制自身缺陷，导致公共危机管理面临多重困境，这在新冠肺炎疫情处置问题上暴露出诸多典型问题，可能面临"治理盲区"。同时应对非传统安全，西方国家政党、社会系统内部的认知也存在明显差异。比如，在新冠肺炎疫情防控过程中，中西方出现截然不同的表现。中国秉持"人民至上、生命至上"的根本理念，西方国家陷入治理泥潭，出现种种不作为表现，造成大量无辜民众死亡等严重后果，西方国家传统民主理念受到冲击，个人主义价值观和新自由主义理念遭到了广泛质疑。这种国际思潮的激烈碰撞也导致以美国为代表的西方国家存在社会分裂和政治极化加剧的风险，民粹主义、反智主义等极端思潮开始抬头，思想文化领域的认同危机逐渐蔓延。

第二，公共危机的全球化程度加深。风险的全球化是当代全球化进程中的重要组成部分，全球化是把"双刃剑"，带来积极进步的同时其负面影响是衍生风险的扩大。发达国家可能转嫁国内政治、经济、文化和社会矛盾，给全球公共危机管理造成更多不确定性。比如，2008 年的金融危机，经济领域的风险不断传导至全世界，冲击全球经济与社会稳定。此外新冠肺炎疫情使世界各国深受其困，要求各国能够协调合作，共同抗疫，然而在政治体制和意识形态作用下，全球性的抗疫"共同体"遭受巨大阻力，保护主义和单边主义思潮相互叠加，给全球化发展势头踩下了"急刹车"，导致全球产业链供应链严重受挫，全球经济面临衰退的风险。

第三，逆全球化割裂公共危机治理结构。一方面，随着欧美核心大国在全球博弈中的战略选择，一些大国试图脱离多边主义，树立"政治壁垒"，全球公共危机治理体系和合作环境受到挤压。特别地，在新冠肺炎疫情公共危机应对中，美国政府的"不作为""乱作为"，不仅使得自身国内疫情严重，而且对全球公共卫生体系造成恶劣影响。特朗普政府大肆鼓吹对华"脱钩"，导致"麦卡锡主义"反动思潮在美国重新抬头，甚至逼迫其他国家在中美之间站队，严重破坏国际关系的和谐稳定。另一方面，随着"金砖五国"等新兴发展中国家持续兴起和传统西方国家相对衰落，全球公共危机管理依托的国际格局和国际秩序发生明显改变。但是，由于新兴国家的话语权依然不足，导致新兴国家在参与国际事务和全球公共危机管理中受到阻碍，有效的制度支持不足。在"贸易保护主义""政治孤立主义"行为思潮下，公共危机管理缺乏多元主体的通力合作，不利于发挥国际社会的集聚力量，也会影响全球性挑战（如气候变化）的应对治理进程。

第二节　中国应急管理改革与体系构建

一、应急管理体系改革发展阶段

在中国社会语境中，应急管理体系是国家机关、军队、企事业单位、社会团体、公众等利益相关方在应对突发事件过程中体现的机构设置、领导指挥关系和管理权限等方面的体制、制度、方法、形式等总称。在经历了 2003 年非典危机、2008 年南方省份雨雪冰冻灾害和"5·12"汶川大地震后，我国推动并逐步形成了以"一案三制"为核心内容的应急管理体系建设。2006 年，国务院发布了《国家突发公共事件总体应急预案》；2007 年，《突发事件应对法》颁布并于当年正式实施。特别是党的十八大以来，我国正式设立了国家安全委员会和应急管理部，持续推动应急管理领域的广领域、深层次改革发展，取得了历史性成就。

（一）新中国成立至 2003 年：分部门、单灾种的应急管理模式

自古以来，我国面对各种天灾人祸积累了丰富的抗灾救灾经验，然而并没有建立起系统化、制度化的应急管理体制。新中国成立后，中国政府推动应急管理功能的组织机构按照不同的灾种单独设置，如国家地震局、卫生部、水利部等机构各自承担相应职责，履行抗灾救灾义务。1950 年，中央救灾委员会正式成立，1957 年，中央颁布了《中央救灾委员会组织简则》，这一时期的应急管理运作更依赖于议事协调机制，体现为突发事件发生后成立的相关应急管理部门或临时性的领导小组机构，比如新中国成立初期成立的水利部，负责抗击洪涝灾害等。整体来看，该时期的国家应急管理体制呈现分部门、单灾种的管理模式，社会领域及各个组织部门之间缺乏制度化、专业化的信息联结、协调与配合。

（二）2003 年至 2007 年：初步形成应急管理体系

2003 年"非典"事件暴发之后，应急管理工作受到党和政府的高度重视，大量应急管理方面的理论与国外实践研究不断兴起，共同推动了国家应急管理改革，但总体上在应对突发事件时依然表现出明显的单一灾种导向特征。按照科学发展观要求，我国政府从本国国情出发，逐步建立起"一案三制"的改革发展构想，国家应急管理体系建设全面起步。2003 年 4 月，国务院出台《突发公共卫生事件应急条例》；2003 年 11 月，成立了应急预案工作小组；2005 年 1 月国务院第 79 次常务会议通过了《国家突发公共事件总体应急预案》，基本形成了"横向到边、纵向到底"的应急预案框架体系。2007 年，《突发事件应对法》正式颁布，这是一部具有历史意义的应急管理领域专门立法，确立了"统一领导、综合协调、分类管理、分级负责、属地管理"的纵向集权式应急管理体制。

（三）2008 年至 2012 年：深化建设应急管理体系

2008 年，四川汶川"5·12"地震造成严重人员伤亡和财产损失，而此后发生在南方多省的特大冰冻雨雪灾害使铁路、公路、民航等公共交通严重停滞，在这两次重大突发自然灾害应急处置过程中暴露出一系列联动困境与体制短板，也激发了理论界和政府实务部门的反思，推动了有关改革行动。2010 年，《自然灾害救助条例》颁布，进一步规范了自然灾害应急救援工作。此外，2011 年浙江甬温线动车追尾事故，2013 年雅安地震等突发灾害事故也推动了应急管理专项层面的改革发展。总体来看，2008 年以后，我国应急管理体系在实践中不断充实完善，中央和地方各级政府均设立了"应急管理办公室"以应对突发公共事件。在应急管理体制上，逐步将传统的分部门、单一灾种的应急管理模式向着多部门、综合性的应急管理模式转变，应急管理体系效能受到更大关注。

（四）2013 年至 2018 年：提升综合应急管理能力

党的十八届三中全会明确提出要全面深化改革，"健全公共安全体系"，推动国家治理体系和治理能力现代化，在此背景下我国应急管理朝着更宽领域迈进，聚焦"统筹安全与发展"的战略要求，建立健全社会共同参与的应急联动机制。2013 年，中央国家安全委员会成立，各级党政部门党委书记及主要领导成为第一责任人，实行党政同责制度，逐步形成了"国家安全委员会+党政同责+部门协调"的国家安全与应急管理体制。2014 年，习近平总书记在中央国家安全委员会第一次会议上首次提出了"总体国家安全观"的概念，随后出台颁布了《国家安全法》。2018 年"两会"期间我国确立新一轮《国务院机构改革方案》，整合了 11 个职能部门与 13 个议事协调机构，组建形成全新的应急管理部，提高了应急管理的组织层次，以树立安全发展意识和全局观念为中心工作，加强对各类突发事件的预防与应急准备，秉持源头治理和动态治理模式，防患于未然。

（五）2018 年以来：构建"总体国家安全观"与"大安全大应急"

2018 年，按照《深化党和国家机构改革方案》，我国政府提出"形成统一指挥、专常兼备、反应灵敏、上下联动、平战结合的中国特色应急管理体制"，加强了党对应急管理工作的领导，党组织在各层级的应急管理中发挥领导作用，全面推进应急管理体系建设，不断提高国家应急管理能力和水平。此后，国家应急管理的信息化、专业化建设受到高度关注，应急管理格局与应急管理队伍得到持续优化。2019 年，我国发布《新时代的中国国防》白皮书，重申共同、综合、合作、可持续的安全观，不断完善国家安全体系。2020 年 12 月 11 日，中央政治局第 26 次集体学习会上提出，"坚持系统思维，构建大安全格局"，明确了要将应急管理工作融入国家大安全的总体思路，为新时代应急管理工作指明了方向。

二、应急管理体系建设重点

在过去十余年的应急管理实践中，我国政府主要围绕"一案三制"为主要内容推动应急管理体系建设发展，如何更有效地应对突发事件是应急管理的重心。随着当代社会风险和安全挑战的日益复杂化，应急管理体系正经历从全灾害管理到全过程管理、单一领域应急向"大应急""大安全"加快转变。面对时代发展需求，我国建设重点也发生一系列变化，应急管理体系建设主要表现为在党的统一领导下，各级政府部门、社会组织、企事业单位和公众协调配合，实现协同联动的安全治理格局。

长期以来，国内理论界与实务部门针对我国应急管理体系建设进行了深入探索，展现扎根本土的制度优势及突出短板，形成了若干反思性认知和丰富的研究成果。比如，中央党校钟开斌（2020）结合国家《突发事件应对法》，从应急机制的视角切入，将我国应急管理机制分为九大部分：即预防与应急准备机制、监测与预警机制、信息报告与通报机制、应急指挥协调机制、信息发布与舆论引导机制、社会动员机制、善后恢复与重建机制、调查评估和学习机制、应急保障机制，提出面向九大机制的系统性发展。南京大学张海波（2022）认为当前中国应急管理正在以体系建构为中心走向以效能提升为中心，并以效能提升驱动体系完善，在实践过程中形成了中国应急管理"安全优先"的目标机制、"一体多元"的结构机制和"计划适应"的过程机制，既反映突出优势也蕴含进一步改进方向。清华大学薛澜（2021）等针对我国应急管理体系历经 1.0 至 4.0 版本的升级发展，提出"五大转变"思路，即由传统管理思维向现代治理思维的转变，从应急处置导向转变为风险治理与应急管理并重，从行政负责转变为党政同责、一岗双责，从条块化应急管理转变为综合式应急管理，从政府主导应急管理转变为政府主导与政社协同并重，从动员式应急管理转变为规范化、标准化和信息化管理的理念更新。随着风险社会和数字时代的来临，运用数字技术提升应急管理能力已经成为创新应急管理机制的不二选择。郁建兴（2022）认为通过数字技术赋能与互动调适的模式能够对我国应急管理体制机制实现系统重塑，最终达到创新应急管理模式的目的。胡重明（2022）则认为通过数字技术应用和组织结构及管理之间的双向适应赋能，能够实现对城市治理和应急管理的整体智治。

伴随当代新兴风险、跨界危机、极端气候灾害的不断涌现和多重叠加，公共危机的不确定性对政府应急管理提出了更高要求。总体上，我国应急管理体系建设正持续推动发展升级，有研究者提出"第四代应急管理"的思维认知，新的历史发展阶段需要不断转变应急管理理念和建构全新应急管理逻辑框架。在实践探索基础上应坚持以提升适应性和总体安全为中心，充分发挥基于知识交互的专家共同体、经由资源流动连接的企业共同体、通过观点和情绪表达强化网民共同体作为结构性力量的作用，实现以结构优化为中心的整体性变革，并最终推动中国应急管理体系建设升级。

拓展阅读

国务院印发《"十四五"国家应急体系规划》（部分或节选）

国务院日前印发《"十四五"国家应急体系规划》（以下简称《规划》），对"十四五"时期安全生产、防灾减灾救灾等工作进行全面部署。

《规划》指出，坚持党的领导、以人为本、预防为主、依法治理、精准治理、社会共治，到2025年，应急管理体系和能力现代化建设取得重大进展，形成统一指挥、专常兼备、反应灵敏、上下联动的中国特色应急管理体制，建成统一领导、权责一致、权威高效的国家应急能力体系，防范化解重大安全风险体制机制不断健全，应急救援力量建设全面加强，应急管理法治水平、科技信息化水平和综合保障能力大幅提升，安全生产、综合防灾减灾形势趋稳向好，自然灾害防御水平明显提升，全社会防范和应对处置灾害事故能力显著增强。到2035年，建立与基本实现现代化相适应的中国特色大国应急体系，全面实现依法应急、科学应急、智慧应急，形成共建共治共享的应急管理新格局。

《规划》部署了七方面重点任务：一是深化体制机制改革，构建优化协同高效的治理模式。二是夯实应急法治基础，培育良法善治的全新生态。三是防范化解重大风险，织密灾害事故的防控网络。四是加强应急力量建设，提高急难险重任务的处置能力。五是强化灾害应对准备，凝聚同舟共济的保障合力。六是优化要素资源配置，增进创新驱动的发展动能。七是推动共建共治共享，筑牢防灾减灾救灾的人民防线。围绕上述重点任务，《规划》安排了五类共十七项重点工程。

资料来源. 国务院. "十四五"国家应急体系规划. http://www.gov.cn/xinwen/ 2022-02/14/content_5673462.htm. 2022-02-14.

三、新时代中国应急管理改革方向与展望

新世纪以来，全球新一轮产业革命、科技革命呼之欲出，新技术新产业新媒体迅猛发展，世界面临百年未有之大变局与变革动荡期，各类灾害、危机事件暴发的频次和强度增大，风险综合体特征愈加明显。党的二十大报告提出：我国发展进入战略机遇与风险挑战并存、不确定难预料因素增多的时期，各种"黑天鹅""灰犀牛"事件随时可能发生，我们必须增强忧患意识，坚持底线思维，做到居安思危、未雨绸缪。[①]在当代，自然灾害、新兴技术风险、极端气候变化、恐怖袭击事件等超越了传统的国界、行政边界和地缘政治，波及全球各个角落。一些国家和地区正面临着政治冲突、经济动荡、战争威胁、生态恶化、资源枯竭、恐怖主义等危机，社会不稳定因素增长，其传导效应也给我国某些发展领域带来不同程度的影响，因此，面对新形势，我国迫切需要创新应对形式，提升战略性安全治理能力。

习近平总书记指出："平安是老百姓解决温饱后的第一需求，是极重要的民生，也是最基本的发展环境。"并进一步强，"把公共安全工作放到经济社会发展大局中谋划，加快构建全方位、立体化的公共安全网。"[②]经过十余年的探索发展，中国特色应急管理体制基本形成，应急管理事业取得显著成就。特别是党的十九大以来，中国政府提出加强和创新应急管理工作的一系列新理念、新观点、新论断、新要求，对于指导新时代应急管理工作提供了强大思想基础和理论支撑，也是未来我国应急管理改革发展的基本方向。

（一）预防为主、防抗救相结合

回顾我国应急管理体系的改革历程，应急管理工作在治理体制、治理机制、治理法制、治理体系和治理理念方面均取得明显进步和经验。但是，随着经济社会快速发展和当代风险灾害危机的交织演变，尤其 2019 年以来新冠肺炎疫情的暴发对国家应急管理体系提出了更高要求和考验，我国应急管理体系需要进一步改革优化，不断强化综合性系统能力。

---

① 习近平：《高举中国特色社会主义伟大旗帜　为全面建设社会主义现代化国家而团结奋斗——在中国共产党第二十次全国代表大会上的报告》，人民出版社，2022，第 26 页。

② 新华网：《"平语"近人——习近平这样诠释"平安"》，http://opinion.people.com.cn/n/2015/0926/c1003-27637537.html。

按照传统"一案三制"为主要内容的应急管理模式，地方实践中依然表现出"畸强+畸弱"的局面，[①]一些应急管理领域也存在不充分不平衡的发展状况。比如，常规突发事件应急能力强，而非常规应急管理能力弱；事发中期应急响应强度大，而事前预防力度不足；省级层面统筹能力强，而基层应对能力弱等。这些突出问题亟待通过持续的改革发展进行解决。鉴于此，新时代中国应急管理改革必须坚持预防为主、防抗救相结合的综合理念，坚持常态减灾和非常态减灾相统一，从注重灾后救助向注重灾前预防转变，从应对单一灾种向综合减灾转变，从减少灾害损失向减轻灾害风险转变。一方面，需要对各领域、各层级的应急预案进行制度化规范化建设。应急预案的设置过程中，要注意实现"横向到边，纵向到底"的全覆盖，针对应用实践中的问题修订或编制各类预案，提高应急预案的编制质量和实效性。另一方面，要着力强化"防"的意识及关键举措。通过有预见性地防、科学高效地防，可以最大程度减少人员伤亡、减轻灾害损失，起到事半功倍的效果。同时应加强应急管理专业队伍建设，强化国家综合性消防救援队伍与社会力量参与的协同作用，使各类应急力量得到持续整合，有效提升国家应急管理队伍的专业化水平。

（二）新型国家应急体制

21 世纪以来，我国应急管理体制发生巨大变迁，整体性导向的应急改革持续推进，与西方国家传统的民防体制有着明显不同。第一，减灾防灾职能部门化。这主要体现在灾害管理成为政府的重要职能之一，减灾防灾工作被纳入党和政府的议事日程，灾害管理职能的重心和主体更加鲜明和丰富，实现了从经验管理到科学管理的理念转变。第二，应急管理职能系统化。在整合现有行政管理机构资源的情况下，充分发挥了专业应急力量的支持作用，综合协调型应急管理新体制基本确立。第三，应急管理职能常态化。通过多年的系统改革，初步形成了"统一指挥、专常兼备、反应灵敏、上下联动、平战结合"的应急管理体制。

构建集中统一、坚强有力的新型国家应急体制，是我国应急管理制度的显著特征。首先，明确中国共产党领导是中国特色社会主义制度的最大优势，必须坚持和加强党的集中统一领导，发挥中国特色社会主义制度的

---

① 王宏伟：《中国应急管理改革：走进"深水区"后面临的误解与质疑》，《中国安全生产》2019 年第 6 期，第 24-28 页。

政治优势、组织优势。其次，构建科学合理的应急管理组织架构。在横向上，既要发挥应急管理部门的综合优势以及自然资源、气象、水利、生态环境、交通运输、住房城乡建设、卫生健康、公安等相关部门的专业优势，又要健全国家减灾委员会、安全生产监督管理办公室、各级应急管理委员会等议事协调机构，发挥其牵头抓总、统筹协调的作用。在纵向上，要理顺中央和地方的职责关系，加强中央统筹指导和地方协同支撑作用，坚持"分级负责、属地管理为主"的总体原则，进一步强化地方党委和政府在突发事件应对中的主导作用、主体责任，构建"大安全""大应急"的建设思路。

（三）应急管理法制和机制建设

2022 年，国务院出台的《"十四五"国家应急体系规划》中明确提及，要不断健全防范化解重大安全风险体制机制，增强全社会防范和应对处置灾害事故的能力，到 2035 年，建立与基本实现现代化相适应的中国特色大国应急体系。为了将中国应急管理体系特色和优势更好地转化为应急治理效能，一方面，需要夯实应急法治基础，培育良法善治的全新治理生态；另一方面，需要深化应急管理机制改革，构建优化协同高效的治理模式，提高应急管理效能。

夯实应急法治基础，培育良法善治的全新治理生态，可以通过完善法律法规架构、严格安全生产执法、推动依法行政决策和推进应急标准建设来实现。未来，需要持续对应急管理法制体系进行革新，提升应急立法的前瞻性、系统性、适应性和科学性。首先，要实现从"预测—应对"向"情景—应对"的应急决策范式转化，譬如在新冠肺炎疫情背景下制定的《中华人民共和国生物安全法》（2020）便是一种前瞻性举措；其次，要修订完善以《突发事件应对法》为主体的应急法律体系，健全《突发公共卫生事件应急条例》等应急法规，细化地方性法律法规等；再次，要增强应急法制的适应性，确保对非常规重大突发事件的灵活、科学处置；最后，要坚持正确的立法原则，确保程序法和实质法的有序、合理衔接。

构建协同高效的治理模式，可以通过优化应急联动机制和提升应急管理效能机制来实现。前者从强化部门协同和区域协同着手，充分发挥相关议事协调机构的统筹作用，发挥好应急管理部门的综合优势和各部门的专业优势，同时加强跨区域协调联动，强化各区域间的互助调配衔接。后者则通过构建"安全优先"目标机制、"一体多元"结构机制和"计划适应"过程机制来实现。换言之，通过目标、结构和过程的共同作用，在全社会牢固确立安全发展的价值观，推动政企、政社、政民多元主体协同行动并发挥整体性优势，实现对不确定性突发事件的动态应对。

（四）全球危机治理支持体系

面对全球性风险危机，中国政府倡导人类命运共同体理念，追求本国正当利益同时兼顾他国合理关切，在践行总体安全观的过程中"统筹自身安全与共同安全"。随着当代全球化、信息化快速发展，风险和公共危机的全球传导效应愈发突出，应急管理也不仅仅是一个国家的工作，更需要世界各国通力合作、协调配合、构建全球危机治理支持体系。这一体系的建立离不开两个方面：一方面，打破社会制度隔阂，跨越意识形态藩篱。从"地球村"生存发展的战略高度出发，以人类命运共同体理念强化各国应急合作与政府改革行动。另一方面，充分利用物联网、区块链、大数据等新兴技术，破除地理空间界限及阻碍，增强全球性风险预警预控能力，推动全球危机治理联动应对，充分发挥应急管理数字化、智能化应用效能。例如，可以利用卫星遥感技术手段介入灾害治理，从平台、工具、地理、信息、决策等维度，构建可感知、情境化的联合应对应急响应框架，增进国际抗灾救灾合作。此外，应重视应急管理实践中社交媒体的作用，优化交互式通信平台，构建可有效跨越地理阻隔的国家间协作式风险沟通模式，提高跨国应急数据处理及应用能力。

本章小结

当代社会发展日新月异，各类风险及公共突发事件的危害和复杂性愈加凸显，考验各国政府应急治理能力，西方国家面对新的危机挑战已然做出相应调整和改革探索，具有一定启示意义。21世纪以来，我国政府始终坚持统筹发展与安全的战略思想，着力推动全方位宽领域的应急体系改革，应急管理事业取得历史性成就，基本形成具有中国特色的大国应急体制，提升了应对各类突发事件的治理效能。未来，需要继续发扬改革创新精神，加快补短板强弱项，防范化解重大风险，推进应急管理体系和能力现代化，为建设社会主义现代化国家创造良好的安全环境。

关键词

应急管理改革　治理效能　中国特色应急管理体系

复习思考题

1. 以西方特定国家为例，分析其应急管理体系构成及改革特征。
2. 我国公共部门应急管理体制面临着哪些现实挑战？
3. 简述新时代中国应急管理改革思路与体系构建。

拓展阅读

如何创新性推进地方应急管理体系改革（节选）

《中共中央关于深化党和国家机构改革的决定》要求，改革应"加强、优化、统筹国家应急能力建设，构建统一领导、权责一致、权威高效的国家应急能力体系"。为此，通过改革加强职能作用、优化结构布局、统筹工作机制，是这一轮应急管理体系改革的应有之义。

改革前，省、市、县三级都设立很多个专项突发事件应急指挥部，由主管政府领导任专项指挥部指挥长，指挥部办公室设在主责部门。对此，可考虑构建省、市、县应急总指挥部，办公室职能组可设立综合协调组、情报信息组、应急专家组、调查评估组、秘书组。总指挥部下设事件应对类专项指挥部与应急保障类专项指挥部。前者主要包括防汛抗旱指挥部、抗震救灾指挥部等自然灾害、事故灾难、公共卫生事件、社会安全事件类应急处置的专项指挥部。后者主要包括交通保障指挥部、通信保障指挥部、医疗救治指挥部、群众安置指挥部、物资保障指挥部、社会治安指挥部、基础设施恢复指挥部等。

各级政府可在预案中规定本级政府对突发事件的两级至多级响应机制。当突发事件可以由主责部门牵头应对时，就仅仅启动某个事件应对类专项指挥部；当突发事件需要党委政府牵头应对时，就启动本级总指挥部。为了明确指挥权责，总指挥部的响应也可以再细分为若干级别（也可以不细分）。例如，在省一级，对于需要由省级指挥的重特大突发事件应急响应最多可分为四个级别。

一是省级四级响应，即专项指挥部响应。启动条件是发生重大突发事件，且只需要行业系统应对。这时只启动某个突发事件应对类的专项指挥部，由政府相关副秘书长或主管部门主要负责人任指挥长，相关部门副职领导任副指挥长，成员单位由直接相关的少数部门组成。

二是省级三级响应，即总指挥部+多个专项指挥部响应。启动条件是发生重大突发事件，需要省级多个系统应对。这时可启动省级应急总指挥部，启动一个或多个突发事件应对类专项指挥部，根据需要启动相应的应急保障类专项指挥部。总指挥由主管副省长担任（可不设常务副总指挥、副总指挥），成员包括相关部门厅级领导。

三是省级二级响应，即总指挥部+多个专项指挥部响应。启动条件是发生特别重大突发事件，需要省级多个系统应对。这时可启动省级应急总指挥部，启动一个或多个突发事件应对类专项指挥部，根据需要启动相应的应急保障类专项指挥部。总指挥由省委常委副省级领导担任，副总指挥由相关副省级领导担任（可不设常务副总指挥），成员主要包括相关部门厅级领导。

四是省级一级响应，即总指挥部+多个专项指挥部响应。启动条件是发生特别重大突发事件，需要省级多个系统应对。这时可启动省级应急总指挥部，启动一个或多个突发事件应对类专项指挥部，启动全部应急保障类专项指挥部。总指挥由省委省政府主要领导担任，省委常委副省级领导担任常务副总指挥，相关副省级领导担任副总指挥，成员包括公共安全应急管理委员会全体成员。

为了支撑上述应急响应机制，需要重构突发事件应急预案体系。在新架构下，只需编制一个总体应急预案和各个部门的部门应急预案这两级预案。而总体应急预案除了正文，还要包括两类附件：一是突发事件应对类专项预案，二是应急保障类专项预案。各个附件分别与相应的专项指挥部相对应。这样的机制设计其实也是各地在应急实践中的惯常做法，避免了原来各专项应急预案重复规定各部门职责的情形。

资料来源：学习时报. http://www.ccps.gov.cn/dxsy/201906/ t20190617_132381.shtml.

参考文献

[1] 王燕青、陈红.《应急管理理论与实践演进：困局与展望》,《管理评论》2022 年第 5 期

[2] 潘志高.《试论美国公共危机管理的全社会模式》,《湖南科技学院学报》2018 年第 1 期

[3] 王曼琦、王世福.《韧性城市的建设及经验——以美国新奥尔良抗击卡特里娜飓风为例》,《城市发展研究》2018 年第 11 期

[4] 林亦府、孟佳辉、汪明琦.《自助、共助与公助：日本的灾害应急管理模式》,《中国行政管理》2022 年第 5 期

[5] 李思琪.《俄罗斯国家应急管理体制及其启示》,《俄罗斯东欧中亚研究》2021 年第 1 期

[6] 黄杨森、王义保.《发达国家应急管理体系和能力建设：模式、特征与有益经验》,《宁夏社会科学》2020 年第 2 期

[7] 王亚军.《新冠肺炎疫情与亚洲安全治理转型》,《世界经济与政治》2021 年第 1 期

[8] 钟开斌.《螺旋式上升："国家应急管理体系"概念的演变与发展》,《中国行政管理》2021 年第 5 期

[9] 张铮、李政华.《中国特色应急管理制度体系构建：现实基础、存在问题与发展策略》,《管理世界》2022 年第 1 期

[10] 马宝成.《坚持总体国家安全观全面推进新时代应急管理体系建设》,《国家行政学院学报》2018 年第 6 期

[11] 凌胜利、杨帆.《新中国 70 年国家安全观的演变：认知、内涵与应对》,《国际安全研究》2019 年第 6 期

[12] 钟开斌.《"一案三制"：中国应急管理体系建设的基本框架》,《南京社会科学》2009 年第 11 期

[13] 张海波、童星.《中国应急管理效能的生成机制》,《中国社会科学》2022 年第 4 期

[14] 郁建兴、陈韶晖.《从技术赋能到系统重塑：数字时代的应急管理体制机制创新》,《浙江社会科学》2022 年第 5 期

[15] 胡重明、喻超.《技术与组织双向赋能：应急管理的整体智治——以杭州城市防汛防台体系数字化转型为例》,《浙江社会科学》2022 年第 7 期

[16] 周利敏、钟娇文.《应急管理中社交媒体的嵌入：理论构建与实践创新》,《中国行政管理》2022 年第 1 期

[17] 薛澜、沈华.《五大转变：新时期应急管理体系建设的理念更新》,《行政管理改革》2021 年第 7 期

[18] 张海波.《中国第四代应急管理体系：逻辑与框架》,《中国行政管

理》2022 年第 4 期

[19] 张海波.《新时代国家应急管理体制机制的创新发展》,《人民论坛·学术前沿》2019 年第 5 期.

[20] 刘一弘、高小平.《新中国 70 周年应急管理制度创新》,《甘肃行政学院学报》2019 年第 4 期

[21] 钟开斌.《国家应急管理体系：框架构建、演进历程与完善策略》,《改革》2020 年第 6 期

[22] 国务院. 国发[2021]36 号. 国务院关于印发"十四五"国家应急体系规划的通知[A/OL]. [2022-07-25]. http://www.gov.cn/zhengce/content/2022-02/14/content_5673424.htm?spm=C73544894212.P59511941341.0.0

[23] 周振超、张梁.《非常规重大突发事件"紧急行政"模式的法治优化》,《中国行政管理》2021 年第 2 期

[24] 刘明松.《在联合抗疫中推进人类卫生健康共同体构建》,《人民论坛》2020 年第 28 期

[25] 周利敏.《面向人工智能时代的灾害治理——基于多案例的研究》,《中国行政管理》2019 年第 8 期

下篇 案例研究

案例一：极端热浪灾害及其应对——以美、加、澳、印四国为例

案例正文

摘　要：全球气候变暖环境下，世界多地面临极端天气灾害的侵袭，复合、链式、不确定风险暴露，给各国政府应对能力提出严峻考验。作为自然气候型灾害，极端热浪灾害的受灾面广、破坏性强、可控力弱，这在近年来出现的全球系列灾害中得以充分体现。本案例以级联效应、社会脆弱性、应急准备理论为基础，分析 2021—2022 年夏季加拿大、美国、澳大利亚和印度四个不同纬度国家的热浪灾害事件，追溯灾害背后暴露出的突出问题，并提出若干建设性应对思路。

关键词：热浪；级联效应；社会脆弱性；极端天气

一、引言

在当代，全球气候变化的一个显性后果是极端天气事件发生频率和强度增加，高温热浪是其中代表之一。高温热浪是一种全球性的极端气象灾害，会引起个人身体的严重不适以及经济社会系统损害，热浪持续时间长、强度大，就会超出人体的承受极限，进而导致热射病等关联疾病甚至死亡。

目前，关于热浪的科学研究一部分采用绝对温度阈值来进行定义。世界气象组织（World Meteorological Organization，WMO）曾提出连续超过 3 天及最高气温超过 32℃，记为一次高温热浪事件。本案例根据 2021、2022 年发生在不同纬度、经度地区国家的热浪现象，分析极端高温热浪引发的系列灾害，由此破解治理困境，提出有针对性的启示建议。

二、全球各地热浪情况

（一）加拿大

2021 年 6 月，持续热浪袭击加拿大中西部地区，从不列颠哥伦比亚省一路至萨省南部地区，热浪冲破历史高温记录。当地环境部气象学家卡斯泰伦（Armel Castellan）表示："很多国民都没有见过这种情况，更没有记录在案。"不列颠哥伦比亚省的根据《外国地名译名手册》利顿市（Lytton），是加拿大本次热浪的重灾区，接连三天打破全国高温记录。第一次以46.6℃的最高温打破了往年记录，比此前记录高出 1.6℃，而不出 24 小时利顿市又以 47.9℃打破记录。6 月 29 日，利顿市气温高达 49.6℃，第三次打破全国高温记录，还打了破北纬 45°以上地区的高温记录，而上一记录的保持者是 85 年前美国北达科他州的斯蒂尔市创下的 49.4℃的记录。

不只利顿市，整个不列颠哥伦比亚省的各市都在不断打破高温记录。截至 7 月 1 日，不列颠哥伦比亚省共有 59 个气象站创下各自的最高温度记录，最终诞生了 103 项当地历史最高温记录。专家们在分析预测天气时也震惊不已："这是在不列颠哥伦比亚，它紧挨着落基山脉和冰川国家公园，而我们能看到的却是典型的中东或北非的天气！"

往年风和日丽的天气 2021 年突然变了，当地民众对此措手不及。与喜好使用空调地区的民众不同，不列颠哥伦比亚省民众遇到这种罕见的极热天气只能"取水自救"。据调查，2020 年全省只有约 34%的住户家里有冷气，而现在沃尔玛的风扇早已售罄。居民们带上游泳装备，冲向海里。不列颠哥伦比亚省内的水域、天然河流、户外游泳池里乃至有水的小池子里人山人海，形成"人浪"。即使到了夜间，气温也丝毫不降，夜晚平均气温超过本地往常的日间最高气温，民众甚至会在水里过夜。

不列颠哥伦比亚省各地承受着高温的侵袭，而利顿村还面临着另一个威胁，一场林火迅速蔓延，村里和周边地区民众被迫逃离居住地。据统计，加拿大西部近期遭遇的破纪录高温天气，已造成上百人丧生，山火情况持续恶化。极端的高温天气不仅使本地人民难以忍受，也对基础设施造成了严重破坏。高温导致沥青路面坍塌；轻轨车辆的电缆熔化了，被迫暂停服务；落基山脉的一些雪盖也被热化了，导致湖区水面迅速上升，官方不得不出台"离远点"的警示。7 月 2 日，加拿大广播公司报道："不列颠哥伦比亚省共有 168 起活跃山火。位于坎卢普斯市斯帕克湖附近的山火最为严重，已被列为失控状态，过火面积预计会达到 310 平方千米。"

从奥克那根谷地到汤普森-尼克拉地区的上空，山火浓烟覆盖（见图1），空气质量严重降低。据加拿大环境部的预报显示："这样的情况未来还会持续几天，当地民众也许会出现咳嗽、喉咙痒、头痛和呼吸急促等现象。"

图1　极端热浪导致山火燃烧蔓延

（二）美国西部

2021 年 6 月，美国西部出现超高温天气。6 月 27 日，美国俄勒冈州波特兰市发布通报称当地气温已达 43℃，打破 1981 年的最高温记录。近期，美国有 4 千多万人生活在 37℃ 以上的人体不舒适气温中，当地民众说："以前我们经常看到最高温 37℃，如今变成了 43℃～48℃！"美国国家气象局工作人员库克说到："我们正在经历创纪录的高温，每一天的温度都在刷新纪录，预计还将面临较长一段时间的高温，这对我们来说非常罕见。"美国本土位于北纬 25 度～北纬 49 度，属于高纬度地区，而美国西部地处北回归线以北，西邻大西洋，西部常年以温带海洋性气候和地中海气候为主，此次遭遇热浪灾害实属罕见。

在美国华盛顿州西雅图市，人们走在路上就像是掉进了大蒸笼，裸露的皮肤会有明显灼烧感。很多老旧公寓或大楼没有安装空调，而连续高温热浪使得西雅图市各大商场的空调被抢购一空，人们只能找有空调的餐厅、酒店等地避暑。

热浪不仅使人难以忍受，也严重威胁人们的生命安全。俄勒冈州一位法医表示，"已有 83 人在高温天气中失去生命"。6 月 25 日至 7 月 1 日，华盛顿州卫生机构报告 2000 多例可能与极端高温天气相关的急诊病例，78 例死亡病例，热浪造成的人员伤亡与日俱增。截至当地时间 7 月 5 日，仅美国俄勒冈州一地就有 99 人死于高温。热浪还导致美国多地山火爆发，美国加利福尼亚州山火已经导致至少 8000 名居民被迫撤离，7 月 15 日，美国中西部出现 60 余处山火，共计肆虐 10 个州地区，总面积 4000 平方千米。事实上，多日高温天气，使美国山火蔓延加快，美国加州山火燃烧面积达到 362 平方千米，而俄勒冈州山火更是吞没了 621 平方千米。

热浪使得美国各地的供水供电系统失灵。在硅谷，政府直接颁布了强制性的"节水令"。农民甚至将大树连根拔起，以此减少水源的消耗。美国犹他州更是出现令人瞠目的一幕，州长考克斯在呼吁民众减少用水的同时，呼吁祈求"神"的帮助，以"祈雨"的方式试图增加水的来源。据美国专业追踪停电情况的网站"Power Outage"数据显示，截至 21 日，威斯康辛州和密歇根州已经出现了 56 万起停电事故，80 多万户居民受到影响。此外，邻近的纽约、宾夕法尼亚、马里兰和弗吉尼亚州也受到严重影响，纽约州有 46 319 户停电，纽约市内出现 12 000 多起停电事故，布鲁克林和皇后区受灾最为严重。

（三）澳大利亚

随着北半球开始步入冬季，南半球开始进入一年中最炎热的季节——夏季。位于南半球的澳大利亚多地被炎热的气温折磨，从国家气象台最新报告来看，澳大利亚多地已被极端热浪吞噬。

2022 年 1 月 13 日，澳大利亚一个偏远海滨小镇的温度达到 50.7℃（123.26 华氏度）。与此同时，另外两个小镇马迪（Mardie）和罗伯恩（Roebourne）温度也已超 50℃。27 号，澳大利亚首都堪培拉市气温达到 39℃，而西北部马布尔巴镇的气温更是一度高达 49℃，当地气象部门预计，悉尼墨尔本以及阿德莱德等地区的平均气温可能会比往年高出二十多摄氏度，有望成为有史以来最热的 12 月。

热浪天气使得西澳大利亚州发生森林大火，多座建筑被烧毁（见图 2）。消防部门发布紧急预防警报，要求处在危险地区的居民尽快撤离，或者待在家中不能随意外出。政府部门还在体育馆建立了一个临时疏散中心，250 多名消防员和飞机赶往火场救援。不过，干燥的天气和强风给灭火工作增加了很多难度。

图 2　西澳大利亚州森林大火

澳大利亚绝大多数植被是桉树，超过 70% 的火灾主要是因为受到桉树的影响。一旦发生火灾，桉树富含油脂的树叶会帮助火势扩展蔓延，因此当地比其他地区更容易发生森林火灾。这次热浪使当地民众担心，高温热浪将会加剧森林的燃烧程度，甚至会给当地带来不可磨灭的灾难。此外，在热浪侵袭下，澳大利亚大堡礁 91% 的珊瑚因白化而受损，热浪使年产值达 44 亿美元的澳大利亚葡萄酒产业难逃一劫。据报道，澳大利亚最南部的塔斯马尼亚 3 月 2 日气温达到 39.1℃，是 131 年来的最高纪录。

（四）印度

从 2022 年 3 月份开始，印度正在经历一场极其罕见的热浪灾害。多地气温达到了过去 122 年以来的最高气温。印度首都新德里的气温也持续高升，持续一周左右都高达 40℃，遭受同样状况的还有西北部的超过 22 个城镇，正在经历超过 44℃ 的高温天气。

由于对全天候空调风扇的需求，电力供应成为印度政府面临的一个大问题。频繁的停电在印度变得十分常见，每天停电时间在 2～8 个小时不等。印度电力的短缺主要是由于供煤不足，印度 70% 的电力来源于燃煤供电。印度煤炭有限公司（Coal India Limited，CIL）负责人说："由于发电量呈螺旋式上升，对煤炭的强烈需求持续增加，4 月份 CIL 对印度发电厂的煤炭供应量增加了 6.7 万吨。"然而，政府没有提前做准备，大规模停电发生之后，只能猝不及防地四处借煤来燃烧发电。

部分学校也因为持续上升的高温而宣布关闭，印度西孟加拉邦首席部长说："孩子们许多都正在流鼻血，实在无法忍受这种热浪。"室外工作者面临更多痛苦，如建筑工人、农民等体力劳作者。农民本身的工作条件受到高温严重影响，赖以生存的小麦种植物等在热浪打击之下，产量迅速缩减。印度本身是世界第二大小麦生产国，而小麦是极易受气温影响的农作物，印度因高温全国各地小麦平均产量缩减了15%，有些受灾严重地区的产量甚至下降了50%。除了小麦等农作物受到严重影响，苹果和橙子等水果作物的产量也因高温热浪产量大幅缩减，给印度整体农业生产带来沉重打击。

附录

1. 热穹顶

"热穹顶"的学名叫作"阻塞高压"，经常出现在北半球中纬度的西风带区域内，太平洋东部阿拉斯加地区、大西洋东部到欧洲西北部是它最常光顾的区域，在亚洲则经常出现在乌拉尔山及鄂霍次克海地区。

大气中的高压循环产生大量的热量，与两侧的低压形成一面"热穹"。热穹顶就好比是有一个"高温盖子"盖在上空，穹顶内部都是热空气。地面的温度很高，靠近地面的空气会被加热，导致地面热空气的体积增大（热胀冷缩），热空气密度减小，热空气就会在热穹顶内部上升，但由于上方也是高气压，它会把上升的热空气压回到地面，这就使得地面的热空气温度升高，升高后继续上升，再被上方的高气压压回来，温度继续上升，这样一个循环导致温度越来越高。

2. 拉尼娜现象

拉尼娜现象就是太平洋中东部海水温度极速变得异常低的状况。

拉尼娜现象形成的原因是：东南信风不断吹向太平洋西部，致使西部比东部海平面增高，海水温度增高，气压下降，潮湿空气积累形成台风和热带风暴，东部底层海水上翻，致使东太平洋海水变冷（见图3）。

3. 联合国 IPCC 报告

联合国政府间气候变化专门委员会（Intergovernmental Panel on Climate Change，IPCC）由世界气象组织和联合国环境规划署于1988年联合建立，其职责是提供关于气候变化及相关风险的科学评估报告，并提出适应和减缓气候变化的建议。2021年IPCC发布了《气候变化2021：自然科学基础》的报告。报告警告说，热浪、干旱和洪水等气候事件的影响已经超过了耐受临界值。对此，南非开普敦大学特里索斯（Trisos）表示，气候变暖超过1.5℃，更多的生态系统和地球上更多的地方将达到适应极限。

图3　拉尼娜现象示意图

在这份最新报告中，IPCC 更加明显地展示了人为全球变暖的严重后果。最新科学更是预测了海平面上升、海冰融化、热浪、干旱和暴雨的情况。

报告中强调，因人类活动影响，最近频发的极端气候如加拿大、澳大利亚等严寒地区的热浪已经很明显地表达了自然对人类的"反抗"。此外，大气中91%的温室气体产生的热量被海洋吸收并导致了海洋热浪，由此引发了一系列严重后果，如像澳大利亚珊瑚礁的白化，海藻类大量繁殖和其他物种基因突变等。

案例分析

一、理论基础

（一）级联效应

1978 年，美国科学家唐纳德·凯斯勒（Donald·J.Kessler）提出"级联效应"或凯斯勒现象（Kessler Syndrome）。之后，级联这一概念不断地被应用到社会的各个领域，它是指先前的事件影响了后继的其他事件，且引发一连串的反应使原有影响不断传递、扩散的现象。

梅（May）在《更安全的未来：减少自然灾害的影响》中提出了级联灾

害模型，认为级联灾害是一个动态的系统，其分支树结构源于一个主要事件。他采用多米诺骨牌来理解级联效应，每一张倒下的骨牌都可以看作一个新的自然灾害，并且形成一个网络，产生一系列的连锁反应。级联效应常常被比喻成多米诺骨牌效应，但级联通常表示一件破坏性事件引发的连续性的不良现象或反应，多米诺骨牌效应则不带有贬义性质，在各个领域都有一定的理论解释和应用。

以亚历山大（Alexander）和佩斯卡罗里（Pescaroli）为代表的研究者认为"级联效应是灾害中出现的动态现象，由物理性事件或是初始化的技术失误或人为失误引发，并在自然系统、社会或经济层面对人类子系统造成一系列破坏。"综合来看，级联效应在当代社科会科学尤其灾害管理研究中应用广泛。本文将从热浪灾害这一案例来具体分析级联效应。

（二）社会脆弱性

脆弱性多被理解为自身被迫袒露在外部风险或干扰之下的系统状态，主要是指由于组织敏感性而缺乏对有害干扰的抗压能力。已有研究表明，暴露度、敏感性和适应能力是理解和评估脆弱性的主要维度。社会脆弱性是灾害社会学的一个研究方向，主要有两个分支，一个是社会脆弱性，另一个是经典灾害社会学。社会脆弱性理论建立在经典灾害社会学对灾害概念定义、类型分类的基础之上。学界对社会脆弱性的定义有多个方面，较为典型的是"冲击论"（灾害对人们的幸福和利益的打击损伤）、"风险论"（灾害发生的概率）、"呈现论"（灾害潜在的呈现状态）、"暴露论"（系统各个部分暴露在灾害之下的状况）。社会脆弱性具体是指社会团体、集体组织或整个国家在面临灾害的袭击之下，蕴含的内在受灾因素、受灾程度及应对灾害能力的大小。

作为极端气候的典型类型，极端高温代表非中间值的过高温度范围区间。伴随全球变暖背景，区域高温变得极为频繁。未来一段时间内，极端高温可能还会更加频发、影响持续范围更广。极端高温社会脆弱性是指高温环境下，社会系统遭受灾害的影响程度和应灾能力大小。这里的极端气候主要是热浪。

（三）极端灾害应急预警

近年来，高温热浪、暴雨洪涝等极端天气灾害频发，对各国的应急管理系统提出诸多挑战。极端天气应急预警，是在管理系统中构建一种对极端天气灾害事件具有免疫能力并且能有效防范的机制，是容纳自然、社会、政府治理要素的系统工程，体现了人类抗击外部灾害的认知水平与应急技术。及早预测，防患于未然，能够降低突发事件造成的危害。

此前，加拿大政府曾出现高温预警不准确、不及时的情况，并且把应对高温气候的职责下放至民众。美国气象局宣布的高温预警无人问津，澳大利亚、印度的气象局此前曾对高温天气做出预测，但并未引起社会大众重视，这类情况直接导致多人因高温丧生。

二、案例分析

（一）级联效应分析

2021、2022 年欧美、印度等地热浪迅速发展成为级联灾害，其间暴露出政府应急体系的组件缺失：如决策系统失灵、应对机制碎片化等。

1. 决策系统失灵

美国曾经提出标准应急管理系统（SEMS），该系统旨在增强政府部门对重大灾害的响应能力。系统分为五个层面，分别是：现场、地方政府、行动、地区和州。除了现场层面和行动层面处于相对事后的状态，地方政府以及地区层面、州层面都应当处于事前状态，而应急的预警系统作为政府实施相关举措的信号，在指挥、协调、控制等方面有着先导作用。此番多国发生的热浪灾害，气象局发布的高温预警无人问津，从气象局下行的多级部门并没有建立任何的防灾减灾措施，从而导致死亡人数急剧上升。应急管理不平衡和不充分问题突出，尤其是热浪灾害发生过程应急环节不到位。当预警系统启动，政府救援指挥缺失，从根本上是救援决策系统无法启动，防与救的关系不连贯，也暴露出西方国家对极端天气灾害的应急决策机制存在突出问题。

2. 应急机制碎片化

以多米诺骨牌为背景，这些由热浪导致的连续不同危机便是一张张倒下的骨牌，形成一系列连锁反应，导致民众、企业、政府没有及时跟进。在垂直的行政体制中，权力的过度集中或分散使得应急机制碎片化。极端高温天气引发美国西部多处出现大面积山火，仅靠当地消防部门救援是远远不够的，需要政府紧急调配更多不同领域、部门的救灾人员，必要时甚至要"越权行事"。此次欧美热浪危机中，横向部门与纵向部门之间缺乏有力的组织协调，在资源调动、安抚民众等方面没有迅速做出反应，甚至由于权力碎片化诱发冲突，缺少相关政策的弹性。

3. 级联效应凸显

持续高温热浪不仅使得上述四国民众面临生存挑战，还使得山火高发频发，粮食短缺、水电资源严重匮乏，甚至造成一定的生态危机。一系列的连锁反应亟待政府和社会解决。

转化为社会事件：热浪带来的是民众的恐慌以及对政府应急管理机制的不满，由此引发的社会危机难以在短时间内解决，政府与民众之间产生信任危机，引发更多社会矛盾冲突。

转化为经济事件：热浪引发的山火问题是本次级联效应中最普遍和最严重的一级，造成人民财产以及公共财物损失巨大。热浪导致的粮食产量锐减、水库水源减少、电力短缺，使得各国经济遭受到严重打击。

转化为政治事件：防治自然灾害，离不开政府的管控以及援助，政府作为灾害响应的主要力量，承担着极端天气灾害应对的主要职责。处置不力，极易触动民众对于政党、政治人物的不信任感，乃至引发更大的负面政治影响。

（二）热浪侵袭下的社会脆弱性分析

热浪产生的一个条件是热穹顶效应，即由于气压高低而形成的一种热气泵。然而热气泵的形成脱离不了全球变暖的大环境，以及随着城镇化进程而加剧的热岛效应。印度洪水肆虐，美国、加拿大山地大火，澳大利亚珊瑚礁白化都是热浪带来的自然效应。

加拿大受热浪影响较其他三地更为突出的原因是，加拿大所处纬度较高，普通家庭原先并未配置空调，热浪袭来时各大商场的空调被抢购一空，空调的生产工期较长且材料配置较为复杂，工厂无法实现紧急供应。美国也出现了因社会因素而加剧灾害的现象，热浪暴发时正值国内新冠肺炎疫情严峻时期，双重打击导致大量民众死伤。

四国高温热浪带来的一系列灾害伤害（见表1），其中一个共同之处是大规模停电，当地民众不仅日常用电照明无法保障，更主要的空调、风扇等降温设备也无法使用，造成一系列热浪致死事件。同时极高温度对农业、种植业、蓄牧业等造成重大影响。印度的小麦产量锐减导致其出口量严重下降；澳大利亚的葡萄酒、冬小麦和羊毛也遭了殃。

表 1　四国高温热浪受灾情况

类别	加拿大	美国	澳大利亚	印度
死亡人数	230 人（不列颠哥伦比亚省）	1500 人（年均）	203 人（一周内）	1300 人（2022 年度）
最高温度	47.9℃	49℃	50.7℃	近 50℃
伴生灾害	山火 200 多起	山火	海洋生物死亡、山火	洪涝、山火

（三）各国高温预警分析

1. 加拿大

此次极端热浪危机中，加拿大联邦环境部曾发布气象预测和高温预警，并建议中止一切户外体育竞赛或活动。在高温最恶劣的几天，政府宣布可以不必到单位工作，适量调整休假时间，对遭受热浪危害严重的地区发放基础物资和开设"消暑中心"。

然而，也有不少民众质疑。此次高温热浪来袭，不列颠哥伦比亚省很多民众被打得措手不及，纷纷抱怨"联邦高温预警不准确、不及时"，让普通民众猝不及防，导致多人因高温死亡。这也暴露出加拿大政府极端气候预警体系的缺失。

2. 美国

美国近年来多次遭受热浪灾害，居民及有关部门不以为意。此次受灾最为严重的是美国西部，尽管此前各州气象局曾发布高温预警，提醒民众采取必要措施，但是收效甚微。此番热浪灾害，气象局发布高温预警不及时，多级部门没有建立防灾联动系统，导致死亡人数快速上升。其中，联邦政府与地方政府救援协调明显不力，反映出应急决策系统的缺失，暴露出美国应对极端气候灾害上的深层问题。

3. 澳大利亚

2022 年，澳大利亚气象专家曾指出，极端天气覆盖范围将由西部向东南部延伸。新南威尔士和昆士兰出现零星火点时，澳大利亚当局督促民众为防备林火做好准备。对此，澳大利亚急救中心也发布类似预警，提示民众注意防暑降温，并增派了医生、护士、急救人员、急救电话接线员等人员上岗或随时待命，以防范最新热浪可能带来的冲击。

总体上，澳大利亚热浪预警措施相较于加拿大、美国更加迅速，应对工作也较为充分。

4. 印度

印度气象局曾发布高温天气红色警报，预计印度首都新德里、旁遮普邦、哈里亚纳邦、拉贾斯坦邦、北方邦和中央邦等大部分地区的高温天气或将持续，气温有攀升的可能性。印度前期有关热浪预警信息较为及时，但因地方政府应急物资不全、基础设施存在明显弊端等原因，热浪预警及应对效果未见明显成效，也造成一定范围的众多人员伤亡。

三、启示和建议

极端天气灾害对世界各国的应急管理体系提出严峻挑战。应对气候变化不力进一步激化极端气候灾害，级联效应引发政治、经济、生态、社会系统等一系列危机。强化预警和应急准备是未来应对极端热浪灾害必不可少的行动。

（一）确立以人为本的指导思想

传统的灾害预警系统以危险为中心，是一种专家驱动、自上而下的线性模型，往往忽视受威胁的目标人群的参与。联合国国际减灾战略强调，有效的灾害监测预警系统必须确立以人为中心的理念。决策者应当了解目标人群对灾害风险的感知水平，评估公众的防范水平以及应对能力，充分考虑民众的需求、知识结构和能力，根据公众的需求和现实问题制定防范措施。这对于极端天气灾害的应对理念与行动同样具有典型启示意义。

（二）强化高效的协调机制

极端天气灾害应对并不是一个单纯的技术系统，它包括众多减灾职能的机构组织、组织协调机制、信息交互网络等。有效的反应系统涵盖多个灾害管理机构，比如运输部门、通信部门、卫生部门、自然资源部门、生态环境部门等，一旦跨部门职能不能很好地融合发展，势必导致预警信息传播和应急响应行动脱节，进而造成不利的社会影响。

（三）依靠科技提高监测水平

增强极端天气灾害抵御能力，必须依靠科技手段提高气候的监测水平和预警服务。

先进的气候监测预警体系需要大量的技术支撑，包括监测传感器、数据处理分析、预测模型、通信传输技术等，将技术和科学知识相整合，可以精确鉴别灾害风险，降低公共资源损失。通过先进的监测技术获得极端天气信息也需要结合实际，将相关信息转变为通俗易懂的语言，以及时、清楚地向外部传递，便于民众及时防范。

（四）提高快速响应的能力

极端天气监测预警不仅体现在技术层面，更重要的是基于对风险灾害的响应并采取相应减灾行动的能力，有效备灾是减少灾害损失的关键。目前多数国家侧重于极端天气灾后响应和恢复，防备措施却往往是临时、碎片化的，缺乏整合性的组织协调。政府决策者需要根据各地实际情况制定应对措施，确立有效的防灾策略，确保应急场所、设施的完备性和安全性，增强社区和人群的应急响应能力。

（五）科学规划韧性城市建设

韧性城市是当代城市应对各类突发灾害的一种科学思维与应用。根据该理论，通过"暴露"层次分析，来着重衡量人类社群与灾害压力和扰动接近的程度，通过"敏感"层次分析，来诊断受外压和扰动影响而改变的程度；通过"适应"层次分析，评估承灾单元处理不利影响并恢复的能力。

针对以上三个层次分析极端天气灾害的社会脆弱性，并给出具体评估指标，有助于把握社会系统在极端气候条件冲击下的抗压能力，以便更好地采取应对措施。

参考文献

[1] 温哥华港湾.《加拿大为什么突然热浪来袭，打破高温记录？》，https://www.bcbaynews.com/news/2021/06/26/751818.html，访问日期：2022年6月19日

[2] 蓝星微观察.《北美可怕热浪来袭，风扇秒售罄》，https://baijiahao.baidu.com/s?id=1704038033307042510，访问日期：2022年6月19日

[3] 人民日报海外网.《加拿大168起山火正在燃烧，联邦政府欲派军队支援》，https://news.sina.com.cn/w/2021-07-03/doc-ikqciyzk3332401.shtml，访问日期：2022年6月19日

[4] 央视新闻.《加拿大山火仍在持续，火场已达200多处》，https://finance.sina.com.cn/tech/2021-07-07/doc-ikqciyzk3976990.shtml，访问日期：2022年6月19日

[5] Warald.《千年一遇热浪！直奔43度！》，https://blog.1point3acres.com/pacific-northwest-one-most-intense-heat-waves-ever-worst-still/，访问日

期：2022 年 5 月 6 日

[6] 上官新闻.《千年一遇！气象专家惊呆了：西雅图 47 度高温预警，多地严重旱灾！全球粮价又要涨？》，https://www.163.com/news/article/GDIMU0V500018AP2.html，访问日期：2022 年 6 月 10 日

[7] 中国新闻网.《54.4℃！极端热浪肆虐 加州死亡谷又迎惊人高温》，http://news.youth.cn/jsxw/202107/t20210711_13087301.htm，访问日期：2022 年 5 月 6 日

[8] 海外网.《数百人死于热浪，美国"高温之殇"暴露"制度伤痕"》，http://www.taihainet.com/news/txnews/gjnews/sh/2021-07-07/2528228.html，访问日期：2022 年 6 月 10 日

[9] 央视网.《澳大利亚西部遭遇热浪，引发林火》，https://tv.cctv.com/v/v1/VIDExjKTPYyi0bPGuhdLgNld211228.html，访问日期：2022 年 6 月 20 日

[10] 法新社.《检测报告称大堡礁 zai1 热浪中病倒 91%珊瑚逐渐变成白色》

[11] 澎湃新闻.《印度正在经历"测试人类生存能力极限"的热浪》，https://www.thepaper.cn/newsDetail_forward_17921556，访问日期：2022 年 6 月 20 日

[12] 许琦敏.《全球高温纪录接连刷新，气候变暖加剧"热穹顶"》，《文汇报》2021 年 7 月 15 日

[13] 张晓君.《级联灾害：一个理解系统风险和总体安全观的视角——兼论国外应急管理级联效应研究的新进展》，《国家治理与公共安全评论》2020 年第 2 期

[14] 周利敏.《社会脆弱性：灾害社会学研究的新范式》，《南京师大学报（社会科学版）》2012 年第 4 期

[15] 刘泽照、马瑞.《极端天气灾害预警：应急准备的核心要义及重点》，《中国安全生产》2021 年第 10 期

[16] 张惠、景思梦.《认识级联灾害：解释框架与弹性构建》，《风险灾害危机研究》2019 年第 2 期

案例二：江苏响水天嘉宜化工有限公司"3·21"特大爆炸事故——基于事故因果连锁分析

案例正文

摘　要：2019 年 3 月 21 日，江苏盐城市响水县天嘉宜化工有限公司发生特大爆炸事故，致使 78 人死亡，带来重大经济损失和社会影响。近年来，全国各类爆炸事故层出不穷，其中危化品爆炸事故占据了重要组成部分，造成严重的生命财产损失和负面社会后果。"3·21"响水特大爆炸事故背后有怎样的因果链条？安全生产如何实现有效监管？经济发展与环境保护之间如何做出平衡抉择？这些问题亟待予以回应。本案例以"3·21"响水危化品爆炸事故为分析对象，挖掘背后的衍生关系，揭示我国危化品安全生产事故的深层风险隐患，并由此归纳形成若干建设性思路，以期为健全我国政府公共部门安全生产监管提供参考。

关键词：博德事故；因果连锁理论；安全生产；"3·21"响水爆炸

一、火光乍现，殃及池鱼

大爆炸前期，对天嘉宜化工有限公司职工来说，几位来客引起额外注意，这些正是响水县安监局工作人员以及受安监局邀请的盐城市多位化工专家。据事后报道，天嘉宜化工厂电焊工姚师傅在事后采访中反映："那些人都进厂了，就是环保跟安全的，……爆炸之前就说要来，不知道着火，刚好进厂检查了，那个火就冒出来了。"

2019 年 3 月 21 日 14 时 48 分许，"达摩克里斯之剑"重重落下。悲剧让天嘉宜化工有限公司陷入深渊。方圆 500 米的房屋玻璃被震碎，房屋出现了不同程度的损毁：有的房屋墙体开裂，有的屋顶被掀开，甚至连铁皮做的房屋都被烧得不见原形，场面一片狼藉。事故的主要原因是该公司的化学储罐发生爆炸，已被损毁的两个巨大苯罐也成为焦点。爆炸的中心更是出现了一个直径约 150 米，深 4 米至 5 米的椭圆大坑，坑内的高浓度污水、周围黄色液体以及爆炸所产生的浓烟令人毛骨悚然。爆炸厂区附近有多所学校和住宅楼，此次爆炸事故更是殃及附近的 16 家企业，造成了不同程度的人员伤亡与建筑损毁。受爆炸冲击波影响，距爆炸点约 1.1 公里的 110 千伏金化变电站 2 台主变压器停运，距爆炸点约 550 米的 35 千伏化工变电站停运。

随着救援任务展开，死伤情况也在持续更新。截至当日 23 时 30 分，事故造成 62 人死亡，其中 26 人确认身份，36 人待确认身份，失踪 28 人。已救治的病人中，危重 34 人，重伤 60 人，还有部分民众不同程度受伤。直到 3 月 25 日 17 时 20 分得到最终信息：事故已造成 78 人死亡。

幸运的是，这场灾难的救援并未姗姗来迟，救援人员在爆炸后的短短 4 分钟便抵达爆炸现场进行救援，救援规模更是达到了十个城市的 30 个中队，共 86 辆消防车，389 名指战员。在江苏省救援总队指挥中心的指导下，于 15 时 50 分许将火势初步控制。救援力量还在不断增加，江苏省总指挥中心调派 12 个市的消防救援支队，共 73 个中队、930 名指战员、192 辆消防车，9 台重型工程机械前往现场参与救援工作。22 日 7 时许，约有 3500 名医护工作人员参与到伤亡人员的救治工作中去，接受医治伤员共 640 名。此外，还有 3000 名企业职工和近千名居民也被疏散到安全区域。

截至 23 日，救援人员已在事故现场 13 个区域、65 个网格开展了五轮地毯式搜救。盐城市 16 家医院共收治伤员 617 人，其中 523 人轻伤，大部分为头部、腹部、四肢等部位的擦划伤。3 月 25 日 0 时，响水爆炸事故搜救工作正式结束，消防员们成功搜救出 164 人，其中幸存 86 人。截至 3 月 25 日 12 时，共有伤员 566 人，其中危重伤员 13 人，重症 66 人。至 3 月 27 日 16 时，响水"3·21"爆炸事故各收治医院共有在院治疗伤员 465 人，其中危重伤员 7 人、重症伤员 34 人，新增出院 55 人。

二、疑云骤起，循象追踪

（一）追根溯源

江苏天嘉宜化工有限公司为何会发生如此严重的安全生产事故？此次爆炸究竟是偶然之失还是必然结果？当地监管部门是否做好隐患排查工作？众多疑团都需要通过追踪事故主体企业的前世今生来一一解开。

江苏天嘉宜化工有限公司由江苏倪家巷集团有限公司和连云港博昌贸易有限公司共同投资组成，占股比例分别达到70%和30%，主要生产项目为间苯二胺、邻苯二胺、三羟甲基氨基甲烷等多种高危化工品。大股东倪家巷集团有近二十家投资企业和五十多家子公司。天嘉宜的前身倪家巷化工有限公司因2007年无锡太湖蓝藻饮用水危机面临困境，得到盐城响水县抛来的橄榄枝后，企业最终向北转移。同年4月，天嘉宜入驻苏北第一家取得环保许可"绿卡"的盐城响水县陈家港化工园。

为何被淘汰了的化工企业却受到响水县的欢迎？主要源于处于苏北地区的响水县经济产值长期落后于省内其他地区，发展成为当地政府的一项迫切需求，"GDP政绩观"导向根深蒂固。据报道，当地政府对于吸引化工企业入驻采取极优惠政策，甚至大大低于苏南的土地出让价格。响水县招商引资，引进大批化工企业后，一跃成为"财政收入增收先进县"，陈家港化工园区也成为当地经济发展的中流砥柱。在此政策背景下，天嘉宜公司的生产能力大幅提升，被纳入响水"123工程"后备上市企业名单，并成为纳税大户、市县领导的主要调研对象、直接或间接为多家上市公司服务，产品远销北美、西欧。

然而，在众多荣誉背后，天嘉宜化工有限公司的种种劣迹被刻意忽略了。特别值得注意的是，2018年国家安全监管总局办公厅发布《国家安全监管总局办公厅关于督促整改安全隐患问题的函》（安监总厅管三函〔2018〕27号），其中有关安全隐患问题清单中，江苏天嘉宜化工有限公司被曝光有13项。

（二）监管之失

"3·21"爆炸案的发生与当地政府监管不力紧密相关。2016年至2018年，响水县环保局、盐城市环保局因天嘉宜公司违反大气污染管理、固态废物管理、环境影响评价制度等对其进行罚款7次，总罚没金额达159万元。2018年1月14日至1月19日，国家安全生产监督管理局在对江苏省盐城、连云港、淮安、徐州、宿迁等5市危险化学品安全生产工作进行督查时，发现天嘉宜化工有限公司存在13处安全生产漏洞，如：主要负责人未通过安全知识和管理能力考核；生产装置操作规程不完善，缺少苯罐区操作规程和工艺技术指标；无巡回检查制度；构成二级重大危险源的苯罐区、甲醇罐区未设置罐根部紧急切断阀；部分岗位安全生产责任制与实际生产情况不匹配等等。

据《中国新闻周刊》报道，有化工园区工人称，"当地安监部门每年都会进行例行的安全检查，但只是'走过场'的巡查，一些潜在的安全风险难以识别。"事后有天嘉宜公司员工称，"员工入厂后，厂方都会进行安全培训，并进行笔试考核。但这类安全培训大都流于形式""厂里管理相当混乱，招的工人层次参差不齐，多数是通过熟人关系相互介绍进来，招人的门槛很低。"

（三）多事之地

除上述因果关系外，"3·21"爆炸事故的发生与其所处地理位置亦有所关联（见图1），所在工业园区曾发生多起事故案件。

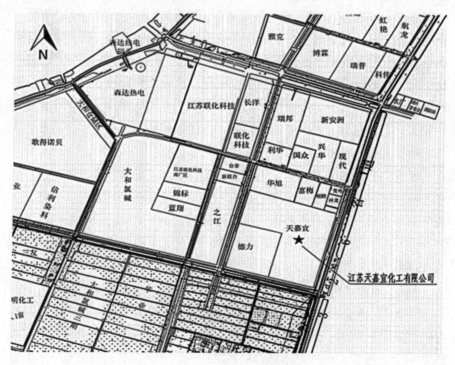

图1　天嘉宜地理位置及周边状况

2007 年 11 月 27 日，园区内的江苏联化科技有限公司因一只容积为 5000 升的重氮化盐反应釜温度超标而发生爆炸，8 人死亡、5 人受伤；

2010 年 11 月 23 日，园区内的江苏大和氯碱化工有限公司因操作工人违反规程而发生氯气泄漏，导致处于下风向的公司 30 多名员工中毒；

2011 年 2 月 9 日，传言盐城市响水县陈家港化工园区大和化工企业要发生爆炸，导致陈家港、双港等镇区部分居民产生恐慌情绪，当地近万名居民连夜外出逃命，致使该地区交通大堵塞，逃离过程中发生多起事故导致四人死亡。

2011 年 5 月 18 日，园区内南方化工厂发生重大火灾；7 月 26 日，该厂再度爆炸，两层楼的厂房蹿出三层楼高的大火。

三、风波初定，众说纷纭

（一）落幕见了局

"3·21"响水特大爆炸事件历经 4 天的救援工作终于初落帷幕，但爆炸事件所波及的范围之广、损失之惨重以及造成的社会反响之强烈令人难以忘怀。

数据显示，截至 2019 年 3 月 25 日，事故已造成 78 人死亡，共有伤员 566 人，其中危重伤员 13 人，重症 66 人，事故中死亡人数已超过 2018 年全年化工事故的 1/3。不仅如此，此次爆炸还造成难以估量的间接损失。事故发生后，响水化工园区满目疮痍，最终也难逃其终结的"宿命"。4 月 4 日，盐城市决定彻底关闭响水化工园区并支持各地建设"无化区"。当地公安机关于 3 月 23 日开始对该事故进行立案侦查，国务院事故调查组正式启动。4 月 3 日至 4 月 15 日，天嘉宜化工有限公司主要责任人及涉嫌虚假评价的中介组织相关人员共 26 人，被采取刑事强制措施。

（二）众人议短长

随着响水县陈家港化工园区的一声爆响，78 条鲜活的生命就此结束，"响水爆炸"被推上了舆论的风口浪尖。从百度指数搜索趋势来看，自 2019 年 3 月 21 日起搜索指数便迅速增加，3 月 21 日至 3 月 25 日短短 5 日内呈现爆发式增长。与此同时，随着第四次新闻发布会的召开，"3·21"事故现场指挥部公布响水爆炸事故的最新情况，当日的新闻头条媒体指数也达到峰值，引发社会广泛关注。

案例分析

一、引言

于企业而言，利益诉求与安全生产之间长期存在矛盾。在"鱼和熊掌不可兼得"的情况下，企业管理者往往会选择前者，而监管部门鉴于当地经济利益及政绩需求往往会对此现象熟视无睹，种种漏洞的存在最终造成一桩桩悲剧的上演。天嘉宜化工厂劣迹斑斑的"档案史"造成了此次危机事故的爆发，因此"3·21"响水爆炸事故的发生并非天灾，而在人祸。我国每年发生的安全生产事故不在少数，而这些事故发生的背后都存在着长期以来隐藏的危机与隐患，这些隐患环环相扣，像多米诺骨牌一样形成一系列连锁反应最终导致不幸。本案例以海因里希因果连锁论为基础，从事故的管理缺陷、工作原因、直接原因、事故以及损失这五个因素分析响水爆炸中的缺漏。在吸取此次事故经验和教训的基础上，为安全生产工作提出建设性意见和建议。

二、理论简述

（一）海因里希因果连锁论

海因里希因果连锁论，又称"海因里希模型"或"多米诺骨牌理论"。该理论认为，事故的发生不是孤立的，尽管事故在一瞬间爆发，但它是一系列隐患与危险长期积累的连环效应所致。海因里希模型的五个因素分别是：遗传及社会环境（M）、人的缺点（P）、人的不安全行为和物的不安全状态（H）、事故（D）、伤害（A），详见图2。其中，人的先天因素或社会的不良环境会诱发人的缺点，人的缺点会造成不安全行为或物的不安全状态，进而导致事故发生。这一理论借助多米诺骨牌解释了事故发生的因果连环效应，而解决安全事故的方法为：严格把控安全生产的环节，即防止发生人的不安全行为或物的不安全状态，从而打破多米诺骨牌连环反应，制止事故的发生。

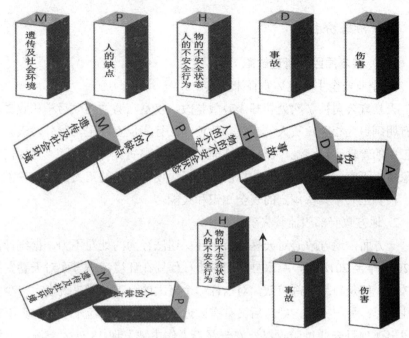

图 2　海因里希因果连锁论模型

（二）博德事故因果连锁理论

在海因里希因果连锁论基础上，弗兰克·博德（Frank Bird）又提出了事故因果连锁论，该理论认为，事故因果连锁包括：管理缺陷、工作原因、直接原因、事故及损失。事故的发生有三种原因：直接原因、间接原因和根本原因。直接原因即人的不安全行为或物的不安全状态，是一种表面的现象；间接原因即人的因素以及工作原因，包括人的动机、生理或心理问题以及工作环境影响、生产器械的不健全等；根本原因即管理缺陷、安全生产的不到位（见图3）。其中，管理缺陷是间接原因的主要因素，间接原因会引发直接原因的存在，最终导致事故的发生。

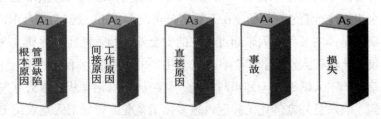

图 3　博德事故因果连锁理论模型

三、溯源分析

（一）根本原因：管理缺陷

1. 企业安全生产主体责任未落实

天嘉宜公司被 7 次处罚却未有效整改，仅是在缴纳罚款后稍稍收敛，没有明确追究相关负责人的责任，致使违法行为反复发生。此外，天嘉宜化工厂的管理比较混乱，在招聘方面存在很大弊病。"找关系""走后门"现象层出不穷，再加上招人的标准比较低，使得招进的工人素质也参差不齐，很多工人不具备规定的安全知识和技能。

2. 地方政府部门监管失责

一方面，地方政府对天嘉宜公司环保违法行为的处罚不力。据统计，自 2016 年至 2018 年，响水县和盐城市环保局在环境污染方面对天嘉宜罚款 7 次，但是罚款金额较低，对这样一个庞大的化工企业来说没有多少实质性作用；另一方面，处罚后没有有效追踪，工作只是流于表面。天嘉宜公司出现项目未通过验收以及安全督查工作中被发现 13 处大漏洞，但均没有彻底追踪整改到位，往往短暂停产后又继续生产。更离谱的是，整改仅涉及和环保问题相关的，未涉及与安全生产直接相关的，根本未达到复产的要求，但事实上天嘉宜是响水化工园区最早复产的企业之一，因此，其中政府监管责任的缺失不可逃避。

（二）间接原因：个人及工作条件的原因

1. 个人原因

第一，管理者缺乏责任心。天嘉宜公司是一家生产产品中包含苯这种极易爆炸化学元素的企业，根据规定，生产这种产品需要危险化学品安全生产许可证，但是天嘉宜公司的安全生产许可证却遍寻不到，这侧面反映出管理者的不负责任。此外，早在 2018 年国家安监总局对盐城市危险化学品安全生产进行督查时，已经在天嘉宜公司发现了 13 处安全生产漏洞，其中一项就是：主要负责人未通过企业的安全知识和管理能力考核。这证明不仅仅是一线工人，企业管理者对安全生产的重视度也不充足。

第二，工人缺乏安全知识与技能。据经济日报记者从响水县有关方面了解到，响水县陈家港化工园区内很多化工企业的一线工人是农民工，普遍缺乏足够的操作技能和安全意识，企业培训不足，操作不规范，这为安全生产埋下了隐患。

2. 工作条件原因

第一，公司产品多为高危化学品。天嘉宜化工有限公司主要生产项目为间苯二胺、邻苯二胺、三羟甲基氨基甲烷等多种高危化工品，本身就极易发生安全生产事故。苯产品挥发性极大，不加以隔绝会使人吸入并在体内产生苯酚，导致急性或慢性的苯中毒。此外，苯遇热、高温，或在一些空气不流通的条件下极易发生爆炸。

第二，区位选址不当。从地理位置上来看，天嘉宜化工有限公司的东侧是326省道，这个省道往来车流量很大，而且天嘉宜公司位于平原地区，爆炸所产生的冲击波没有遮挡物减缓。同时，化工厂没有避开住宅区和学校等人群聚集区。

（三）直接原因

1. 人的不安全行为

天嘉宜化工有限公司的日常生产行为处于懒散懈怠状态，而当安监、环保等相关部门对其内部进行相关检查时，各项工作才会提上日程，然而最终也只是流于表面。政府相关部门检查流于形式。尽管如此，天嘉宜公司还有许多蒙混过关的"作假"行为，在环保部门检查前，领导会通知大家提前做好准备，在一些环保检查项目的机器上动手脚，让焚烧炉"空转"，机器内本身没有东西，自然也就不会产生有毒物质。企业工作人员的作假行为和监管部门的不专业使得天嘉宜的危险生产恶性循环。

2. 物的不安全状态

根据事后调查，"3·21"响水爆炸事故的起火点可能是存放废料的铁棚仓库、苯罐或天然气站，但苯罐最先起火的可能性最大。

天嘉宜化工有限公司运送天然气的货车司机李华伟向《中国新闻周刊》回忆，爆炸发生前看见与天然气站隔着一片空地的蓝顶铁皮房起火。后经多位天嘉宜员工证实，"蓝顶铁皮房"为固废仓库，位于厂区内靠近经三路东侧的一片空地，专门用于堆放固体废物，通过卫星图片对比发现，此处如今已经变成一个直径百米的大坑。

（四）事故与损失

江苏盐城响水爆炸，已被明确为一起重大安全生产事故。这次爆炸事故波及范围极大，影响也很深，造成了一系列的财产和人员损失。人员伤亡方面，据最终数据统计事故共造成78人死亡，百余人不同程度受伤。财产损失方面也是极其惨重。

三、事故反思与建设性思路

（一）强化预防机制，实现安全预警专业化

预防机制的创建需考虑三方面：化工过程危害的分析、日常应急演练的加强、专业应急救援培训的强化。化工过程危害的分析方面可采用HAZOP 方法。该方法是目前众多石油化工企业和设计施工单位普遍接受的方法，在安全监测过程中帮助有效风险分析，包括通过 LOPA（Layers of Protection Analysis）保护层分析技术与 SIS（Safety Instrumented System）安全仪表系统维护，以降低生产过程风险成本。另外，还应加强日常应急演练与专业化应急救援培训。应急救助的演练有助于培养民众在危机事故发生时的冷静、有序，提高自我救助技能，减少事故发生时的人员伤亡。演练还能提高政府的应急管理能力，强化机关、企事业单位遇事应变速度，降低事故损失。

（二）搭建数据平台，实现多方信息系统化

在互联网时代，政府危机管理与安全监管离不开网络系统助力。数据平台是用于发布与企业安全管理相关的信息载体。一方面，可以为企业提供安全管理及安全技术相关指南、安全规范信息等；另一方面，基于大数据手段，帮助政府获取行业安全事故特征，便于精准处理。首先，政府将化工企业的安全状况上传至平台；其次，与该企业上一次检查结果进行比对，督促其弥补安全漏洞；最后，分析判断企业的风险系数，作出进一步的规划与调整。此外，信息平台还是社会多方监督手段，可将不涉密的企业安全监测信息以直白的方式对公众发布，企业也可通过平台登记安全信息，方便企业履行义务与权利。

（三）构建监管体系，实现监督主体多元化

伴随数字经济与后工业社会的到来，信息的透明化令社会压力提升。当政府部门及企业面临重大公共危机时，理性科学的公关工作不可或缺。媒体不仅要做事后问题的挖掘者，更要成为事前与事中的监督者，从而将压力传导至企业，推动企业安全整改。媒体的监督有助于减轻政府安全生产的监管工作，对企业安全生产形成较大冲击，进而为企业的安全生产监管增添动力。总之，多元化监管可以减少化工企业内部的安全隐患，在一定程度上实现政府工作的减量化，避免政企纠缠等扭曲行为。

参考文献

[1] 澎湃视频.《盐城爆炸：事发时两名安监人员现场检查》，https://www.thepaper.cn/newsDetail_forward_3181589，访问日期：2022年11月5日

[2] 人民日报.《江苏响水"3·21"爆炸事故调查报告公布》，https://baijiahao.baidu.com/s?id=1650321243446138182&wfr=spider&for=pc，访问日期：2022年11月5日

[3] 人民日报.《江苏响水爆炸事故应急救援工作继续进行》，http://www.gov.cn/xinwen/2019-03/24/content_5376340.htm，访问日期：2022年6月20日

[4] 中国新闻网.《响水爆炸搜救工作正式结束　搜救出164人其中86人幸存》，http://politics.gmw.cn/2019-03/27/content_32683360.htm，访问日期：2022年6月20日

[5] 新浪微博.《盐城爆炸企业背后的神秘大股东》，https://weibo.com/ttarticle/p/show?id=2309404352776527303816，访问日期：2022年11月5日

[6] 腾讯网.《盐城爆炸化工厂劣迹斑斑：环保复产报告301页，安评报告却难寻》，https://new.qq.com/omn/20190322/20190322A07P48.html，访问日期：2022年6月20日

[7] 法制日报.《响水爆炸事故暴露深层症结，安监有无不作为》，https://www.jfdaily.com/news/detail?id=143610，访问日期：2022年6月20日

[8] 中国新闻周刊.《响水爆炸头七追问：两年七遭处罚，谁给了他们我行我素的勇气》，https://baijiahao.baidu.com/s?id=1629155439121299798&wfr=spider&for=pc，访问日期：2022年6月20日

[9] 刘国愈，雷玲.《海因里希事故致因理论与安全思想因素分析》，《安全与环境工程》2013年第1期

[10] 牛聚粉.《事故致因理论综述》，《工业安全与环保》2012年第9期

案例三：城市高架桥如何承受生命之重？
——无锡"10·10"侧翻事故启示录

案例正文

摘　要：2019 年 10 月 10 日，江苏省无锡市 312 国道锡港路段发生一起桥面侧翻事故，造成重大经济损失和社会不良影响。近年来，我国道路超载事故频发，不仅加剧了运输行业恶性竞争，而且给公路桥梁等公共交通设施和社会安全造成了极大威胁。如何打破城市超载事故背后隐藏的利益链条？如何运用现代科技手段和管理工具对超载进行全方位监管？如何形成常态化和非常态下的回应机制？这些均考验各级政府部门协同治理以及城市道路公共安全监管能力。本案例以"10·10"无锡高架桥侧翻事故为分析对象，深入挖掘背后复杂的因果链条，基于"博德事故因果连锁理论"和"轨迹交叉理论"追溯并揭示事故发生、发展、演化的全过程，提炼我国城市道路公共安全监管困境的深层原因和破解之道，以期为我国交通运输部门等政府组织建立长效治理机制提供建设性思路。

关键词：无锡高架桥侧翻；公共安全；轨迹交叉理论

近年来，我国大型桥梁"非正常死亡"事件层出不穷。2007—2015 年期间，国内共有 105 座在役桥梁垮塌，其中 28 座桥梁因卡车超载导致垮塌，占总数的 26.7%，造成了重大的人员伤亡及社会不良影响。2009 年，津晋高速公路匝道桥因车辆超载导致倒塌。2011 年，北京怀柔区白河大桥被超载大货车压塌。2012 年，哈尔滨阳明滩大桥因超载车辆发生侧滑事故……2019 年 10 月 10 日，江苏无锡货车严重超载再一次导致高架桥侧翻。一次次血与泪的教训，未能阻止超载导致桥梁坍塌事故，却不断敲打众人：过路之桥缘何变成了殒命之桥？

一、城市高架桥轰然倒塌

（一）下班归途

2019 年 10 月 10 日 17 时 30 分，人们大都结束了一天辛苦的学习与工作准备回家。18 时整，正处于下班高峰期，江苏省无锡市 312 国道锡港路段像往常一样堵着车，桥上和桥下都是赶着回家的人们以及运输货物的卡车。人们习惯性地将车速放缓，小心翼翼地躲避运输货物的大卡车，缓慢地向前行驶。路上每辆车背后都是一个家庭。

（二）飞来横祸

18 时 06 分，无锡市 312 国道锡港路段十字路口的左转绿灯亮起，突然间"轰"的一声响彻云霄。上百吨的高架桥混凝土桥面轰然倒塌，从高空砸向地面，大地都为之颤抖，周边的建筑发生了剧烈的摇晃。距事发地仅百米远的东北塘街道锦阳村村民感叹，"我以为发生了地震，还给气象台、地震局打电话报警并询问情况。后来跑出家门，听大家议论纷纷，才知道桥塌了，我们天天都在桥下走，发生这样的事故，真是飞来横祸。"

原本在桥面上行驶的 3 辆轿车和 2 辆卡车，随着侧翻的高架桥面一起翻倒，红色卡车上的钢卷板散落一地。在桥下正常行驶的两辆汽车，以及原本在桥下停放的汽车，也因为没能躲开突然垮塌的桥面，被狠狠地压在了高架桥断裂的桥面下面，瞬间变成两段（见图 1）。原本一条回家的路，变成了黄泉之路。

图 1　无锡高架桥侧翻事故现场

一位三轮车车主距离死神只差分毫，桥面正好倒在桥下三轮车面前。很多车辆和被砸中的车就差一个红绿灯的距离或者几百米的距离。刹那间，哭声、尖叫声在无锡市312国道锡港路段回荡。"整个桥面像跷跷板一样翻过来，有辆货车倒在侧翻的桥面上，还有几辆车子被压在下面，太吓人了。"人们侥幸逃生后，仓皇失措，弃车逃离危险地带。受到事故影响，312国道锡港路段后方大量车辆通行受阻，一直积压拥堵到天一高架凤翔路段。

（三）紧急救援

事故发生后，江苏省政府和无锡市政府第一时间启动应急响应机制，无锡市交通运输部、公路局、路网中心紧急部署抢险救援工作。为了更好地进行救援工作，周边的道路被紧急封锁，交警对周边积堵车辆和围观人员进行疏导，开辟绕行道路。19时，消防队、救援车辆、挖掘机、吊车、救护车、专家组等陆续抵达事故现场，江苏省交通运输厅也派员赶赴现场，抢险救援、道路恢复、事故情况核实等事故处置工作有序开展（见图2）。

图2　无锡高架桥侧翻事故救援现场

经现场初步勘测，断裂高架桥底下的3辆轿车，其中1辆为临时停放车辆，车内并没有人。首先救出侧翻桥面上车内的2名伤者。随后3辆挖掘机和吊车把断裂的桥面抬起，救援被压车辆里的3名被困人员。此时，距离事故发生已过去接近6个小时，华先生和家人一夜无眠。因为被压的其中 1 辆黄色小车中，有他的表姐和外甥女，"表姐是幼儿园老师，外甥女刚刚读幼儿园"。4 个多小时后，被困人员终于被解救出来，但已无生命体征。接下来的 2 个小时中，又陆续救出 2 名桥下被困人员，但也已经没有生命体征。

截至 10 月 11 日 5 时，经现场搜救确认，无锡高架桥侧翻事故导致桥下行驶的 2 辆车上的 3 名人员全部死亡，侧翻桥面上的 5 辆车上共有 2 人受伤。黄色轿车内是一名幼儿老师及刚读幼儿园的她的女儿，白色轿车中是一位单亲爸爸，担任某机床制造公司经理，高架桥侧翻使得两个家庭瞬间支离破碎。

现场救援结束后，无锡市、锡山区两级交通运输部门和无锡市武警支队等单位调集了 20 余台大型机械对倾覆桥面进行切割破碎拆除工作。挖掘机、吊车、钩机等大型机器"吭吭"的轰鸣声响了一个晚上。

二、事故溯源

（一）众人纷说辨是非

飞来横祸——无锡大桥的轰然坍塌令众人在哀悼遇难者的同时，又对事故的缘由产生质疑。大桥的侧翻是偶然性事件吗？究竟是大桥质量问题还是车辆超载问题？当地监管部门是否定期排查安全隐患？事故发生后，"无锡高架桥垮塌事件"登上微博热搜，市民拍摄的现场视频疯传网络，凤凰网、搜狐网、《北京日报》等大众媒体争相报道，对大桥的设计方、建筑方产生质疑。

网络上众说纷纭，人们纷纷猜测着罪魁祸首，舆论进一步发酵。网友做出如下猜测："造成建筑事故的原因很多，应从有无设计缺陷、施工质量是否达标、管理使用是否得当等多方面对事故形成原因作深入调查""（对于）无锡大桥侧塌，交通运输管理部门应该负主要责任，超载货车所在的运输公司（也）负有法律责任"；"主要责任在于设计方案，至于超载车只是最后一根稻草""高架桥倒塌必然存在着官私勾结、利益勾结、层层转包、施工资金不到位、施工材料弄虚作假、偷工减料的问题"。面对官方"惜字如金"的回复，央视网评给出这样的评价"让群众知情，天塌不下来"。

（二）回溯往昔见本源

312 国道无锡段全长 45 公里，东西横贯无锡全境，是无锡连接沪宁两地的重要通道。随着社会经济发展及无锡城区的扩大，道路承载的交通压力不断增加。2003年，为缓解312国道穿城而过带来的交通压力，无锡段扩建改造，全线按一级公路标准设计，该工程是利用老线和部分路段优化改线相结合，向东北方向外移26公里，距离老国道平均4公里左右，曾被无锡市交通工程质量监督站评定为优良级工程。

根据《无锡市审计局关于312国道无锡段扩建工程竣工决算审计结果的公告》披露，312国道无锡段扩建工程的总设计单位是江苏省交通科学院有限公司。于是多家媒体将矛头指向江苏省交通科学院有限公司，"无锡一高架桥坍塌，设计单位为上市公司苏交科"等相关报道广泛流传。面对大众质疑，江苏省交通科学院有限公司10月11日发布公告，称其承担总体设计的"312国道无锡段"为路A，而实际发生事故的为路B，事故桥梁设计与本公司无关。同时，受到大桥侧翻影响的还有中设集团股份有限公司，事发后其发布声明称，无锡市侧翻高架桥的设计、施工、监理等事项与公司无关。

两家企业纷纷为自己正名，那大桥设计者到底是谁？有参与312国道的施工方透露，据312国道沪宁段扩建工程无锡段第三册《施工图设计》显示，当初该桥梁设计单位为"无锡市交通规划勘察设计院"（见图3）。根据天眼查显示"无锡市交通规划勘察设计院"正是"江苏中设集团股份有限公司"的前身。

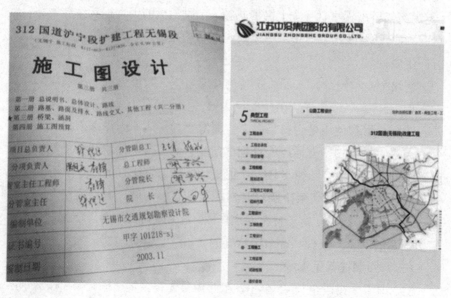

图3　中设集团股份有限公司建造312国道无锡段凭证

（三）生死超载一瞬间

无锡大桥采用的以一个柱子作为支撑点的单柱墩桥梁设计，其设计能够充分利用地面空间，降低建设成本，2000 年后在国内被广泛应用。但是单柱墩桥梁设计存在结构受力不尽合理的弊端，一旦单柱墩遭受远超设计荷载的重量，有倾覆的风险（见图4）。实际上，无锡事故之前我国多地已发生多起单柱墩桥侧翻事故，其中 2012 年的黑龙江哈尔滨高架桥侧滑事故发生地也是采用了单柱墩的设计，4 辆满载石料的重型货车同时行驶在匝桥外侧，造成连续钢混叠合梁侧滑，4 辆货车侧翻，当场造成 3 人死亡。自 2016 年之后，我国就不允许建造单柱墩结构的桥梁。

事故现场的地面上滚落着 6 卷热轧卷板，这种钢卷规格为 9.30 毫米乘 1500 毫米，每卷质量为 28.54 吨（见图5），以该数据粗略计算，车上钢卷总质量估计达 171 吨！《超限运输车辆行驶公路管理规定》第三条规定，六轴及六轴以上汽车列车，其车货总质量超过 49 000 千克，其中牵引车驱动轴为单轴的，其车货总质量超过 46 000 千克为超限运输车辆。而当时高架桥上两辆大货车共装载了 300 多吨的热轧卷板，属于严重超载。

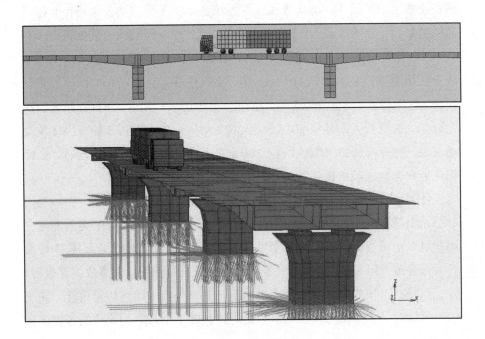

图 4　无锡大桥侧翻有限元模拟示意图

图 5　事故滚落的热轧卷板

据桥梁专家判断，此次事故或并非单一车辆超载所导致，事发当时有多辆超载大货车，导致该路段桥梁的桥墩与桥梁连接处受损。在高架桥侧翻之前，桥面就已经出现严重倾斜。据调查，倾倒的超载车辆来自"无锡成功运输有限公司"（以下简称"无锡成功公司"）。

据事后调查，货车超载绝非偶然事件，无锡成功公司早已劣迹斑斑。根据交通运输部门"江苏运政在线"系统显示，无锡成功公司历年非超限载的被处罚记录有 8 条，合计被处罚 8300 元；涉及超限载的被处罚记录有 3 条，合计被处罚 17 000 元。在 2017 年至 2019 年期间，因机动车交通事故责任纠纷被告 8 次，涉法律诉讼 10 次，其中 7 起为机动车交通事故责任纠纷，共赔付原告 100 200.5 元。此外，该公司还 3 次因不履行行政处罚决定而成为被执行人，其中 2016 年至 2017 年间，公司下属 3 辆车因违反交通法规，被苏州公路管理处以 66 200 元的罚款，但该公司拒不履行，公路管理处向当地法院申请强制执行。

（四）尘埃落定引深思

无锡高架桥侧翻事故发生后，无锡市成立事故调查组，并邀请专家全面开展事故调查。调查历时三个多月，无锡市政府于 2020 年 1 月 23 日公开《无锡市"10·10"312 国道锡港路上跨桥桥面侧翻较大事故调查报告》（以下简称"《报告》"）。《报告》分为五个部分，详细阐述桥梁设计、施工和管养情况，并从多方面总结事故原因，打破了事故之初流传的各类谣言（见表 1）。

表1 《报告》公开事故原因分析表

直接原因	两辆重型平板半挂车严重超载、间距较近（荷载分布相对集中），偏心荷载引起失稳效应远超桥梁上部结构稳定效应，造成桥梁支座系统失效；梁体和墩柱之间产生相对滑动，导致梁体侧向滑移倾覆触地		
间接原因	企业层面管理问题	无锡成功公司安全管理严重缺失	无视国家有关道路交通安全的法律法规规定
			安全生产规章制度用于应付安全检查，未能贯彻执行
			超限超载运输的违法行为长期存在
		长宏国际安全管理存在严重漏洞	长期置有关道路交通和安全生产法律法规于不顾
			货物装车作业安全操作规程未能执行
			仅凭客户要求开展货物装载作业，违法装载作业的行为长期存在
	职能部门监管问题	交通运输行业监管缺失	无锡市交通运输局履行交通安全行业管理和治理车辆超限超载工作职责不到位
			江阴市交通运输局履行行业安全监管和"治超"职责不力
			惠山区交通运输局、运输管理处、公路管理处履行职责不力
		公安交通部门管理缺失	无锡市公安交警支队对基层公安交管部门贯彻落实全市"治超"工作情况督促检查不到位
			江阴市城西交警中队履行路面"治超"职责不到位
			无锡市公安交警支队惠山大队一中队、四中队履行职责不到位
	属地监管问题	惠山区人民政府、钱桥街道对属地交通运输企业安全监管不到位，开展交通运输安全隐患大排查大整治不彻底		
	其他问题	不法人员无资质，对货物运输车辆进行非法改装		

简而言之，事故的直接原因是重型平板半挂车严重超载。前车挂车实际载有钢卷7卷，总质量160.545吨，比核定载质量超出128.545吨，超载401.7%。后车挂车实际载有钢卷6卷，总质量160.855吨，比核定载质量超出131.855吨，超载455%。细查之下，肇事半挂车存在无道路运输证、改装等诸多问题。调查组围绕超载问题和"治超"责任，针对货车所属无

锡成功公司、货物装运码头所属公司、无锡市交通运输局、江阴市交通运输局、惠山区交通运输局、运输管理处、无锡市公安交警支队、江阴市公安交警大队城西交警中队、无锡市公安交警支队惠山大队、惠山区人民政府、钱桥街道全部进行严肃追责。共计 12 名事故相关人员被采取刑事强制措施、17 名官员被追责处理、1 人被采取司法措施、1 人被给予党纪处分和行政处罚。

劣迹斑斑的运输公司，放任违法装载作业的港口，缺乏安全意识的货车司机，履职不力的交通运输部门，路面"治超"松懈的交通警察……一环又一环的安全隐患，终于压垮了无锡市 312 国道锡港路段的单柱墩结构桥梁。超载"顽疾"为何屡治不愈值得深思。

附录

附录一：参考的政策文件

1. 2019 年 1 月 31 日，无锡市城市重点建设项目管理中心《G312 国道无锡境快速化改造工程可行性研究报告与初步设计项目招标公告》

2. 2020 年 1 月 23 日，无锡市应急管理局《无锡市"10·10"312 国道锡港路上跨桥桥面侧翻较大事故调查报告》

3. 2020 年 9 月 2 日，无锡市安全生产监察支队《关于对无锡市"10·10"312 国道锡港路上跨桥桥面侧翻较大事故处罚的公告》

附录二：参考的新闻媒体报道

1. 新华网《追问无锡高架桥侧翻事故》

2. 人民日报《无锡高架桥垮塌 桥下 3 辆小车被压》

3. 新华每日电讯《新华社调查无锡高架桥坍塌事故》

4. 每日经济新闻《无锡高架桥侧翻事故：一场比道路改造先到的悲剧》

5. 21 世纪经济报道《无锡跨桥侧翻后续：涉事公司靠超载每月多赚 250 万!》

案例分析

"博德事故因果连锁理论"和"轨迹交叉理论"是对企业工业事故提出的事故致因理论，目前多有研究将其延伸到道路交通事故领域。因此，本案例依据"博德事故因果连锁理论"和"轨迹交叉理论"，对无锡高架桥侧翻事故发生机理和各类要素进行剖析，为预防类似的货车超载事故提供理论依据和实践指导。

一、理论基础

（一）博德事故因果连锁理论

"博德事故因果连锁理论"是美国学者弗兰克·博德在海因里希事故因果连锁理论的基础上提出的适应现代的事故致因理论。不仅强调人心理、生理等方面的因素，而且认识到管理在事故致因中的重要作用。该理论包括管理缺陷、个人与工作条件的原因、直接原因、事故和损失五个因素（见图6）。直接原因是指人的不安全行为和物的不安全状态。间接原因是包括个人和工作相关的因素。由于个人对于安全方面的意识、知识和技能缺乏，行为动机不正确导致人的不安全行为，加之工作条件和环境等相关因素导致物的不安全状态，从而间接造成事故。但是直接原因和间接原因只是表象，需要追究背后隐藏的根本原因，采取有效的控制措施，才能真正杜绝事故的发生。博德认为事故因果连锁中一个最重要的因素是安全管理，管理缺陷是导致事故发生的根本原因。综上所述，管理缺陷诱发人的不安全行为和物的不安全状态，当人或物与超过其承受阈值的能量接触时，会导致事故发生，人员和财物受损。

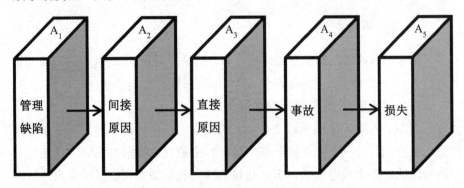

图 6　博德事故因果连锁理论模型

（二）轨迹交叉理论

约翰逊（W. G. Johnson）和斯奇巴（Skiba）对于伤亡事故的致因要素提出"轨迹交叉理论"，其主要观点是当人的不安全行为和物的不安全状态，两条轨迹相交叉时就会导致伤亡事故（见图7）。人的因素运动轨迹和物的因素运动轨迹的交点就是事故发生的时间和空间，即人的不安全行为和物的不安全状态同一时空条件下发生接触，能量发生转移，会导致事故的发生。人的不安全行为是基于生理、心理、社会环境、企业管理、行为等方面的缺陷与失误而产生的。物的不安全状态是由于设计、制造、工艺流程、维修保养、使用、作业场所环境等方面的缺陷而产生的。人与物互为因果，呈现复杂的因果关系。为了防控事故发生，需要避免人与物两种因素的运动轨迹交叉，严控人的不安全行为和物的不安全状态同时发生。

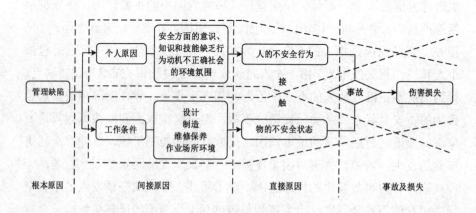

图7　轨迹交叉理论

二、案例分析

基于"博德事故因果连锁理论"和"轨迹交叉理论"，本案例沿着因果链的方向分析无锡高架桥侧翻事故原因，从而探究高架桥事故的破解之道。

（一）"政府-市场"双元叠加漏洞

与海因希里因果连锁理论强调人的性格与遗传特征不同，"博德事故因果连锁理论"认为管理系统的缺陷是导致事故发生的根本原因。车辆超载被初步认定为事故的元凶，那么超载车辆究竟是如何突破层层检查，最终驶入高架桥的呢？是否超载治理存在诸多漏洞？只有找到深层次的原因，改进管理系统缺陷，才能有效阻止事故的发生。无锡高架桥侧翻事故的管理主体分为两种类型，即政府管理主体和市场管理主体。

1. 政府外部监管薄弱

第一，常态化安全管理疏漏。高架桥侧翻事故发生前，无锡市曾多次开展超载治理工作，但是 10 月 10 日却又因超载导致高架桥侧翻。部分城市高架路段仍未看到出口处有限重标志，不少疑似超限车辆并未进行限重检查。交通运输综合执法部门解释，事发地附近钢材市场比较多，监管人力有限，治理超载仅强调路面执法，往往难以实现全覆盖。各城市的"治超"工作一直在路上，当事故发生之后或者上级领导检查前监管比较严格，能在一定时间期限内取得成效，随后又出现反弹，可见常态化安全管理存在漏洞。

第二，治理主体职能重复交叉。由于超载问题的复杂性，且持续时间长，所以超载治理工作一直都是由多个部门配合完成。现实运行中往往存在诸多问题。一方面，超限超载从监督执法机构来看有着显著区别，超限由交通运输部门公路管理机构负责，超载则主要是由公安机关负责。两者虽管理的具体事务有所差异，但职能却互相交叉，导致"一事多罚"现象的产生。另一方面，由于各级组织之间存在隶属关系（如图8所示无锡交通系统），下级在实际执行中需要更多的自由权，但是上级部门不情愿放权，使得下级部门执法权威性不足，执法效率低下。由于各部门之间自成体系、"治超"职权分散，而存在缺乏资源共享、统筹联动与沟通协调机制等诸多问题，加之超载问题过于复杂，且持续时间长，导致"治超"工作运行效率一直都不高且管理运行不畅。

第三，法律惩戒力度散空。以无锡高架桥事故为例，因涉嫌重大责任事故罪，公安机关对包括无锡成功公司实际控制人、两名涉事司机在内的12人采取刑事强制措施。但若未造成重大事故，超载相关罚款等处罚相对于其获利实在是微不足道。现有对超限超载企业及个人处罚的法律未能对其起到震慑作用。提高违法成本，形成强大震慑力的思路依然存在不少实践中的疏漏。同时，在监管缺失的条件下自由裁量权、选择性执法，导致运输者产生俘获动机和权力寻租行为。

2. 企业管理内控虚化

一方面，安全生产规章制度流于形式。一些企业无视国家道路交通安全法律法规，内部安全生产规章制度形同虚设。企业以远低于成本价恶性参与运输市场竞争，超限超载运输违法行为长期存在。以无锡成功公司为例，2017年至2019年期间发生多起机动车交通事故责任纠纷、多次违反交通法规，甚至3次因不履行行政处罚决定而成为被执行人。另一方面，员工安全教育培训严重缺失。企业未对货车司机、货物装车作业安全人员等从业人员开展相应安全教育宣传和知识培训，导致其在从业过程中操作规程未能执行，引发安全隐患。

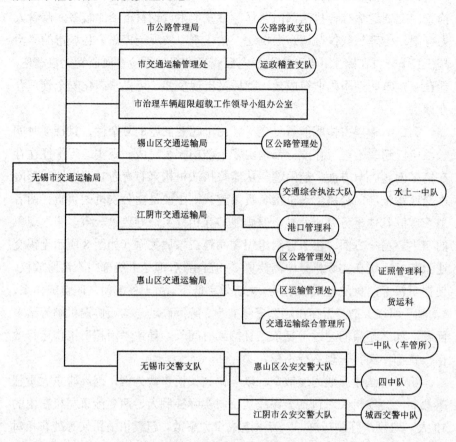

图8　无锡市超载治理相关责任部门

（二）"个体-行业"复合隐患

无锡高架桥侧翻事故是由于人的不安全行为，即货车超载而导致的。超载的行为是基于生理、心理、社会环境、行为等方面的缺陷与失误而产生的。第一，安全意识薄弱。企业安全教育不到位导致部分货车司机没有意识到超载的严重后果。第二，运输公司的贪婪心理。在货物运输成本中，固定成本的大小及其所占的比例是决定运输企业是否选择超载的关键因素。运输公司为了金钱利益冒险超载。万一发生交通事故，货车有高额的保险赔偿，"只要赔偿不超过200万元，老板自己不用掏钱，即使责任认定全责，也可由保险公司'买单'"。第三，货车司机的被逼无奈。司机既是超载的始作俑者，又是超载现象的最大受害者。"不超载，就亏钱"这句话在物流圈内广为流传，道出了超载乱象的根源。一名货车司机提到，"算上油费、过路费，如果不超载，跑一趟基本不赚钱甚至赔钱。而且你不超载，人家超载，运价就比你便宜，你就没饭吃。为了养家糊口，只能超载"。第四，运输行业的潜规则。资源型产品的低价值、高运价的特点使得运输行为具备了超载的内在诱因。由于运输户多为个体、私营的经营模式，运销难以形成规模，运输者受中间环节制约，竞相压价。伴随着货运软件的诞生，如货拉拉和运满满等 App，低廉的运价使得货车行业的竞争愈发白热化。综上，安全意识淡薄、运输公司利益至上、货车司机生存之道、运输行业的潜规则等个人原因导致人的不安全超载行为。

（三）物的不安全状态

物的不安全是造成无锡高架桥侧翻的直接原因，而高架桥的设计结构、日常维修、周边的环境等原因最终使得高架桥侧翻。第一，高架桥的结构设计。锡港路段的高架桥采用的是单柱墩桥梁结构，这种设计存在结构受力不尽合理的弊端，如果达到数百吨且车辆行驶靠外侧，双向车流量不均衡，在杠杆效应下，偏心荷载会产生倾覆力矩，有可能超过桥梁自身抗倾覆的能力导致侧翻。第二，高架桥的维修改造。2007 年，无锡段进行了一次老路段维修。但事发桥梁地区处于工业园区附近，常年有货车经过的锡港路段高架桥直到 2019 年才启动改造。第三，高架桥周边环境。无锡制造业发达，高架桥附近有多家大型钢材、木材批发市场，312 国道沿线常年车辆川流不息，经常造成拥堵。在一个大货车常年密集经过的路段，采用结构受力不均衡，单柱墩桥梁容易引发物的不安全状态。

（四）轨迹交叉引致桥梁事故

事故一般是由多种原因导致的。根据"轨迹交叉理论"，当人的不安全行为和物的不安全状态两条轨迹相交叉就会导致伤亡事故。安全意识薄弱、运输公司的贪婪心理、货车司机的被逼无奈、运输行业的潜规则等导致的人的不安全行为，与桥的结构设计、日常维修、周边环境等引起的物的不安全状态，两者运动轨迹相交叉。从长远来看，这很可能会导致倾覆。严重超载货车驶上承受能力有限的单柱墩结构的高架桥，超过其承受阈值，造成桥梁支座系统失效，梁体和墩柱之间产生相对滑动和转动，从而导致梁体侧向滑移倾覆触地。人的不安全行为促使了物的不安全状态的发展，最终引发高架桥侧翻事故。该事故因果连锁示意图见图 9。

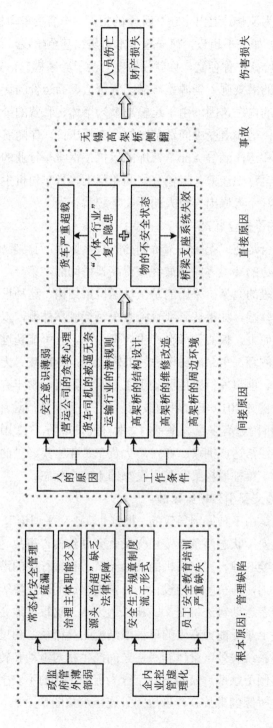

图 9 无锡高架桥事故因果连锁示意图

三、城市高架桥公共安全治理方向

根据"博德事故因果连锁理论"和"轨迹交叉理论"，如何避免人的不安全行为和物的不安全状态在同一时空交叉，对于预防类似的货车超载导致城市高架桥侧翻事故具有重要的参考价值。

（一）明确职能治理责任，健全组织协同体系

安全管理中的控制包括对人的不安全行为和物的不安全状态的控制，这是安全管理工作的核心。在"治超"工作中，超限和超载有着紧密的联系，仅靠单部门执法无法根本解决，必须坚持协同执法，从源头出发进行治理才能取得成效。

首先，优化政府组织部门横向、纵向职能关系，达成更紧密的"治超"共识。协同治理理论强调各部门参与共同治理目标，形成常态化的工作协同关系，建立各部门间的相互信任。第一，交通运输部门与公安部门明确职责，进行定点联合执法。公安部门分派相应的交警、巡警、辅警到定点，配合交通运输部门合作执法。第二，对交通管理局、交通运输局下辖诸多部门的交通行政执法职责进行整合，成立相关的交通运输综合执法大队。在市县级"治超"工作小组领导下，通过日常排查以及突击行动等多种形式，整治非法改装乱象问题。第三，加大交通执法部门与其他部门的合作，突出交通执法部门的主体地位。

其次，建立跨区域协同治理体系。各地应尝试积极联合周边省市建立联动协作工作小组，逐步建立起定期会商机制、联动协作机制、资源共享机制、信息通报反馈机制等制度，从而形成区域"治超"合力，震慑违法超限超载运输行为，破解边际区域执法难题。目前，苏鲁豫皖四省十市区域、湘黔贵三省五县、闽粤赣边际三市等诸多区域都在尝试探索该体系，取得了显著成效。

最后，争取广泛的公众参与。协同治理理论认为应从社会公共利益出发，引导公众参与。超载治理决不能仅限于政府执法人员，应当鼓励人民群众参与到"治超"工作中。各级政府可以通过建立个人举报奖励机制、媒体举报奖励制度等措施，鼓励对违法改装行为和非法改装窝点进行举报，相应区域执法工作人员在获取有效信息后，依法进行查处，形成强大而有效的威慑。

（二）加大交通管控力度，融合科技推进执法

一方面，形成"高压"执法常态化机制。在现有的"治超"检测站的基础上，增设新的固定"治超"检测站，推进交通、公安部门 24 小时联合执法，合理进行人员调配，错时执法。与此同时，建立常态化整治制度，按周期开展交通安全专题会议，挖掘潜藏在暗处的安全隐患，杜绝临时性执法和阶段性执法。交通运输部门做好管控工作，加强对非法货运行为的查处，对未取得道路桥梁运输许可、擅自从事运输经营的企业，依法责令停顿、顶格处罚。

另一方面，利用科技手段对易发生超载路段实时监测。人力管控存在着成本高、效率低、主观能动性大等问题，且受人力精力限制，无法做到全路段、全天候实时监测。为减少监测盲区，应利用数字化治理手段，研发道路监管系统，从内外两方面对车辆行驶进行管制。对内方面，设立车载车辆身份辨识系统，系统与"治超"检测站及相关部门进行信息交互应答，使相关部门第一时间了解车辆运行路线、运输司机及车辆载重等情况。对外方面，在车辆聚集地、工厂数量较多及未设立"治超"检测站的路段，安装动态称重、抓拍识别和视频监控等技术监测设备，使交管部门能在第一时间获知道路车辆的运行情况。

（三）明确"治超"立法方向，健全法律法规体系

首先，立法禁止超载车辆驶入城市内的桥梁隧道。2019 年 5 月，国务院发布《深化收费公路制度改革取消高速公路省界收费站实施方案》，要求全国所有封闭式高速公路收费站对货运车辆都将实行入口不停车称重检测，全面禁止违法超限超载车辆驶入高速公路。然而，城市内的桥梁隧道却成为"治超"工作的盲区。《道路交通安全法》并没有明文规定禁止货车进入城市高架桥。各地市应该在排查桥梁隧道等特殊路段安全隐患的同时，推动相关法规条例的立法，明令禁止超载车辆驶入城市内的桥梁隧道，杜绝桥梁隧道因超载发生惨痛事故。

其次，提高处罚力度，推动超载入刑。加大罚款力度和增加检查频度相结合。尽管"超载入刑"在两会中呼声越来越高，但是由于卡车司机并不是超载的唯一环节，超载入刑具体落实层面难度极高，仍需多方论证入刑定罪的技术标准等诸多细则。因此，当务之急应该修改超载相关法律法规，针对违法货运车辆驾驶人、道路运输企业、货运场所经营者以及非法改装窝点大幅度提高行政处罚的力度，从而起到一定的震慑和警示作用。

最后，细化处罚幅度，完善行政问责机制。在无锡高架桥侧翻事故发生后，国内多个省市发出最严"治超令"，形成了执法打击高压态势。未来要将超载标准认定、处罚幅度、处罚手段进一步细化，减少法律规范当中的"弹性"成分，使法律法规更加具有操作性，避免执法人员自由裁量空间过大。同时完善行政问责机制，明确各地区、各部门具体执法人员应承担的行政连带责任。执法人员在出现徇私舞弊、滥用职权等情况，则必须依法给予处分，构成犯罪的依法追究刑事责任。

（四）树立社会安全意识，增强交通责任意识

首先，推动政府部门人员树立整体性、可持续安全观念。一方面，各级党委政府要坚持权责法定，加快制定权力清单和责任清单，堵塞监管漏洞，履职尽责，形成安全发展的合力。另一方面，充分发挥官方媒体的宣传作用。针对事故灾害等事件，官媒应第一时间对现场情况进行说明报道，引导正确的舆论导向。此外，事故发生前，无锡侧翻大桥的安全隐患就已经有迹可循，有网友在相关平台反映桥梁的安全隐患，但并未引起相关部门的重视。基于此，应提升风险意识，注重全方位信息监测，防患于未然。

其次，提升全社会民众安全意识。利用互联网、电视、移动客户端等宣传安全知识，针对不同年龄段开展阶段性的安全教育。在社会培训方面，面向政府、企业、高校、群众等不同对象，开展有针对性的教育实践，多层次提升全社会安全责任意识，努力使全社会都知晓交通安全的重要性。

最后，加强交通运输关联人员大局观、责任观。经营从事交通运输的行业企业是安全责任的直接主体，提升相关人员的安全责任意识，是保证交通安全的首要之事。一方面，通过组织普法讲座、曝光超载案例等方式，使企业认识到超限超载带来的严重危害性及违反法律所需承担的后果。另一方面，提高货运司机的行业准入门槛。相关部门可在收费站设立普法宣传人员，使在运输途中的司机始终绷紧法律之弦，自觉抵制超载行为。

（五）优化加固桥梁设计，消除事前安全隐患

事故的发生除了人的不安全因素外，还包括物的不安全因素，防止两条轨迹交叉，才能防止事故的发生。超载的车辆遇上了单柱墩设计的无锡大桥，一旦单墩遭遇远超设计荷载的重量，刚体更易被破坏，也更易倾覆。

一方面，需要对现有的单墩桥梁进行加固。坚持桥梁管养工作的施行，增强桥梁的横向耐受力，通过将中间独柱墩单点支撑改双（多）点支撑，改善独柱墩单点铰支座不能有效防止桥梁倾覆的缺点，提高主梁横向稳定

性；对于独柱墩单支座箱梁，可采用新增拉拔装置方案，或采用新增盖梁方案（见图 10）。另一方面，加强对单墩桥梁的管理。明确桥梁安全行政问责，强化人员责任与服务意识。要及时对桥梁限重进行更新，尤其注重对来往车辆进行检测与提示，或在桥梁明显处设立限重标准及安全标志。

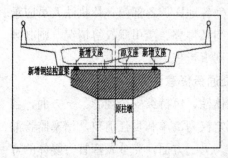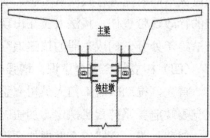

图 10 桥梁新增盖梁和抗拔加固装置

城市高架桥侧翻，是桥不能承受超载车辆的碾压；高架桥下，则是每一家庭和个体无法承受的生命之重。超载事故不仅仅给公路基础设施带来巨大损坏，而且伴随着令人痛心的人员伤亡。无锡高架桥侧翻事故敲响了交通安全的警钟，"治超"工作必然是一项长期而艰巨的任务，唯有多部门协同工作，人民群众积极参与，形成齐抓共管局面，才能达到治本的效果。

参考文献

[1] 刘均利、张晋豪.《2007—2015 年超载导致桥梁垮塌案例的统计分析》,《公路》2017 年第 4 期

[2] 沈汝发、邹乐、朱国亮等.《致命超载：治超卡在哪？又是谁卡了司机的路？》,《新华每日电讯》2019 年 10 月 21 日

[3] 裴剑飞、张玉.《江苏无锡高架桥垮塌多车被压 目击者等红绿灯躲过一劫》,《新京报》2019 年 10 月 10 日

[4] 任然、邬林桦、简工博.《难过！无锡高架桥下一遇难者身份曝光》https://www.sohu.com/a/346379871_391464，2019 年 10 月 11 日，访问日期：2022 年 6 月 20 日

[5] 卢军.《哈尔滨高架桥侧滑 四辆重载货车侧翻造成 3 死 5 伤》,《黑龙江日报》2012 年 8 月 25 日

[6] 无锡应急管理局.《无锡市"10.10"312 国道锡港路上跨桥桥面侧

翻较大事故调查报告》，2020 年，http://yjglj.wuxi.gov.cn/doc/2020/01/22/2766917.shtml，访问日期：2022 年 11 月 4 日

[7] 江新、吴园莉、徐平等.《地下硐室群施工安全事故管控的 GERT 模型研究》，《中国安全科学学报》2016 年第 8 期

[8] 石英、孟玄喆.《基于轨迹交叉理论的制造业生产安全问题研究》，《工业工程与管理》2014 年第 4 期

[9] 周冰、魏文科.《公路超载行为的体制原因及其治理》，《山东大学学报（哲学社会科学版）》2013 年第 1 期

[10] 陈红.《基于制约理论的超限超载形成机理与治理思路研究》，《经济问题》2012 年第 4 期

[11] 田培杰.《协同治理：理论研究框架与分析模型》，博士学位论文，上海交通大学，2013

[12] Ansell C, Gash A. "Collaborative Governance in Theory and Practice". Journal of Public Administration Research and Theory, 2007(4).

[13] 耿莉萍.《公路超载的理论分析与治理措施的探讨》，《北京交通大学学报（社会科学版）》2013 年第 1 期

[14] 焦林兵.《浅析治超监控卡口系统中如何控制动态称重精度的方法》，《东南大学学报（哲学社会科学版）》2017 年第 S1 期

[15] 蒋在文.《道路超限超载运输治理机理理论研究》，《武汉理工大学学报（社会科学版）》2009 年第 6 期

[16] 仇永胜、李岩.《治理"双超"的行政法律问题探究——以哈尔滨阳明滩大桥引桥坍塌为例》，《学术探索》2013 年第 4 期

[17] 冯玉玺、张开智、李金静.《基于人的行为改进事故轨迹交叉模型》，《中国矿业》2014 年第 7 期

[18] 林孔斌.《独柱墩桥梁抗倾覆因素研究》，《福建交通科技》2020 年第 4 期

案例四：越野赛成为夺命跑，"天灾"还是"人祸"？——甘肃白银"5·22"山地马拉松惨剧反思

案例正文

摘　要：2021 年 5 月 22 日，甘肃省白银市景泰县第四届黄河石林山地马拉松百公里越野赛遭受极端恶劣天气影响，发生重大事故，21 名参赛选手死亡。此次安全事故引起人们对户外公共赛事安全的深入思考。本案例以该事件为分析对象，基于危机管理 PPRR 模型，剖析其背后因果关系，追溯悲剧发生的全过程，挖掘大型户外事件组织管理的短板及安全监管的疏漏，为类似大型体育赛事提供公共安全层面的启示。

关键词：山地马拉松；公共安全；PPRR 模型；极端天气

2015 年，中国田径协会按照政府简政放权的要求取消赛事审批，放宽赛事准入条件，简化准入程序，以此吸引更多的民间赛事。此后，我国各地的马拉松比赛、山地越野赛事狂飙突进。白银市景泰县自 2018 年至 2020 年已举办了三届百公里越野赛，景泰黄河石林百公里越野赛是其地方特色体育赛事。然而，2021 年 5 月 22 日举办的第四届百公里越野赛却酿成了 21 名参赛选手死亡、多人受伤的重大安全责任事故，一个个鲜活跃动的生命就此陨落凋谢，悲痛之余令人深思，户外马拉松缘何成为"夺命跑"？

一、灾难降临

2021 年 5 月 22 日上午 8 时 30 分，参赛者们准时集合在甘肃白银市景泰县黄河石林马拉松比赛的场地，各自做着热身活动，等待半个小时后的

比赛。参赛者们来自四面八方，有的是专业运动员，有的是业余爱好者，职业也各有不同：建筑工人、商人、医生、教师……他们对比赛充满期待，一个个摩拳擦掌，对即将开始的比赛跃跃欲试。

比赛于上午9时正式开始，共分为九个赛段，大多数选手身穿短袖短裤，未随身携带保暖装备。172名百公里越野赛参赛选手全部通过1号打卡点，在快到达第二个打卡点（20公里）时，参赛者发现天气开始有了变化，明显感到风很猛烈，还夹杂着冷雨。参赛者A在事故后接受采访时说到："雨点打过来的时候都是横着的，打在身上生疼。"从2号打卡点开始，气温开始持续下降，5小时降温5℃～7℃。13时前后，3号打卡点气温降至4℃左右，平均风力6～7级，最大阵风8～9级。8时前后，1号打卡点至2号打卡点附件体感温度降为6℃左右。12时前后，体感温度降至0℃～2℃。2号至3号打卡点，10时30分后体感温度低于0℃，12时前后达到最低，为-5℃～-3℃。由于地形原因，赛段被设置成向上爬升的模式，海拔越高，爬升的高度就越大。参赛者越往上跑，温度就会越低，风雨也越大。很多参赛者缺少防风保暖装备，因而面临低温困境。11时55分，参赛选手罗词华通过GPS定位设备发出求救信息，但未得到回应。很多参赛选手受天气突变陆续发出求救信号并退赛，但一些实力较强的选手不甘心中途退赛而选择继续向下一个打卡点冲刺。

比赛进行到正午时刻，甘肃省白银市景泰县黄河石林百公里越野赛难度最高线路与最高海拔赛段之间受极端天气影响，局部地区出现冰雹、冻雨、大风灾害性天气，气温随之骤降，体感温度低于0℃，参赛者们只能抱团取暖，有些参赛选手四处寻找可以躲避的地方，有的参赛选手已经倒在赛道上。参赛者经历了最低体感温度，加之高原环境和衣着单薄等因素，导致部分选手因急性失温死亡。

事发后幸存的参赛人员A这样描述道："大风裹挟着雨点打到脸上，像密集的子弹打过来一样，眼镜被雨水糊住，眼睛在强风密雨下也睁不开，只能眯着缝儿，视线受到严重影响。"另一位参赛人员B回忆道："我这次是死里逃生，这是体育圈里非常黑暗的一天。"强烈的狂风暴雨和骤降的气温让运动员们手足无措，他们找不到补给点也没有御寒装备，只能抱团取暖，等待救援人员的到来。有的选手已经开始失去意识，人类的生命在大自然面前显得如此弱小。

二、紧急救援

（一）选手求救，蓝天救援

从比赛开始至 11 时 50 分时，一部分参赛选手因极端天气导致身体失温，无法坚持比赛，向赛事机构方发出求救信息，组织方派蓝天救援队前去救援。到中午 12 时左右，白银市蓝天救援队接到驻守赛段的队员的求救，加派人员前去支援。12 时 17 分左右，天气持续恶化，大部分选手生命安全受到极大威胁，救援工作难度急剧增大。12 时 56 分左右，有选手向景泰县 110 警察局报警求助，县公安局立即指派石林派出所出警前往赛场，加大救援力度，保证选手的安全。救援开始一段时间后，有蓝天救援队队员搜救到失温选手，蓝天队员把自己的防风保暖装备留给选手，导致自身体力不支，被赶到的其他救援人员及时救下。

13 时 56 分左右，由于现场情况越来越糟糕，求救的参赛队出现失联情况，赛事组织单位负责人打电话给蓝天救援队，要求增加队员加大救援力度，加大救援范围。赛事机构随后向景区管理委员会（以下简称"景区管委会"）报告并求助，景区管委会副主任接到请求后，带队和携带防风保暖装备，同时协调当地救护车及医务人员赶往事发地点。事发几个小时后，大批参赛选手提出退赛要求，比赛不得不中止。赛事机构及景区管委会将具体情况上报给县委政府和市政府，并展开大规模救援。然而，即使天气情况极端恶劣，赛事方也没有发布停赛通知。

（二）领导批示，紧急行动

事故发生后，中共中央总书记习近平、国务院总理李克强作出救援工作指示。甘肃省委省政府部署救援工作。省委书记、省长第一时间赶赴现场，安排部署急救工作，统筹调动各方力量参与救援。同时开展人员搜救、善后处置、伤员救治、原因调查等工作。

景区管委会上报请求救援，白银市政府派出市消防救援支队，并调派景泰县消防队和车辆前往支援。景泰县委书记向市管理局请求派遣直升机救援，白银市应急管理局向上级请求派直升机支援。21 时 10 分，白银市委书记向省委书记电话报告有关情况。省委书记主持召开紧急救援会议，作出救援处置工作指示，要求全力救治参赛人员。甘肃省应急厅在接到白银市协调直升机开展救援请求后，启动预警机制，向部队请求直升机支援，但由于当地气候条件恶劣，直升机无法前往。省应急厅厅长接报后赶赴现场，调度省消防救援总队、省森林消防总队增派力量参与救援行动。

在中央领导指示下，甘肃省级领导班子第一时间亲自赶赴现场，成立专责组，统筹协调社会各方力量参与救援，统一指导救援工作。

（三）村民参与，救援结束

附近村民在发现赛事意外后，也积极参与本次救援活动中，特别是牧羊人朱克铭先后救了六名参赛人员，还在发现意外的第一时间向赛事机构组织人员报告，为救援工作做了巨大贡献。

搜救工作进行 5 个小时后，经过赛事机构的排查，基本确定参与此次 100 公里越野赛的 172 名参赛者，151 人已被转移到安全地区，其中受伤人员已被送往指定医院进行检查和治疗，33 人失去联系，还在搜救中。最后 1 名失联人员在 21 时 10 分后被发现，但不幸的是已经丧生。至此，失联 33 人中，21 人遇难，12 人被成功救回。搜救任务于 5 月 23 日 12 时宣布结束，甘肃省白银市景泰县黄河石林景区闭园接受后续调查。

三、悲剧落幕

（一）悲剧发生，多人遇难

2021 年 5 月 23 日 9 时 10 分，白银市消防救援支队找到的最后一位失联运动员已无生命体征。据统计，此次甘肃省白银市马拉松一共有 172 人参赛，21 名参赛者遇难，8 名选手受伤，离世选手包括中国超马圈的领军人物：曾打破多次记录的优秀选手梁晶，深圳跑圈名将吴攀荣，残运会冠军聋哑选手黄关军。多个家庭因此受到毁灭性打击，此次事故是国内开展马拉松运动以来遭遇的最惨痛的一次，也震惊了国际越野跑圈。

（二）民众议论，媒体发声

案发后的第一时间，"甘肃马拉松"迅速登上微博热搜，跑友的聊天记录在网上疯传，引发了国内外公众的广泛关注和讨论。大家自发为遇害者哀悼惋惜之余，也纷纷探究背后的真相。一些参赛者透露，在他们失去意识或受伤前，并未接到主办方叫停比赛的通知，运营方没有根据气象局的天气预警作出正确风险评估是最大的失误。一些越野界人士提出比赛组委会在气象预估、安全设施准备等方面存在不足。

同时，《人民日报》、北青网、光明网、《南方都市报》等主流报刊媒体都对此事进行了报道分析。新华社率先表明疑问，"如此大规模的赛事且非首次举行，气象预报为何未能发挥预警作用？极端天气突发时，举办方是否及时喊停比赛？在应对极端天气的问题上，赛事组织方有无应急预案且是否有效执行"；《人民日报》客户端也刊文指出关键所在，质疑此次事件涉及的三方究竟有没有承担应尽的责任、做好专业而周密的赛事安全保障。

（三）深入调查，事故追责

事故发生后，甘肃省成立应急专项联合调查组，邀请国家有关体育主管部门、中国气象局、中国田径协会等部门的有关体育赛事、体育医疗、预案管理等多方面专家参与调查研究，并采取现场勘察、调查取证、专家论证、综合评估等方法，进行了事件调查工作，调查历时一个月零三天。2021 年 6 月 25 日，甘肃省政府发布了《白银景泰"5·22"黄河石林百公里越野赛公共安全责任事件调查报告》，报告详实记录了赛事基本情况、事件具体发生经过、事故性质调查以及基本原因的综合分析，确定追究各方有关负责单位和相关责任人在此次事故中的主要责任，并提交了事故处理工作建议，向司法机关、纪检监察等部门移送了有关线索，总结了事故教训，并提出了防范措施意见。

经过调查分析与研判，认定这是一起由于极限运动突遇强风、降水、降温等极端天气，以及比赛组织者与工作人员管理不规范、运营单位执行不专业，而造成严重人员伤亡的重大公共安全责任事件。晟景公司作为此次马拉松赛事的主体运营单位，因涉嫌串通投标，未依法依规履行马拉松越野赛的相关标准，未对参赛人员做好资质审查，收到求救信息未能严格依照正常工作程序及时作出停赛决定，对事件发生承担直接责任，公司负责人等五人已涉嫌刑事犯罪，依法被批准逮捕。白银市委书记未对活动的开展统筹安排，安全管理工作不力，对赛事工作任务失察，给予记过处分。白银市政府党组成员、副市长对赛事有关部门的监督不够严格，出现形式主义、官僚主义等现象，给予政务记过处分。白银市政府党组成员、副市长，对这次事故承担主要领导责任，给予党内严重警告处分等。经甘肃省委批准，对此次重大事故中严重违法、涉嫌职务犯罪的 27 名政府公职人员进行追责问责，其中包括 5 名省管干部和 22 名非省管干部。

（四）悲剧落幕，影响深刻

虽然伴随着政府相关文件的发出与处罚措施的落地，白银事件已经告一段落，但对于此次事故中离世者的家人而言，"甘肃马拉松"的阴影远远不能散去。此次事故中，死难者共计 21 人，二十多个无辜家庭就此分崩离析。遇难者之一的黄关军，曾在全国残疾人田径锦标赛上获得了万米冠军，其家庭的主要收入是他参加各种马拉松比赛获得的奖金。这场灾难带走了他年轻生命的同时，也为这个家庭带来了灭顶之灾。

而作为赛事举办地的白银市，是全国首批资源枯竭型城市。白银市为了寻求转型，近年来提出大力发展旅游业、推进"大景区"建设等战略，通过举办黄河石林百公里越野赛、全国越野滑雪锦标赛等赛事，逐渐将体育产业变成了该市的一个新符号。但此次事故使白银市被推到了风口浪尖，城市形象一落千丈，多年努力毁于一旦。

结语

造成此次马拉松事故的直接原因是"天灾"，突遇极端恶劣天气，参赛选手出现"失温"现象，从而造成了人员的伤亡。人类的力量在大自然面前显得弱小无比，这警示我们无论什么时候都要防患于未然、敬畏自然，常有危患意识，才是对生命的尊重。虽然极端天气难以预测，但是针对山地马拉松这种专业程度要求极高的户外极限耐力体育赛事，本次大赛各项组织管理工作不达标、安全保障工作未落实是导致本次事故的主要原因。"天灾"背后总有"人祸"的影子，这场事故暴露出当地组委会与政府部门应急预案的明显漏洞。

思考题

1. 举办户外大型越野赛事时，主办单位如何实施紧急预警措施？
2. "白银事件"对政府举办大型户外公共活动有哪些启示？
3. 对于重大公共活动风险评估应采取哪些程序？

附录

参考的部分政策文件

1.《2021年（第四届）黄河石林山地马拉松百公里越野赛暨乡村振兴健康跑活动方案》

2.《白银景泰"5·22"黄河石林百公里越野赛公共安全责任事件调查报告》

3. 中国田径协会《中国马拉松赛事管理汇编（2021）》

案例分析

一、理论基础：危机管理 PPRR 模型

PPRR 理论是危机管理中的重要理论之一，强调将危机管理全过程分为四个阶段：第一，危机前防范阶段（Prevention）：认真分析环境因素，对管理区域内的自然环境、社会经济等情况做出正确评估，努力发现造成危机的因素，并采取应对措施。第二，危机前准备阶段（Preparation），一方面应形成健全的危机预防制度，注重对能够引发危机的现象或事件的观察，对危机进行综合分析，讨论危机预控策略。另一方面要制定应对规划，准备多套应急预案，并提早预想危机可能出现的方式和规模程度。第三，危机爆发期反应阶段（Response），是危机管理中最关键的部分，预防不可能完全避免危机的发生，因为还有很多非人力控制的自然因素。危机一经出现就必须马上采取措施，防止其风险扩散，利用合理的措施避免风险增加。还有就是要作好媒体管理，引导社会舆论，阻止谣言的传播。第四，危机结束期恢复阶段（Recovery），危机发生后要对遭受的物质损失和受害人的精神损失加以修复，注意总结经验教训，把应急管理中的漏洞填补起来。

无论是狭义或是广义上的应急管理之分，一个合理的危机管理体系都必须以防范为核心，准备为基础，保持快速反应，重视经验总结，认真排查可能引发危机的因素，制定周密的应急计划和多套应急预案，通过一切合法手段避免危机的蔓延，以正确舆论疏导方法尽力重塑后续发展。运用 PPRR 模型将应急管理划分为四个阶段工作，有助于引导政府部门开展各项工作，并探析出应急工作中的漏洞，建立起完善的应急管理机制。

二、案例分析

结合危机管理 PPRR 模型，总结甘肃省白银市马拉松事故背后的原因，可归为"天灾"与"人祸"两部分，而"人祸"是悲剧发生的主要原因。

天灾：极端天气导致灾难发生。比赛当天下午天气开始转阴，之后开始急速降温，局部地区出现大风、冻雨和冰雹，大多数参赛选手身穿短袖上衣、短裤，并没有携带冲锋衣等必备的保暖装备。当温度发生剧烈变化（见图 1），没有必备的保暖安全设备，参赛选手经历了持续最低体感温度

时段，再加上高原环境，部分参赛选手因急性失温而离世。

此外，"人祸"也是本次事故的主要原因。基于"危机管理模式理论"（PPRR），本案例着重就"危机前的防范、危机前的准备、危机爆发期的反应、危机结束期的恢复"四个阶段展开分析，重点探讨赛事主办方与政府组织部门在四个时期存在的不足与失误，由此为国内类似赛事提供启示，避免类似意外发生。

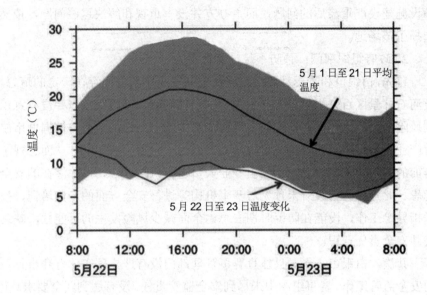

图1　白银站5月温度比较

数据来源：《白银景泰"5·22"黄河石林百公里越野赛公共安全责任事件调查报告》。

（一）危机防范期

1. 赛事主办方：缺乏防范，心存侥幸

首先，赛事举办机构缺乏安全风险防范意识。赛前收到景泰县气象局发布的气象信息专报和蓝色大风预警，却没有予以重视，未对天气变化进行系统分析，没有建立防范和应对措施，也未将天气预警信息通知到各参赛人员。更糟糕的是，此前主办方因心理上松懈，未按高海拔赛事标准严格要求参赛人员准备防风保暖装备，赛前还提前收取了转运包，导致很多参赛者没有装备而无法抵抗低温。

其次，赛事主办方在百公里越野赛赛段人员配备和补给的设置上偏离实际。因态度的随意，赛事主办方在可以防范危机的时期没有开展最危险赛点风险评估，也没有提前进行演练，致使可能造成安全事故发生的因素并未被发现和排除；在海拔最高最危险的第二赛段，没有设置医疗救助和物资补给，仅配备了 3 名工作人员，导致救援物资和救援力量不足，耽误了黄金救援时间，在另一种程度上将参赛人员的人身安全置入了险境。

最后，赛事主办方选择的赛事场地基础设施不够完善。这是黄河石林景区第四次举办马拉松比赛，但该场地一直存在赛道通信、医疗等安全保障设施建设严重滞后的问题，而主办方并没有重视和解决这些问题，依然选择了该场地。

2. 政府组织部门：预防不足，监管不力

首先，白银市和景泰县两级政府在公共安全防范方面存在一定的疏忽。黄河石林景区百公里越野赛属于大型群众性活动，可两级政府并没有意识到风险防范的重要性，他们更多地将注意力投入到经济效益与挖掘城市旅游产业资源这些与比赛自身流程没有关系的"背后利益"上，从而忽视了赛前的风险防范，没有主动派出专业人员进行风险评估、排除潜在的安全隐患。此外，两级政府未预先对赛事机构等进行安全方面的专业培训、技术指导等工作，没能在防范时期去思虑全面减少风险发生的可能性，缺乏公共安全责任意识。

其次，白银市、景泰县体育赛事管理部门没有严格落实体育赛事行业的安全监管工作。赛事组织中未尽到安全监管责任，没有达到四全要求（全过程、全流程、全要素、全平台）。同时，市县两级政府相关职能部门未按照大型体育赛事活动标准和要求，对赛事机构安全保障措施进行有效监查和管理；没有指派专业人员参与指导和制定方案，导致了相关安保源头问题等风险没有得到有效关注和提早解决；相应应急安全保障也未落实到位。

（二）危机前准备阶段

1. 赛事组织方的工作不规范

（1）赛前准备工作不足。赛事开始前无论是执行方案还是突发情况下专项应急预案、人手物资准备，都严重不足。活动方案、执行方案也存在发布过晚、照搬照抄等问题。据报道，甘肃晟景体育文化发展有限公司（以下简称"晟景公司"）组建的赛事运营机构专业人员不足，11 名工作人员负责 43 项赛事工作和运行环境，赛事医疗、安保、志愿者服务 3 个总指挥均由 1 名临聘人员担任。导致事发时秩序混乱，人力物资不足，直到意外发生才增派人员物资车辆开始救援。晟景公司作为这次赛事的运营单位，没有按照山地马拉松越野赛相关标准和要求制定专门的项目应急管理计划体系和预警应对机制，没有真正落实中标协议中的内容。赛事机构对市政府发布的活动方案和执行方案没有进行专业分析和实际落实，只是照搬，严重违背了大型赛事的举办标准。同时，安全保障措施不到位，作为赛事组织方，没有开展专项的应急计划演练及时发现安全隐患，也没有配备专业救援团队。赛事机构的赛前准备工作的缺失，反映了赛事运营单位的运行水平低下，达不到赛事举办的标准。

（2）赛道补给点设置不合理及通信条件不完善。此次越野赛线路图中共有9个打卡点，其中3号打卡点处于山顶，也是比赛最为危险的地段，2号打卡点到3号打卡点途中需要步行8公里、爬升1000多米，但没有设置补给点医疗点，同时3号打卡点是9个打卡点中唯一没有设置补给点的地方。其次，主办方明知有部分赛道网络信号存在弱覆盖与无覆盖，却未采取措施来改善通信条件。

（3）赛前主办方并未对参赛选手进行统一安全教育，未对全程携带的强制装备进行合理要求以及检查。黄河石林百公里越野赛强制物品，唯一和保暖相关的强制装备只是一条救生毯，冲锋衣等都没有被列入强制装备，选手在遭遇突发恶劣天气后没有足够的强制装备对自己进行有效的失温自救，直接导致了遇难选手在失温后的救援窗口不足一两小时，完全不足以等到救援队伍抵达。赛事组委会在强制装备要求和检查以及安全保障方面有着不可推卸的责任。

2. 政府部门监管失控

相关政府部门未落实安全监管责任。涉及重大危险体育比赛，管理监督部门在明知赛事安全性审批环节已经取消的情况下，没有履行自己应有的安全监督审查责任，未落实应有的监管措施，没有在参赛保障安全管理方面提供专业的指导监督，导致没有发现、规避赛事可能存在的风险隐患。在赛事准备阶段，当地市委市政府、县委县政府均未对此次重大赛事召开专项研究会议；主办单位在开赛前三天才下发活动方案，导致相关部门准备不足、不能有效落实安全措施；而作为承办单位的景泰县委县政府，实施方案只上报未下发，致使部分部门职责任务不清；景区管委会的执行方案照抄照搬，未制定专项预案和安保方案。同时，赛事组委会和运营单位在实施方案和相关预案中，没有充分规划应急救援力量和物资安排，仅以口头形式调动社会力量参与安保和救援工作。

（三）危机爆发期的反应

1. 赛事主办方：反应迟钝，组织不力

马拉松赛事于上午 9 时开始，10 时天气开始发生变化，赛事机构没有关注气象情况，也没有强制为选手配备保暖设备。在收到气象部门气象信息转报和大风蓝色预警的情况下，主办方没有当即采取有效措施或终止比赛，只是派出人员前往救援。依据《中国新闻周刊》对"医师跑者"励建安的回忆记录，当天 13 时左右，在 2 号打点卡赛段他听见一名蓝天救援队队员打电话"我的经验是比赛必须终止"，对方明显犹豫，该警告被忽略。

此后，陆续有出警以及救援队开始救援。14 时 10 分，主办方依然没有宣布停赛。已经确定了意外发生，赛前赛事举办机构救援预备工作迟缓，没有完善可靠的预案，主办方最终没能进行及时有效的救援。同时，救援人员出现了组织性失控。赛前赛事机构没有配备专业救援队伍，从收到求救到开始救援前后历经几个小时，组织严重不力，导致悲剧进一步扩大。

2. 政府组织部门：协调不力，责任缺失

根据后续调查，当天 15 时左右到 16 时 30 分，景区管委会正式上报事件，当地县政府开始部署应急工作，17 时向市内报告相关情况，21 时 26 分，省领导赶到案发现场。从景区事发到上报市、省政府，历经 5 小时左右，协调能力欠缺，未能快速上报信息以获取更多资源调度，反映出当地相关部门对突发事件的应对能力不足。

白银市和景泰县两级政府在突发情况已经出现后，并没有立刻采取危机公关活动，致使众多信息传播，谣言四散，在一定程度上影响了危机处置。同时，有关部门没有第一时间联系新闻媒体，建立受害者、公众与政府之间的联系。甚至该马拉松悲剧事件发生后的第二天，白银市电视台仍然重播了前述活动的开幕式，一度引发社会公众不满。一系列失误使得政府公信力和自身形象严重受损。

（四）危机恢复和重建期

1. 恢复救济工作不到位

事故救援任务结束后，政府部门对赛事组织的过失、善后等问题躲躲闪闪。进行赔偿工作时，当地拿出事故保险赔偿协议，赔偿给付遇难家属经济损失 95 万元，其中还包括团体意外险 50 万元，因赔偿数额有异议，部分家属拒绝签字，虽然后续给出新的赔偿方案，但在客观上给遇难者家属和社会留下了负面印象。

2. 媒体工作缺失

马拉松事故结束不久后，当地竟然出现配图为白银石林山地马拉松选手包裹保温毯的广告海报，一度造成对遇难选手和逝者家人的二次伤害，这也表明当地政府管控舆情的能力不足，损害了政府形象。

三、改善措施

（一）危机前防范

1. 赛事主办方

提高自我运营水平，完善相应基础设施。赛事机构的运营水平是关系自身长远发展的关键问题，要增强重大户外赛事危机意识，提升风险防范和应对能力；不能因为赛事制度放宽或以往经验而心存侥幸、态度松懈、忽视赛前危机防范的重要性。同时，根据我国赛事举办要求，主办方要完善相关赛事机构和场地基础设施建设，包括通信、医疗、救援等设施，从而减少致使危机发生的可能性因素，为赛事安全举办打下坚实基础。

2. 政府及相关部门

强化安全监管工作，杜绝任何形式主义和官僚作风。政府及其相关职能部门要加强对大型群众性活动的安全防范和监管工作，严格遵照《大型群众性活动安全管理条例》（2007）进行赛事审批和报备工作，认真落实事前事中事后监管，排除可能造成风险的安全隐患。同时，还应加强对相关部门制定完善各类突发事件总体预案、专项处置预案和跨部门预案的管理，规范紧急联动处理机制和启动响应程序，提升应急处理效能等方面的监督管理，做到防与救的有效结合。

（二）应急准备阶段

1. 赛事主办方

规范赛前准备活动，规范制定执行方案、活动方案和各方面工作安排，赛前准备充足的物资及基础设施，招募足够的专业人员维护保障赛事工作，避免出现工作人员精力不足等情况。应对参赛选手进行统一的安全教育和资格审核，按照规定严格携带救援装备，让参赛者知晓突发情况下如何自救和求救。

完善赛事组织机构的应急预案。根据国家相关标准制定规范的应急管理预案，备足应急人员和物资，开展专项应急演练，及时发现赛事活动存在的不足。同时加强参加赛事活动人员的安全技术培训和风险意识教育，提高工作人员专业保障能力，绝不能做表面功夫。

合理设置补给点和医疗点。在关键要点设置物资补给点和医疗点，不能追求短暂经济成本而降低户外赛事的标准和要求。对网络、路面、医疗等可能薄弱环节要加强防范，以消除一切安全隐患因素。

2. 政府相关部门

严格履行安全监管主体责任。重视重大体育赛事的安全性审查，落实监管措施，提供参赛保障方面的专业指导。赛事准备前，政府部门应对重大赛事召开专题会议，审核赛事主办方的活动方案和职责要求。审核专项应急预案和安保方案，规划应急救援力量和物资安排，保障自身救援力量不足时如何增强外部支援介入。

加强对赛事机构的规范性管理。体育主管部门要全面加强对体育赛事行业的规范性管理。对赛事机构进行全面评估，严格审批放管制度，审批时将赛事风险等级评估作为前提条件，制定相关安全保障预案；建立体育赛事活动资源库，指派专家及团队到赛场进行现场调研和技术指导培训；完善体育赛事标准和要求，健全大型赛事活动准入机制，扭转赛事机构水平参差不齐的状况。同时，主管部门要做好统筹规划，对赛事活动的各项具体任务进行合理分配和管理，加强相应工作落实情况的监督检查，坚决避免漠视安全服务保障的情形。

（三）危机爆发时期

1. 赛事主办方

加强组织协调能力，增强危机爆发时的有效救援。大型赛事的举办存在一定的风险性，危机爆发时赛事机构的组织协调能力是救援关键。赛事机构要增强应急行动的组织协调，强化内部人员能力素质培训，在危机爆发时，能够不自乱阵脚，迅速与有关救援力量联动，及时展开各方面救援。

2. 政府相关部门

"甘肃马拉松"悲剧中，政府应对危机过程中的一系列做法，无论是事故发生前的反应迟滞，还是应急救援的慌乱不力，都暴露出基层政府部门应对突发公共事件的短板。要以"白银事件"为教训，增强应对突发公共事件的综合能力，充分认识公共安全领域的复杂性、多变性，把握新形势下各类公共安全事件发生的特征，建立并完善联动、协同、科学调度的应急机制。

（四）危机恢复和重建期

危机发生过后，赛事主办方要密切配合有关政府部门，与受害者家属、利益关联方积极协调沟通，依法做好受害者及其家属的善后赔偿救济工作，不能敷衍推诿。特别要重视受害者家属后续精神和心理问题，及时派遣医疗、心理专家对其进行医疗救助与心理疏导。同时，要加强各类新闻媒体的监管疏导，坚持准确、正面、负责任地进行新闻宣传，对有关事故发布和信息报道要严格审核，坚持正确理性的社会舆论导向。

参考文献

[1] 新华网.《甘肃景泰一马拉松百公里越野赛已发现 16 人遇难》，http://www.xinhuanet.com/2021-05-23/c_1127480208.htm，访问日期：2022 年 6 月 20 日

[2] 北京日报.《"白银马拉松事故"调查报告全文发布　大量细节首次披露》，https://news.sina.com.cn/c/2021-06-26/doc-ikqciyzk1966429.shtml，访问日期：2022 年 6 月 20 日

[3] 新华网.《一场越野赛为何成为"夺命跑"？——还原甘肃景泰山地马拉松越野赛惨剧经过》，http://www.xinhuanet.com/local/2021-05-23/c_1127482244.htm，访问日期：2022 年 6 月 20 日

[4] 中国甘肃网.《白银景泰"5·22"黄河石林百公里越野赛公共安全责任事件调查情况通报》，2021，https://baijiahao.baidu.com/s?id=170230163667 9759141&wfr=spider&for=pc，访问日期：2022 年 11 月 5 日

[5] 新浪财经.《新华社评白银马拉松事故：一场惨剧，声声警钟！》，https://finance.sina.com.cn/jjxw/2021-05-23/doc-ikmyaawc7052246.shtml，访问日期：2022 年 9 月 12 日

[6] 石程涛、李有东、孔庆岭等.《谈突发公共安全事件应急与救援能力建设——基于甘肃白银"5.22"黄河石林百公里越野赛》，《中国应急救援》2021 年第 6 期

[7] 晏鸿、杨明、李佳琪等.《我国越野跑赛事发展的回顾反思与展望——兼论甘肃白银黄河石林越野赛事件的赛事组织》，《南京体育学院学报（自然科学版）》2021 年第 7 期

[8] 人民网.《白银马拉松事件调查结果公布：27 名相关人员被追责》，http://society.people.com.cn/n1/2021/0611/c1008-32128989.html，访问日期：2022 年 9 月 12 日

案例五：新兴技术的"双面孔"——深度伪造场景下的安全治理

案例正文

摘　要：深度伪造（Deep Fake）是当代一种新兴的人工智能技术，它具有很强的拟真性，能对声音和图像进行深度模仿和伪造，其发展给社会发展带来一系列新的冲击。本案例基于深度伪造技术的异化研究，通过典型案例场景阐释其对社会公共安全的现实威胁，剖析危害形成背后的深层逻辑，为有效监督和治理深度伪造技术提供路径思路。深度伪造技术异化是社会系统自身漏洞的衍生后果，未来应持续完善政府治理体系，强化新兴技术的精准监管；提前划定"红线"，优化技术创新环境；构建鼓励与惩戒双轨机制；提升全社会风险意识，增进社会公共安全。

关键词：新兴风险；深度伪造；技术异化；社会安全

在 2018 年国家网络安全及信息化工作会议上，习近平总书记强调："网络空间不是法外之地，要依法严厉打击网络黑客、电信网络诈骗、侵犯公民个人隐私等违法犯罪行为，切断网络犯罪利益链条，持续形成高压态势，维护人民群众合法权益。"① 为了全链条重拳打击涉诈犯罪生态系统，全方位筑牢技术反诈防护网，全维度挤压涉诈犯罪生存空间，2022 年 4 月中共中央办公厅、国务院办公厅印发了《关于加强打击治理电信网络诈骗违法犯罪工作的意见》，明确提出"要加强依法惩处，形成打击合力，提高打击效果；要坚持全方位的严厉打击，对电信网络诈骗及其上下游的周边违法

---

① 新华社：《习近平出席全国网络安全和信息化工作会议并发表重要讲话》，http://www.gov.cn/xinwen/2018-04/21/content_5284783.htm，访问日期：2022 年 12 月 6 日。

犯罪行为进行法律制裁"。

随着信息技术、人工智能的快速发展，以互联网为媒介的新型"无接触犯罪"正在迅速蔓延，涉及公共安全的犯罪形式在数量、受害人规模、危害程度等方面均呈上升趋势。据报道，截至 2020 年，我国公安机关破获 6524 起与侵犯公民个人信息、非法获取个人隐私的案件，逮捕 1.3 万多名犯罪嫌疑人；其中 1782 起网络黑客和新技术犯罪，逮捕犯罪嫌疑人 2975 人；已侦破的网上黑产犯罪案件达 1 万余件，抓获犯罪嫌疑人 1.5 万余人。[①] 新兴技术类安全案件不断挑战社会底线，对其进行坚决遏制和系统治理已刻不容缓。

一、信息"安全堤"侵蚀，钱袋子如何守护？

随着现代科学技术发展，眼见、耳听不再为实，一段视频、一段语音也不一定是真实的。手机应用程序后台、支付界面、门禁闸机都有可能偷走个人的面部生物信息……置身信息大数据时代，一些不法分子利用深度伪造技术攻破信息漏洞，出现新的诈骗形式，威胁人们的财产安全。

近年来，人脸识别生物密码在国内各大银行得到广泛应用，号称"用户到哪里密码就跟随到哪里"，凭借其不易被仿冒复制的特性，能够实现金融行业运行的高效率以及客户资金保障的高安全。但是，经常有媒体报道，银行的人脸识别系统被不法分子攻破，储户用户银行卡被盗刷。[②] 此外还屡屡发生犯罪嫌疑人伪装成公安警官，利用公民接到警方电话时的恐慌情绪，一步一步将电信用户牵入"协助办案"的陷阱之中。诈骗人员通过远程操控获取当事人的面部生物信息，在掌握了"人脸识别+动态密码"后，诈骗人员通过修改密码，轻松登录手机银行，此后便如入无人之境窃取储户资金。即使有储户此前设置了每日转账限额，也在诈骗人员登录后被轻易修改，之后每笔大额转账也都通过"人脸识别+动态密码"验证通过。

对于企业来说，在深度伪造技术影响下，有数据表明全球企业每年损失高达 780 亿美元，其中包括用于修复声誉损失的 90 亿美元。随着受害者的累积，企业所需要承担的风险远比加强人脸识别系统的安全技术支付的

---

① 张天培：《严惩网络犯罪　净化网络空间》，《人民日报》2021 年 4 月 1 日。

② 中国新闻周刊：《交通银行人脸识别系统被攻破：6 次人脸识别比对，近 43 万被盗走》，https://baijiahao.baidu.com/s?id=1738661851283306266&wfr=spider&for=pc，访问日期：2022 年 7 月 18 日。

代价更高，而恢复声誉的资金投入并不一定能够与实际效果成正比，因此，企业对深度伪造承担的责任远远大于个人。

此外，有调查者以"AI 换脸"为关键词在一些视频网站进行搜索，发现大量相关视频且人气很高。通过某社交群组联系一位提供人脸识别软件的卖家，其介绍人脸动作制作软件和教程售价为 1299 元，验证通过率可达 90%。经过演示，将一张网络随机下载的个人正脸静态照片导入电脑，在技术人员操作下照片上的人物能够瞬间"生动"起来，依据下达命令可以做出相应的眨眼、张嘴、皱眉等精细动作和表情变化，并在仅仅十几秒内生成流畅视频。①工程师萧某谈到"完成由静到动这一驱动操作的技术叫深度合成技术，是人工智能合成技术的一种"。在技术加持下，盗刷人脸不再是难事。在手机卡注册、银行卡申请、支付软件登录等需要人脸动态识别的环节，这些伪造的合成视频可协助不法分子通过后台审核验证，从而达成自己的不法目的，侵害公民的财产安全。

清华大学发表的《深度合成十大趋势报告（2022）》显示，目前国内外各大视频网站和社交媒体平台都有大量的深度合成视频（见图 1）。以视频作为参照，2021 年新推出的深度合成视频相较于 2017 年增加了 10 倍以

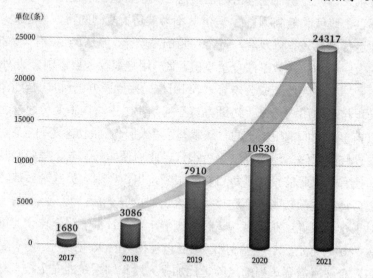

图 1　互联网中深度合成视频的发布数量变化趋势

①《一张图片就能"活化"成视频？警惕 AI 深度合成击穿风险底线》，《半月谈》，https://www.163.com/dy/article/HAF8ADSK05346RC6.html，访问日期：2022 年第 6 月 22 日。

数据来源：《深度合成十大趋势报告（2022）》，清华大学人工智能研究院。

上。①根据国家网信办的《互联网信息服务深度合成管理规定（征求意见稿）》②，"深度合成服务提供者在提供人脸、声音等生物特征信息时，应提示深度合成服务使用者并获得其独立的同意。"

二、利用 AI 换脸伪造证书挂靠认证

2021 年 12 月，常州警方发现一家不法公司使用 AI 换脸技术来"伪造人脸"制作视频，欺骗人工识别系统，帮助那些需要挂靠的人或企业在相关政务网站进行人脸识别认证（见图 2）。数字经济背景下，各地政府部门普遍开发应用了一些 App 和电子认证，包括人脸识别等。为了谋求不法利益，犯罪分子为一些需要资格证的企业提供便利，利用 AI 换脸技术蒙混过关。

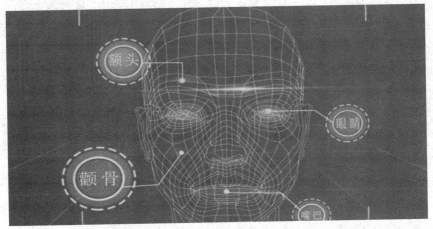

图 2　人脸识别技术信息

常州市公安局网络安全支队民警说："正常在一些政务网站进行注册，需要本人进行实名认证，但是那些证书本人一般不会做这个，就要其他的一些技术手段来绕过这个人脸识别认证。"警方调查发现，这家非法公司仅是一个中间商，下游就是一些需要挂靠的企业和有证书的人，而上游就是

---

① 《深度合成十大趋势报告（2022）》，《清华大学人工智能研究院》，https://baijiahao.baidu.com/s?id=1725361064233553417&wfr=spider&for=pc，访问日期：2022 年 3 月 1 日。

② 国家互联网信息办公室关于《互联网信息服务深度合成管理规定（征求意见稿）》公开征求意见的通知，http://www.cac.gov.cn/2022-01/28/c_1644970458520968.htm，访问日期：2022 年 1 月 28 日。

黑客。人工智能识别时需与个人身份证进行比对，再采集相应的活体信息，最后加上影像资料。这些做法主要应用在金融支付等高级别验证上，但也让犯罪团伙有了可乘之机。

警方提醒民众，对于一些需要上传个人身份证照片和个人视频信息的要求，一定要提高警惕，谨防上当受骗；当个人信息被采集时，要询问清楚采集的原因，不法分子可能会利用个人信息进行窃取金钱等活动。在被索要个人信息时，要询问是否有合法依据；一旦发现个人信息被盗用，应及时向公安机关报案，这关乎个人信息是否泄露，对财产安全信息更要警惕。

三、"以假乱真"的国家安全隐忧

深度伪造技术的另一重大风险是被利用为信息战武器，通过将虚假消息包装展现在公众面前，甚至恶意剪辑或伪造领导人言论，诱发信任危机，挑拨国与国之间的关系，危害国家安全。例如，在 2022 年俄乌冲突中，就出现了大量利用深度伪造技术捏造虚假信息的现象：一些匿名行为主体借助深度伪造的图片、音频和视频，意图扰动俄乌局势和舆论走向，利用社交媒体平台大肆传播，促使大量虚假信息在全球范围内流动。

2022 年 3 月 12 日，乌克兰国防部在其社交媒体上发布了一段经过深度合成编辑的"巴黎遭炸弹袭击"的视频。①（见图 3）在视频中，战火纷飞，哭啼声不绝于耳。乌克兰《基辅邮报》（Kyiv Post）将该视频发布到 Facebook 的账号，并写道："想象一下，如果普京攻击任何其他欧洲国家。著名的巴黎埃菲尔铁塔或柏林的勃兰登堡门会继续在俄罗斯军队无休止的轰炸下屹立不倒吗？你觉得这不关你的事吗？今天是乌克兰，明天将是整个欧洲。俄罗斯将不惜一切代价。如果我们倒下了，你也会倒下。要么设立禁飞区，要么给我们战机。"乌方本意是希望透过视频向北约求助，但是这一举动却利用民众对妇女儿童等弱势群体的同情，挑起反俄情绪，这违背了道德规范及伦理准则。它以深度造假技术为手段，将错误的消息传播出去，借此来诋毁敌人，制造极端对立情绪，消费民众情感。这些深度伪造的合成视频也许会刺激国与国之间的民族主义者，从而导致事态升级。

---

① 《乌国防部发布"巴黎被轰炸"视频，@北约！》，《环球时报》，https://baijiahao.baidu.com/s?id=1727100635855422835&wfr=spider&for=pc，访问日期：2022 年 3 月 12 日。

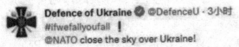

图 3　乌国防部发布"巴黎遭炸弹袭击"视频

　　经后期证实，网络空间大量流传的"俄罗斯对卢甘斯克发电厂空袭引起爆炸""俄军在基辅上空低空飞过""俄军在 2 月 24 日轰炸乌克兰东南部港口城市马里乌波尔""乌克兰疯狂拦截俄罗斯导弹"等视频均被证实为"移花接木"的虚假信息。[①]再比如，Twitter 上某用户曾经发布推文称乌克兰王牌飞行员"基辅幽灵"击落了俄六架飞机，还附上了一段被击落后黑烟滚滚的画面。后来辟谣称，这段视频是用《数字战斗模拟世界》中的一款空战仿真游戏，经过配音、剪辑等技术制作而成。乌克兰武装力量的非官方 Twitter 主页曾发布一则短视频，载有诸多乌克兰"战胜"俄罗斯的欢呼场景。后经考证，相关场景在俄乌冲突爆发前就已发生，上述这两条视频均为利用深度伪造技术，通过高度复杂的电脑程序进行机器学习后所生成的。

---

　　① 澎湃新闻，《明查｜俄乌战火纷飞，小心被这些假消息混淆视听》，http://news.cyol.com/gb/articles/2022-02/27/content_0B9z5ivaj.html，访问日期：2022 年 11 月 5 日。

此外，当深度伪造用于社会公众人物乃至领导人时，则可能成为大众笑柄，损害政府形象，导致更多纷争乃至政党撕裂。譬如，美国前总统特朗普在 Facebook 上分享了众议院议长南希·佩洛西（Nancy Pelosi）的一段深度合成视频，获得了上百万次的点击量。该视频当晚在福克斯新闻台节目上播放，这段深度伪造视频将佩洛西丑化为疯疯癫癫、神志模糊的老妪，在网络空间一度疯传。而特朗普及其同僚在 2020 年底美国总统选举期间，通过 Twitter 贴出一段阴谋视频：有人焚烧投给特朗普的选票。这一视频的播出在部分选民中造成严重误导，引起民主党和共和党各自支持民众的谩骂。

结语

在现代科技应用突飞猛进的今天，新兴技术带来便利的同时，也带来一些新的社会安全风险。传统方式犯罪加速向以互联网充当媒介的非接触式犯罪转变，并衍生出新型网络犯罪。诸多案例显示，涉及深度伪造技术的网络犯罪危害社会公共安全，给受害者带来重大损失，技术黑客徒增了社会空间的恐惧、胆怯。技术安全、网络安全是国家安全的重要组成部分，处置不慎会严重损害经济社会发展秩序，带来更多不可测的风险危机[1]。如何应对深度伪造技术风险，这是当代新兴技术监管亟待回应的现实问题。针对深度伪造技术异化，应从多方面采取系统化治理，找到问题所在，对症下药，塑造安全、可持续的技术应用环境。

案例分析

1986 年，德国学者乌尔里希·贝克（Ulrich Beck）在《风险社会》一书中提出：现代化发展进程中，生产力指数爆发式增长，新兴技术等带来的风险是人类难以回避的问题。2006 年，贝克再次根据疯牛病的爆发预测了未来社会风险，包括通信技术、人工智能、基因技术等。技术发展的高速与监督的滞后已然导致新的社会风险，亟待构建新的风险治理思路。

---

[1]《经济日报》，《信息安全保护任重道远——建设数字中国系列述评之三》，https://finance.sina.com.cn/chanjing/cyxw/2021-04-12/doc-ikmyaawa9114945.shtml，访问日期：2021 年 4 月 12 日。

一、理论基础

（一）S 型创新曲线

"S 型创新曲线"是对创新活动的一种认知观点，认为一项技术的发展历程和生物进化一样呈现周期性，表现为婴儿期、成长期与成熟期。概括而言，婴儿期阶段未知性强，产生风险的可能性大；随着开发者探索改进，技术会进入成长期，利用率上升，但新技术存在的问题也会逐渐暴露，在需求推动下问题开始解决；当技术步入成熟期，进步速度开始减缓，出现缺乏动力等问题，在这种情况下又会有新的补充替代出现。S 型创新曲线将技术的成长过程描述了出来，构成了一个完整的生命周期。

（二）利益相关者

利益相关者理论本源自商业经营领域，后被广泛应用到其他学科中有关主体关系的认知上，其基本观点是管理过程要尊重利益相关者需求，了解相关决策对于利益相关者的影响，以保障决策活动的科学实施。

深度伪造技术的利益相关者主要包括三类：用户群体、互联网企业、监管者。技术用户是新兴技术的使用者，是直接利益相关者，与具体技术应用相互接触。互联网企业作为技术供应商，是间接利益相关者，提供技术支持或给予技术应用的平台环境，对于深度伪造技术的发展起到重要作用。现实生活中还存在一部分不了解深度伪造技术，但在不知不觉中已经被纳入影响的人群，即潜在利益相关者。最后，政府有关机构充当监管者角色，需要对如何有效规范技术应用环境提出监管措施，制定规范性法律法规，维护社会公共安全利益。不同主体在利益相关者网络中，基于本身定位与需求扮演不同的角色。

二、分析框架

本案例结合新兴技术风险和利益相关者理论，以 S 型创新曲线为基础构建了深度伪造技术发展及风险影响的分析框架（见图 4）。从 S 型创新曲线的三个时期：婴儿期、成长期、成熟期出发分析技术发展不同时期影响的利益相关者，思考解决深度伪造技术异化问题的合理策略，促进技术的正向发展，保障新兴技术应用的公共安全利益。

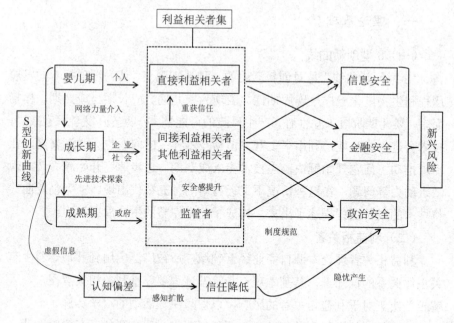

图4　案例分析框架示意图

三、深度伪造技术案例分析

（一）次生风险链条叠加

深度伪造技术的应用符合"S型发展曲线"，从"婴儿期"的缓慢探索到"成长期"的快速发展及问题暴露，深度伪造技术带来的影响值得深思。人们对深度伪造技术的认识从刚出现的不了解到开始利用再到发现其问题，这个过程也随着技术的发展而变化。随着科技的突飞猛进与数据化时代的到来，深度伪造技术的运用原理被越来越多的普通人掌握，其制作成本开始降低，这也意味着掌握这项技术的门槛降低，科技扩散进一步放大了风险。目前，深度伪造生成算法不断优化升级，合成技术已经不再是人眼可以识别真假的状态，"AI换脸"也不再是僵硬的"P图"，而是能够利用编码和解码技术将静态状态下的深度伪造技术转换为动态视频伪造。从风险产生形式、科技伦理、关联主体、监管模式等看，深度伪造技术风险与传统安全风险之间的差异十分显著。

本案例显示深度伪造技术已迈入"成长期"，能够在视频基础上对人物进行换脸操作从而骗取受害人的信任，对其进行诈骗；技术异化也从侵犯个体利益转变成威胁社会公共安全。现实中，网络诈骗不再是仅停留在电信诈骗、杀猪盘、保险诈骗等常见手段，深度伪造技术的潜在风险更大，技术黑客通过侵入信息系统、盗取个人隐私、AI 换脸、伪造音视频等手法，危害公民个体、企业、金融行业安全，乃至国家安全。不法分子利用深度伪造技术对信息系统的渗透、入侵、数据窃取等行为，正严重影响到重点行业、关键基础设施运行，大量信息被泄露、滥用，不仅使公民隐私和财产受到损害，还不同程度引起了社会心理恐慌和信息安全的忧虑，进而增加对信息交互平台、政府监管系统的不信任感。

（二）利益相关者网络交织

1. 直接相关者

在新兴技术发展早期，遭受风险侵害的首先是处于劣势地位的普通民众，他们对于新兴技术缺乏认知，很容易陷入风险圈层之中。例如，本案例中的银行储户是直接利益相关者，受到的冲击损失最突出。以深度伪造技术为支撑，人与人之间传统的信息交流方式遭到侵害，相互信任的价值体系遭到弱化，可能引发伦理道德风险。自媒体时代，若网络用户凭借深度伪造技术合成、发布不实消息，很有可能引起社会面的轩然大波，进而损害社会系统的稳定秩序并激发群体矛盾。民众对网络平台信息缺乏心理信任，长此以往整个社会的信任根基也将受到极大冲击。

2. 间接相关者

提供深度伪造技术支持或企业平台是新兴技术风险的间接相关者。

首先，技术支持者能够占据优势地位，利用技术鸿沟，发挥深度伪造技术获取经济效益。比如本案例中通过网络平台买卖伪造教程或制作深度伪造视频的黑灰产业，就是通过技术优势来侵占民众利益。其次，企业平台也是技术传播的一类载体，深度伪造技术对企业形象造成的负效应难以量化统计，是一种对虚拟财富（信誉、公众形象等无形资产）的吞噬。本案例中银行采用人脸识别技术扩展便民服务却导致客户信息泄露，给银行自身造成重大损失。银行应用技术的出发点无疑是好的，可以提高客户使用体验，但是缺乏对新兴技术监管，给不法分子可乘之机，反而对企业形象造成严重影响。最后，如果有不法分子使用伪造技术，篡改企业高管谈话内容，在平台上散布不实信息，或者用伪造视频来诋毁企业品牌，更会令企业的公众形象与声誉蒙受损失。基于此，企业可借鉴 B 站等平台"AI 换脸"审核规则经验，对使用深度伪造技术的内容加强审核规制，而非追求一时的流量效益。

3. 监管者

深度伪造技术步入成熟期，政府监管者的角色不可替代。随着 AI 换脸诈骗案件的持续发酵，对社会各界的影响不断扩大，监管部门应积极主动干预，加大对深度伪造技术异化的治理纠正力度。

2022 年 4 月，中共中央办公厅、国务院办公厅印发了《关于加强打击治理电信网络诈骗违法犯罪工作的意见》（以下简称《意见》），对加强打击治理电信网络诈骗违法犯罪工作作出安排部署。

《意见》要求，要依法严厉打击电信网络诈骗违法犯罪。坚持依法从严惩处，形成打击合力，提升打击效能；坚持全链条纵深打击，依法打击电信网络诈骗以及上下游关联违法犯罪；健全涉诈资金查处机制，最大限度追赃挽损；进一步强化法律支撑，为实现全链条打击、一体化治理提供法治保障。要构建严密防范体系。强化技术反制，建立对涉诈网站、App 及诈骗电话、诈骗短消息处置机制。

近年来，我国政府相关部门及时介入，公安部门严厉打击以深度伪造技术为支撑的黑灰产业，取得了显著成果。国家网信办 2019 年 11 月发布了《网络音视频信息服务管理规定》，强调自 2020 年 1 月 1 日开始，无论何种 AI 造假视频都不允许私自发布。加快落实网络平台违法深度伪造合成信息识别、强化合成信息管理处置等规则的制定，无疑将有助于推动新兴技术的理性应用，净化新兴技术科学应用空间。

四、深度伪造技术安全治理策略

针对深度伪造技术带来的风险，应从风险链环节进行管控，降低风险概率及影响。设定人脸识别的安全标准与预防方案，使人脸识别规制化，减少人脸识别负面影响。在深度伪造技术发生不良事件时及时做出反应，采取有力减缓措施弥补损失，并进行学习反思。

（一）技术规制方面

面对深度伪造技术的滥用，法律层面上的制度防控是防范深度伪造技术异化的有力保证。在国际上，多国确立了不同程度的法律规范，采取针对性的法律规制。比如，美国《2019 年深度伪造报告法案》、欧盟《通用数据保护条例》《反虚假信息行为准则》和德国出台的《社交媒体管理法》等都对包括深度伪造技术在内等的人脸识别内容进行规制。我国国家网信办在 2019 年 11 月发布了《网络音视频信息服务管理规定》，其中第十一条规定：网络音视频信息服务提供者和网络音视频信息服务使用者利用基于深度学习、虚拟现实等的新技术新应用制作、发布、传播非真实音视频信息的，应当以显著方式予以标识。然而总体来看，我国有关深度伪造技术开发应用等方面的法规比较松软，约束等级不高。

一是要完善法律法规，建立健全人脸识别规制，对人脸识别技术的适用范围进行管控，防止技术因商业利益而被滥用。二是要明确公开告知公众人脸识别技术可能会产生的后果和风险，避免被人为诈骗牟利。三是要明确深度伪造技术使用人脸信息的范围和设置权限，保证人脸信息在收集过程中不会被泄露、非法传播、储存和使用。四是要严格商业、企业对人脸识别技术的使用，建立和规范行业内部的制度规范。五是要增强社会公众关于深度伪造技术的隐私保护意识，明确拒绝他人随意收集个人信息的行为，警惕人脸信息泄露的风险。

（二）行为规范方面

现实中深度伪造技术的异化体现在人的行为，从源头上进行个体与机构违规行为的有效控制是降低这类新兴风险的关键之处。在操作方面，政府监管部门应针对技术应用和内容传播的不同情况，根据风险等级制定相应的激励和惩罚措施，坚持正向引导、惩戒违规的基本思路，更好地利用和规范深度伪造技术的应用行为。

对于普通民众而言，深度伪造技术可能带来的虚假信息需要个体较专业的辨别能力，但随着新兴技术的不断发展，虚假信息伪装性增强，辨别信息的真假也面临一些现实阻碍。基于此，有关政府监管部门应当及时疏导，加强信息传播的常态化教育宣传，不断强化民众专业甄别能力和风险意识，最大程度避免负面影响的发生。

（三）风险预警方面

深度伪造技术的重要应用基础是人脸识别，对此风险预警主要涉及两个方面，一是对使用人脸识别系统的相关主体预警，二是对识别对象即人脸识别系统的受体进行预警。

2016 年 MS Celeb 数据库发布：拥有超过 1000 万张图像以及 10 万人的人脸信息，并且用于培训全球科技公司和军事研究人员的面部识别系统，被多个商业组织使用。然而 2019 年微软删除了这个全球最大的人脸数据库。究其原因，是微软基于人脸识别风险的预防意识。根据微软的实践经验，人脸识别的风险预警需要政府、企业、民众共同参与，根据不同情景可能出现的识别危机进行治理，形成动态的预警机制，而企业自身也应当对拥有的的数据库实行预警机制，防止人脸数据被滥用。从人脸识别技术的受众角度来说，要明确以知情同意原则为基础的人脸识别信息收集规制。可以通过多种形式，譬如通过一揽子授权方式获取用户同意，避免因使用主体与受体信息的不对称和地位不均等造成风险外溢。

（四）政策协同方面

1. 建立多主体的网络安全生态圈

在全球化背景下，各行各业均存在竞争与合作，个人信息泄露关联的黑色产业链逐渐扩大。企业组织需要与政府、社会部门建立应对联盟，形成一种灵活性强、可协同的合作生态体系，互相监督，共护安全。比如企业可以向政府提供人脸识别技术支持，而政府部门可向企业通告不法行为线索，共同承担风险和责任，建立人脸信息网络安全生态区。

2. 增强源头性保护，提高违法成本

网络信息传播速度快，网络交易门槛不高，以至于不法分子窃取个人信息进行违法交易的犯罪成本较低且获利巨大，政府处理深度伪造技术违法事件时所付出的成本却相对较高。因此，要加大源头治理，增强法律威慑作用；快速受理处置技术型犯罪线索，加大违法打击力度。

3. 使用新技术修复安全漏洞

深度伪造技术具有可复制性，尤其是大量 App 搜集个人信息时的安全性缺失极易造成信息泄露。对此，首先，要鼓励支持商业企业安全技术研发，以一定强制方式要求个人对信息数据加密。其次，要减少外部环境干扰，强化人脸识别验证，支持国内外优势企业大力加强创新研发，特别是针对 App 应用情景下的安全维护技术，提升个人信息数据的安全性。

结语

深度伪造技术通常被描述为使用机器学习工具创建伪造品，它利用深度学习算法实现音视频的模拟和伪造，将目标图像或视频合成到原始图像或视频中，形成虚假内容的人工智能技术。当前，深度伪造技术已经渗透到人类生产生活领域，产生诸多广泛影响。然而，技术是一柄双刃剑，技术异化往往导致违法和社会失德行为，给社会公共安全带来新的挑战。深度伪造技术作为人工智能的分支，同样要高度警惕智能化变革及应用的衍生影响，政府监管部门要采取多种措施，推动人类社会科学、安全地利用技术工具，从法律、规则、标准、文化等层面多管齐下，积极化解和应对新兴技术风险。

参考文献

[1] 央视新闻.《女子"被刷脸"办卡　莫名背上贷款万余元》，https://m.gmw.cn/2021-08/28/content_1302518285.htm，访问日期：2022 年 6 月 20 日

[2] 张乐.《新兴技术风险的挑战及其适应性治理》，《上海行政学院学报》2021 年第 1 期

[3] 段哲哲、周义程.《创新扩散时间形态的 S 型曲线研究——要义、由来、成因与未来研究方向》，《科技进步与对策》2018 年第 8 期

[4] 薛澜、赵静.《走向敏捷治理：新兴产业发展与监管模式探究》，《中国行政管理》2019 年第 8 期

[5] 封帅、王天禅、蒋旭栋.《新兴技术对国家安全的影响笔谈》，《信息安全与通信保密》2021 年第 12 期

[6] 王力、王德虎、史运涛等.《新兴技术安全风险防范化解策略研究》，《中国应急管理科学》2021 年第 5 期

[7] 刘国柱.《深度伪造与国家安全：基于总体国家安全观的视角，《社会科学文摘》2022 年第 3 期

[8] 刘杰.《"深度伪造"技术的情报风险及其应对》，《江西警察学院学报》2022 年第 1 期

[9]孙宇、闫雯静、罗玮琳.《政府规制深度伪造技术应用的系统性综述及批判性反思》，《电子政务》2022 年第 1 期

[10]李天琦、刘鑫.《深度伪造技术的证据风险与规制路径》，《证据科学》2022 年第 1 期

[11]毛宁、杨会.《深度伪造技术的监管困境及其法律应对》，《长白学刊》2021 年第 5 期

[12]周文柏、张卫明、俞能海.《人脸视频深度伪造与防御技术综述》，《信号处理》2021 年第 12 期

附录

我国有关网络安全的法律法规

1.《中华人民共和国网络安全法》（2015）

2.《中华人民共和国刑法》：第二百八十五条、第二百八十六条、第二百八十七条；

3.《中华人民共和国保守国家秘密法》（2010 年修订）

4.《中华人民共和国计算机信息系统安全保护条例》（2011 年修订）

5.《互联网上网服务营业场所管理条例》（2022 年修订）

6.《全国人民代表大会常务委员会关于维护互联网安全的决定》（2011 年修订）

7.《计算机信息网络国际联网安全保护管理办法》（2011 年修订）

案例六：外来物种悄然登陆——云南福寿螺生物入侵风险及治理

案例正文

　　摘　要：我国是遭受外来入侵物种危害最严重的国家之一，在生物多样性、农业系统发展、生态环境保护等方面深受其害。如何探寻更优质有效的治理措施与方法，考验政府的治理水平和智慧。云南省部分区域是福寿螺侵害最严重的地区之一，其治理历程经历了波折、困惑及取得显著成就。本案例运用元治理、政策注意力理论构建逻辑分析框架，选取云南福寿螺治理最突出的两个地区，剖析相关主体在治理活动中的得与失，总结云南政府部门与其他相关治理主体在福寿螺入侵治理过程中的角色和困境，以期为外来物种入侵的风险治理提供有益启示。

　　关键词：生物入侵；生物安全；福寿螺；云南

　　近年来，入侵我国的外来生物数量呈现激增趋势。据《2020 中国生态环境状况公报》显示，全国发现 660 多种外来入侵物种。这些物种不仅对生态平衡和农业生产造成极大危害，更对人类健康形成安全隐患。党的十八大以来，生物安全治理越来越受到政府重视。2021 年 9 月 29 日，中共中央政治局召开关于生物安全建设主题的集体学习。习近平总书记强调，要加强国家生物安全风险防控和治理体系建设，切实筑牢国家生物安全屏障。

　　一、祸显

　　2020 年暑假，家住云南省玉溪市石泉村的郑同学踏上了返乡旅程。新冠肺炎疫情的暴发使得学校课程安排产生巨大变动，按照防疫错峰返乡要求，郑同学在七月中旬返回石泉村。然而还没回到家，在村门口的河沟内岸便瞧见大片突兀的粉色物体，是一堆密密麻麻的卵状物，这些粉红色卵有拇指大小，由一颗颗粉红色的圆珠排列吸附组成。这个东西有毒吗？对河道有没有污染？带着这些疑问，郑同学咨询了相关部门。

经了解，原来这些都是福寿螺的卵。作为入侵的外来物种，福寿螺虽然多被报道，但本地居民对于它的成卵还是比较陌生的。当河道养护人员将打捞的福寿螺和成卵一起放在河岸上时，居民们纷纷前来围观。事实上，从6月份福寿螺产卵以来，玉溪市水务部门及河道养护人员已经和福寿螺奋战数月。据介绍，玉溪市大约在两三年之前就发现了福寿螺卵，养护部门也第一时间进行了处置，将河道中的福寿螺拾起后敲碎掩埋，螺卵则直接敲碎消杀。从最初发现地到如今的城河河道，福寿螺的快速繁衍引起了相关部门的重视。

考虑到药剂消杀可能对河道水质产生污染，目前相关部门主要采取人工清除的方式。由于基层河道面广量大，人工清理存在物力人力不足的困境。当地相关部门也在寻求更高效的解决办法，以保护河道水生环境。实际上，除了石泉村，福寿螺几乎在云南其他地方也已呈泛滥状态，限于人力物力，灭螺情况一直不太乐观，居民与政府部门苦不堪言。

二、遇困

在云南省德宏州，当地防洪站刘副站长强调："一定要重视福寿螺的监测和预防工作！一旦这个种群在当地繁衍暴发开来了，就需要投入更大量的人力与资金来整治，做好预防工作，是最科学与经济的做法。"

目前政府采取的防控措施只限于物理防控和生物防控，但要取得更好成效必定要耗费巨大的人力与精力，福寿螺监测工作稍有疏忽，后期的整治工作就会难上加难。刘副站长对下一步的监测防控工作进行了要求：一要推进监测技术的智能化运用，防治做到社会化；二是完善基层植保体系；三是加强与科研院所的合作，全面提升生物入侵预警和防控能力。

三、行动

（一）作家究本首质疑

"这恐怕是最凶猛的外来入侵物种了，云南为何还不通缉它？"这是昆明市作家协会副主席夏女士在个人微博上发出的质疑。据了解，2019年，夏女士在当地游玩时，偶然瞥见抚仙湖水体一隅出现了大量卵状的粉色物体，作为一名生物学领域的高材生，她的专业素养告诉她这不是什么"可爱的水体小生物"，而是具有巨大危害的福寿螺卵。

云南的福寿螺竟已经如此猖獗泛滥了吗？连抚仙湖这样的自然风景旅游区都难逃一劫。这令夏女士十分诧异（见图1）。

图1　抚仙湖福寿螺入侵现状

"福寿螺的治理已经到了一个不得不进行强制干预的程度了。否则，后果我们无法承担！北京近年来在发动民众铲除入侵植物——黄顶菊，鼓动民众见一株铲除一株！那么，云南为何不发起铲除福寿螺卵的通缉令呢？"基于此，夏女士凭借自己小有名气的作家身份以及专业的生物学知识在社交平台上勇敢发声，呼吁大家展开一场灭螺"人民战争"。

（二）人民舆论倒逼澄江政府

夏女士的呼吁产生了一定影响，不仅引起了广大市民的关注，也让当地政府积极寻求对策。虽然还有很多"吃货"抱有侥幸心理，但夏女士心中清楚，曝光的福寿螺危害性没有夸大，甚至只是冰山一角。

政府发布了《关于抚仙湖径流区清除福寿螺的通告》，明确了组建专业打捞队，从阻断传播、人工清除、人工诱捕、消灭越冬螺源、割除湿地水生植物五项措施，来清理抚仙湖径流区内湖泊及湖岸沿线的福寿螺和螺卵。此外，还鼓励澄江县范围内群众积极参与除螺，对主动采摘福寿螺及螺卵的群众，按照成螺 6 元/公斤、螺卵 30 元/公斤的价格给予补助奖励。随后，县政府制定了《澄江县福寿螺清理管控工作方案》，号召民众积极参与，鼓励用物理方法铲除福寿螺，并且承诺划拨专项资金予以支持。

四、重演

可惜这种欣喜并没有持续太久，夏女士在网上不断看见福寿螺暴发的消息，发现福寿螺对洱海的入侵竟比抚仙湖还猖獗！她在个人社交平台对洱海情况进行爆料，并恳切呼吁相关部门快速重视起来。也有网友跟帖爆料：何止福寿螺，云南省大多数有人烟的地方都遭受着外来物种的入侵：罗非鱼、小龙虾等物种，繁衍得十分猖獗。

庆幸的是，大理市政府在夏女士发出爆料后的第三天发出治理通告，且通告参照了之前澄江县治理福寿螺的做法。然而，夏女士和众多群众盼来的却是洱海管理局对于福寿螺危机认识不清的回应。大理市洱海管理局工作人员称："福寿螺是从南美那边过来的，全国都有，不是大理独有，并且大理这个海拔，气温不算很高，所以福寿螺繁殖量没有热带地区多。在西双版纳、红河的福寿螺远远比洱海多。"

显然，地方相关部门迫于压力开启治理模式，对于福寿螺入侵实际上仍然没有给予应有的重视。"云南省是旅游大省，经济得到发展的同时，也在一定程度上增加了外来生物入侵的风险。如今外来生物尤其是福寿螺，已致使云南省的生态平衡被严重破坏。因此，福寿螺对洱海的入侵已不能等闲视之。"夏女士在微博中这样写道，并建议大理州政府向玉溪市澄江县学习，借鉴澄江县铲除福寿螺的成功经验，扎扎实实地打一场铲除福寿螺的人民战争。

五、打响

针对洱海福寿螺问题，2020年7月4日，大理市人民政府发布了《关于在洱海流域全面开展福寿螺防控工作的通告》，开始大规模铲除福寿螺的行动。本次治螺防控工作主要采取人工清除的方式摘出卵块并且严令禁止使用化学药剂，以防对水体产生危害。在大理市统筹组织下，一个由80多人组成的打捞"小分队"浩浩荡荡进入大理镇龙下登湖湾。当地采用人工打捞和船只打捞双结合的方式进行捕捞，通过晒干、焚烧、掩埋、深埋等后续处理"团灭"福寿螺（见图2）。大理市洱海管理局云站长指出："夏季，福寿螺处于繁殖高峰期，在近期我们会投入大量人力物力帮助打捞福寿螺，并根据打捞的情况，进一步制定更加符合实际情况的打捞方式并根据实况做出改进和更新。"

图2　打捞队抓取福寿螺及螺卵

　　除了专业的打捞队，不少市民也积极出力，自发前往洱海清理福寿螺。云南省充分利用"属地管理"与"分级负责"机制将福寿螺治理以委托代理方式推进，让农户、市民和公务员队伍都加入"除螺部队"中去，在数量上压制福寿螺源源不断地繁衍新生。与此同时，不间断地辅以农业防治、生物防治和化学防治，严格把控防治过程，避免治理过程对水体的污染，以防其带来生态环境"次生危机"。

　　云南省的福寿螺治理的有益经验，值得其他地方学习。绿水青山就是金山银山，绿水青山需要我们共筑！

案例分析

一、理论基础

（一）生物安全与元治理

　　元治理（Meta Governance）的概念最早由英国学者杰索普（Jessop）于1997年提出，意为协调三种治理模式，即政府的科层治理、企业的市场治理与社会的网络治理，三者之间的最小限度结合达到最好的结果（见图3）。元治理强调政府发挥社会治理体系的主导作用，在不同情境中利用多种模式联合，把治理模式间存在的对立冲突转变为协同互补，探索出适应各项目及其各阶段特有的基本治理模式。让政府成为治理的权力中心并不是强调建立一个绝对命令权的政府，而是让政府基于自身优势地位整合资源，制定治理规则和愿景。在运行机制上，则是强调与多元主体进行权责边界的平等协商，注重合作伙伴关系的建立。

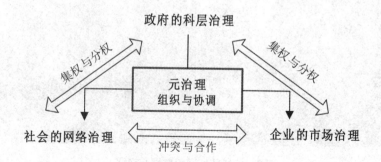

图 3　元治理概念示意图

当前，国际社会和中国均面临严峻的生物安全形势，境外生物威胁和内部生物风险交织并存，生物安全也成为全球治理复杂体系中的关键一环。我国正处于社会治理变革与转型期，各类安全问题凸显，生物安全作为国家安全体系的重要组成部分，牵涉的远不只是生物问题，而是与政治、经济、文化、社会、科技等领域的安全交织域。生物安全治理要注重发挥合力，政府治理体系是制度执行力的最大载体，各领域统筹工作需要政府部门牵头，运用多种治理模式联合的时空思维，牢牢掌握生物安全治理的主动权。

元治理并不是强调一元的治理，也不是强调各主体均能成为权力中心的多元主体治理。元治理模式更强调政府发挥资源整合的牵头作用，整合各主体优势以实现治理的精细化。

首先，在宏观层面上，政府作为元治理的唯一权力主体，需要扮演一个"设计者"的角色，统筹治理活动的远景、战略、规则、组织协调等工作。其次，在微观层面，可以通过物质奖励、精准疏导等多种方式鼓励多元主体参与到生物安全治理中来。最后，在协同层面上，政府需要引导不同组织之间的沟通与联系，降低相互间的干扰，化解冲突，保障整个治理模式体系的凝聚力和机制完整性。本案例（云南省灭螺战争）中，正因为当地政府下达了治理号令，出台了各种政策文件，才使得福寿螺治理工作得以运转，政府内部的各级主管部门如农业农村局、植保植监站、管理局、街道办等充分发挥各自功能，联合外部主体如公益组织、专业性企业、社会公众，落实具体治理方案，从而构建起了由上到下、由内到外的互动治理体系。

（二）政策注意力理论

政策注意力是政策活动主体对公共政策的关注程度。受复杂环境、冗杂信息及组织结构等影响，政策活动主体对不同议题的注意力分配存在明显差异。公共政策的制定与执行也在很大程度上受到政策注意力分配的制约，有限的注意力更在多个议题之间进行分配，这就导致了不同目标群体、不同议题的竞争关系（见图4）。尤其在基层治理中，地方政府面临更为突出的行政资源紧缺问题，"领导重视"成了地方行政机关分配注意力、推进工作进程的一个关键部分。

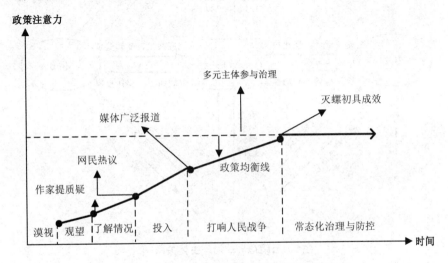

图4　推拉式的政策注意力分配过程模型

在云南省灭螺战争中，地方政府与其他社会主体间形成了复杂的推拉、互动关系。福寿螺入侵的前期阶段并没有引起政府注意，其表现出的是一种漠视、观望态度，直到网络舆论的爆发，倒逼政府部门，将注意力分配到福寿螺问题上，从而推进了治理进程。整个过程是由社会力量自下而上引发政府关注，从而为生物入侵治理提供了有效的推拉作用。

二、云南福寿螺生物风险治理

（一）元治理逻辑

1. 治理主体关系

元治理理论强化社会治理主体的"一主多元"结构，即由政府公共行政组织承担元治理的主导角色，对市场（企业）、公民（社会）这两类主体进行引导与控制，在元动力驱动下进行多主体参与式治理，在一定程度上解决了多元治理中的无序状态与失灵（见图5）。面对生物入侵的复杂情境，单凭政府自身力量无法有效应对，必须整合各类社会资源。

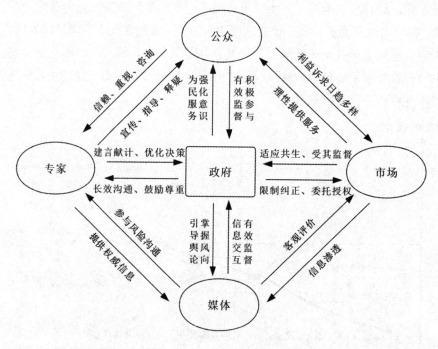

图5　云南福寿螺治理主体关系图

在洱海福寿螺清理过程中，大理市政府发挥了元治理主体作用，是该行动的主导者。福寿螺防治工作以大理市政府为主导，协调各部门派出专业打捞队，以奖励形式鼓励居民参与除螺，使得除螺工作迅速有效开展。在政府内部元治理主体中，各乡镇负责人、河湖长以及各地方部门负责人，在基层治理实践中起到牵头作用，带领政府外部主体深入贯彻上级指令要求，使福寿螺治理与防控工作平稳、有序展开。

除螺过程中，社会公众发现福寿螺并通过社交媒体号召政府对此采取行动，是社会公众"自下而上"倒逼政府开展除螺工作，使得洱海流域福寿螺问题得以被重视，而政府鼓励附近居民积极参与除螺，是"自上而下"带动除螺工作顺利完成。

2. 治理工具嵌套

抚仙湖福寿螺入侵前期，地方政府一度未予以重视，于是，有识之士开始在社交媒体奔走呼号。在舆情方面，抚仙湖与洱海福寿螺入侵事件，均由社会公众发现，并利用新闻媒体发起除螺社会号召，公众的生物安全意识发挥了至关重要的作用。云南省洱海流域出现福寿螺多年，当地政府也派出专业打捞队开展治理工作，但是限于专业技术匮乏，多是采用人工捕获方式，治理成效甚微，以致福寿螺在云南省更多流域蔓延开来。直到民众在网上发起呼吁，引起社会广泛关注，政府的福寿螺治理工作开始出现转变。

云南省的灭螺行动由地方政府做出决策，在福寿螺网络舆论引爆后做出回应，并出台文件。在参与形式上，地方政府发挥了主导地位，组织协调企业、社会部门参与治理。同时，向当地科研院所寻求帮助、开展治理研讨会议、动员公众和公益组织对福寿螺进行人工捕捞、聘请专业企业对福寿螺进行设网拦截、监测评估，使福寿螺治理工作有效展开。

（二）"自上而下"和"自下而上"联动治理过程

元治理强调政府的主导作用，同时统筹企业、社会组织、社会公众等多主体共同参与，实行"自上而下"和"自下而上"相结合的协同治理模式。整个治理体系处于一个动态过程，多元主体互相配合、协作治理。

1. 行政力量牵引

本案例中，云南省福寿螺治理工作秉持政府主导，行政管控贯穿整个治理过程。具体来说，首先地方政府制定了具体的福寿螺清除措施并向社会发布公告，随后相关责任部门陆续组织人员开展具体清除行动，根据属地原则及管理权限，由相应负责部门安排专业打捞队对入侵地区福寿螺进行摘除，并以补贴方式鼓励居民参与除螺。这一过程都是以政府政策为导向，政府内部相关职能部门为行动主体的自上而下行动。在该过程中，以行政力量作为牵引，有效地推动了整个福寿螺治理过程。

2. 社会力量推拉

政府单一主体无法独自应对复杂多变的生物安全问题，多元主体加入有利于打破传统的治理困境，使得不同性质的主体能够资源共享、拾遗补缺。在本案例中，云南两地的福寿螺入侵最初都是由民众发现，继而通过社交媒体等方式驱动地方政府积极行动的。

公众在政府关注福寿螺入侵问题前期发挥了探头作用，而网络媒体的发布有效推动了政府治理过程，倒逼政府开展福寿螺的清除治理。在整个过程中，社会力量发挥了自下而上的推动作用，促进了云南省抚仙湖与洱海流域福寿螺的清除工作，专业团体的介入干预有效弥补了政府部门的不足，在福寿螺入侵治理中扮演了不可或缺的角色。

3. 外部触媒效应

网络媒体具有舆论导向功能，通过其报道引导社会舆论，从而对事件发展态势产生重要的影响。本案例中，新闻媒体报道云南省福寿螺入侵泛滥问题，引导更多民众关注这一事件，地方政府受舆论压力开始重视福寿螺入侵问题，促进专项治理进程。因此，可以认为在云南省福寿螺治理过程中，外部触媒效应发挥了积极作用。

三、未来优化之道

（一）政策制定：破除权责不明

第一，构建生物入侵风险管理机构。政府应制定相关政策，将有关生物入侵风险管理的部门进行整合，建立集中统一的管理机构。该机构旨在解决权责不明、政策法规"打架"等现实问题。第二，增强生物入侵应急规划能力，促进突发事件协同治理。在纵向上，划分政府间事权；在横向上，建立重要领域生物安全联席会议制度，建立强有力的组织协调机制。要将生物安全治理规划落实到各级地方政府，按照"属地管理"和"分级负责"机制明确执行机构和具体人员。第三，将监督应用于生物入侵风险治理全过程。监察主体要加强对相关政策执行部门在预防、检测和治理外来生物入侵方面履职的监督，对未能按照规定履责的主体进行惩戒。

（二）环境建设：塑造生物风险意识

第一，要强化社会系统与民众的生物安全风险意识。面对日益严峻且不确定的新型生物安全风险，要防患于未然。生物入侵威胁具有一定的隐蔽性，必须从整体上提高全民生物安全风险意识，早发现、早行动。通过政府宣传形成战略导向，带动各社会组织及志愿者参与实践，营造信息畅通环境，在全社会建立起对生物安全认知的风险意识，引导人们从"被动知悉"到"主动预防"的观念转变。

第二，要完善风险监测防控技术体系，建设部门信息共享传递网络。相关政府部门尤其是生物检疫部门应当增强高度责任意识，强化入侵生物风险识别，防止因信息不充分或漠视心理导致生物安全危机爆发。政府要从整体角度制定生物安全防御战略，做好风险预防及资源保障，提升监测系统智能化水平。

（三）目标群体：强调协同控制

云南省除螺行动中的一支主要力量是专业打捞队和各种公益组织。运用专业知识优化水利设施，指导当地民众在种植作物时应用水旱轮作等方法来抑制福寿螺大肆繁衍。公益组织凭借自身优势展开更广泛有利的公益活动倡导，为群众参与社会治理搭建起志愿服务平台，在清理扫螺、宣传引导等方面发挥出了重要作用。

网络媒体对社会舆论具有较强的导向作用，也对公共危机处理起到监督作用。本案例中，各大媒体的争相报道使更多公众了解了福寿螺，并对地方除螺工作起到监督作用。官媒平台发布的治理通告文件，大大增强了公众战胜福寿螺的信心。

（四）地方政府：提高生物入侵风险治理能力

第一，强化要素保障。推进生物安全治理首先要充分把握生物入侵特点，协调主体关系，构建涵盖相关制度、体制和法治要素在内的一系列公共治理体系，增强工作的可操作性。

第二，强化生物入侵防控机制。推动生物入侵监测智能化和网格化，从源头上夯实生物入侵防控工作。要切实落实生物安全预防监测，提高公职人员生物安全意识。在地方属地管理上，要提升辖区内民众的生物安全素养，鼓励支持民众参与共同治理。

第三，完善"属地管理"与"分级负责"体制。属地管理和分级负责是公共危机事件处置的重要原则，本质上是依法治理、权责统一。对云南省来说，其河系众多、水资源丰富，河长制的普遍推行在水系、湖泊的治理工作中取得了显著成效，这也为生物入侵治理提供了良好借鉴。要加强市级河湖长、河湖责任单位以及各镇（乡、街道）属地管理原则的落实，持续加大对福寿螺及其他有害物种的防控力度，维护水域生态环境。

参考文献

[1] 求是杂志社.《求是》杂志发表习近平总书记重要文章《全面提高依法防控依法治理能力，健全国家公共卫生应急管理体系》，《人民日报》，2020 年 3 月 1 日

[2] 掌上春城.《抚仙湖打响消灭福寿螺"人民战争"》，https://www.toutiao.com/article/6748214223047754248/，访问日期：2022 年 6 月 20 日

[3] 新浪财经.《作家曝福寿螺疯狂入侵洱海官方：繁殖不多正人工清

除》，http://finance.sina.com.cn/china/gncj/2020-07-04/doc-iircuyvk1942976.shtml，访问日期：2020 年 7 月 14 日

[4] 澎湃新闻.《外来危害性物种福寿螺入侵洱海，大理"重金悬赏"采摘螺卵者》，https://www.sohu.com/a/405831820_260616?_f=index_pagefocus_4，访问日期：2021 年 11 月 1 日

[5] 陈方、张志强、丁陈君等.《国际生物安全战略态势分析及对我国的建议》，《中国科学院院刊》2020 年第 2 期

[6] 李明.《国家生物安全应急体系和能力现代化路径研究》，《行政管理改革》2020 年第 4 期

[7] 司林波.《国家生物安全治理体系建设：从理论到实践》，《人民论坛·学术前沿》2020 年第 20 期

[8] 熊节春、陶学荣.《公共事务管理中政府"元治理"的内涵及其启示》，《江西社会科学》2011 年第 8 期

[9] 张云飞.《全面提高国家生物安全治理能力的创新抉择》，《人民论坛》2021 年第 22 期

[10] 薛澜、赵静.《走向敏捷治理：新兴产业发展与监管模式探究》，《中国行政管理》2019 年第 8 期

[11] 苏芸芳.《整体性治理视域下防治外来物种入侵法治研究》，《中国环境管理》2021 年第 2 期

[12] 余潇枫.《论生物安全与国家治理现代化》，《社会科学文摘》2021 年第 1 期

案例七：当智慧抗疫遭遇"跨界"冲突——江苏防疫健康码政策协同

案例正文

摘　要：防疫健康码的应用是 2020 年新冠肺炎疫情防控中政府数字治理和科技防疫的重要体现。江苏省是我国经济与卫生资源集聚强省，在健康码技术推广应用过程中出现了"边界冲突"特色现象。本案例以马多多为人物原型，通过所见所遇讲述其复工复产期间跨越南京、无锡、徐州等多个城市，携码之行遭遇的重复注册、标准不一、健康码变色等城际冲突故事，凸显新技术工具与行政边界在公共危机响应中的矛盾困境。传统科层制下政府组织结构存在行政边界，然而风险没有边界，突发公共卫生事件考验政府跨域跨界快速协同能力。基于数字政府、政策协同理论视角，从组织、机制和科技等维度探索健康码应用中的深层次问题及其根源，以及政府组织如何跨越行政藩篱，使智能化防控体系能够更好地发挥作用。

关键词：健康码；跨界冲突；智慧抗疫；数字政府

一、引　言

2020 年初新冠肺炎疫情暴发后的早期防控，各地政府和基层组织普遍采取了大规模人海战术进行基础数据采集和信息处理，以实现包括人员行迹追踪、信息督查、基层应急响应在内的功能，整体工作效率低下，费时耗力，甚至遭遇部门间重重阻滞。习近平总书记指出，鼓励运用大数据、人工智能、云计算等数字技术，在疫情监测分析、病毒溯源、防控救治、资源调配等方面更好发挥支撑作用。自从阿里巴巴旗下支付宝（中国）网络技术有限公司率先开发了健康码之后，全国各地纷纷建立起本地的疫情监测健康码系统。健康码的出现使疫情防控工作从早期的"表海"中解放出来，并发挥了智慧防控和政府数字治理的巨大作用。

江苏省作为国内经济和卫生资源集聚强省，在 2020 年新冠肺炎疫情智慧防控中表现出色，省内各辖市（县、区）利用自身强大的行政及技术资源纷纷建立健康码系统，一时间出现多达十余种，然而由此带来的一地多码、标准打架、行政边界阻隔等现实问题却出乎决策者预期，由此上演了一幕幕马多多（化名）们在复工期间所见所闻所感的奇特城际故事。

二、江苏健康码的诞生

（一）复产复工提上日程

大学毕业后，马多多独自一人来到南京打拼，已经在一家通信与技术服务有限公司内工作一年多。该公司是华为的合作伙伴与认证经销商，为政府和企业客户提供技术服务和数字化解决方案。因为是网络工程师，且担任产品经理，马多多经常需要同销售人员一起到江苏各地甚至省外进行项目交流和产品推广。

2019 年 12 月，新冠肺炎疫情暴发，随后蔓延至全国各个省份。新型冠状病毒潜伏期长、传染性强，缺乏有效预防和医疗药物，通过彻底阻断人际传播才能最有效地控制疫情的发展。由于新冠肺炎疫情防控的重要性和紧迫性，全国各地关闭公共场所和商业场所，禁止公众聚集性活动，并且限制城市内外人员流动，各地纷纷延长春节假期，推迟复工复产时间。于是，马多多自春节返回家乡后便一直在家中远程办公。

2020 年 1 月 28 日，江苏省人民政府发布《关于延迟企业复工的通知》，要求省内各类企业复工时间不得早于 2020 年 2 月 9 日。几天后，马多多收到公司的复工通知，要求 2 月 17 日复工到岗，如果是外地员工，需提前返宁做好相关隔离工作。2020 年 2 月 10 日，马多多告别了家人踏上了返宁复工之路。

（二）健康码智慧抗疫

经过 4 个多小时的车程，马多多终于到达南京市。此时的金陵城褪去了疫情前的繁华喧嚣，多了一份肃穆冷清。南京市是江苏省率先开发和启用健康码系统的城市之一。2020 年 2 月 12 日，南京市发布了《关于进一步加强疫情防控期间来宁返宁人员管理的通告》，要求来宁返宁人员在抵宁之日一律通过"宁归来"平台进行登记报备。

于是，马多多便根据疫情防控政策注册了"宁归来"以方便出行和日常生活。因为申请宁归来需要先下载"金陵网证"App，通过身份验证、手机验证、实名认证、设置密码等流程注册，然后打开宁归来模块，按照页面提示录入抵宁日期、来宁返宁事由、在宁住址、工作单位、身体状况等相关信息，随后生成二维码供社区、单位等核验，相对来说，步骤比较繁琐，马多多操作了好一会儿才注册好了复工后的第一个健康码。

宁归来的出现将疫情防控与人们的出行紧密联系在了一起，为迅速普及健康码系统，社区工作人员通过张贴宣传通知、社区微信群、LED 显示屏等各种方式向居民展示推广。宁归来使用范围的扩大使更多人获得了出行便利，越来越多的志愿者加入宣传的行列中，与社区干部、网格员们一同在服务大厅，或走街串巷，或上门指导老年人和外来务工人员正确注册使用宁归来，数字化成为南京疫情防控和社会复工复产的助推剂。

三、健康码的"混战"

（一）城市各设其码

防疫健康码的应用是 2020 年新冠肺炎疫情防控中智慧治理和科技防疫的重要体现，破解了基层防控信息填报难题，化解了人员信息采集困境。对此，江苏省各市在自身所具有的信息化基础上纷纷建立了健康码系统，各系统不仅在名称上各有千秋，其所依据的平台、技术也各有不同（见图 1）。

图 1　江苏省部分健康码及载体图标

2020 年 2 月 5 日，扬州率先启用"在扬人员健康动态观察系统"，成为江苏省最早进行疫情防控信息电子登记的城市。2 月 13 日，南京市公安局基于金陵网证 App 开发的"宁归来"正式上线。2 月 20 日至 3 月 1 日，江苏省各地的健康码——南通"易来通"、无锡"锡康码"、苏州"苏城码"、常州健康码、连云港"连易通"等陆续上线。但是随着各市陆续建立自己的健康码系统后，问题也随之而来。

（二）"跨界"冲突，接触技术

苏州市是江苏省首个全面上线数字化健康码的城市，苏城码从立项到上线仅耗用 40 个小时。苏城码作为通行服务码，是人们日常出行的凭证，也是防疫人员进行查验的依据，在助力苏州疫情防控和企业复工复产等方面发挥了巨大的作用。

2020 年 2 月初，由阿里巴巴提供技术支撑的第一个健康码余杭码推出后，全国各地政府部门结合大数据优势利用支付宝、阿里云平台、微信等人们日常出行必备的 App 纷纷建立起本地的疫情监测健康码系统，打造高效便捷的防控模式。各地健康码背后的技术原理基本类似，健康码的出现是通过防疫数据上云"助推"管控服务下沉，用数字化促进疫情防控改革。健康码的出现体现了"互联网+城市服务"的新模式，健康码系统依托各类大数据资源和公共管理机构数据，利用手机定位、通信运营商定位等数据形成用户的行动轨迹，根据用户是否经过疫区、是否接触过感染人员、在疫区停留时间等维度信息测算出"红黄绿"三种不同的颜色，以表示该用户受疫情影响的风险程度。

技术方面是一地多码现象形成的原因之一。你会发现一些有趣的现象，一些县市区比地级市率先开发出自己的健康码，例如连云港灌云县的云易通，淮安市洪泽区的洪宜行，这都是由江苏省各地经济和技术资源所支撑的。

——苏城码开发者 S 工程师

四、苏康码的"省思"

2020 年 3 月 4 日，江苏版健康码——"苏康码"正式上线！在支付宝小程序中进入"江苏政务服务"，按要求填写健康信息并提交即可获得个人专属健康码。作为广大民众日常出行的重要凭证，同时作为防疫人员查验的主要依据。紧接着，3 月 5 日至 3 月 7 日，徐州"彭城码"、泰州"祥泰码"、淮安"淮上通"也陆续问世，一地多码局面加剧。江苏省内同时出现

14 种健康码并存的现象（见图 2），苏康码的推广遭遇尴尬境遇。

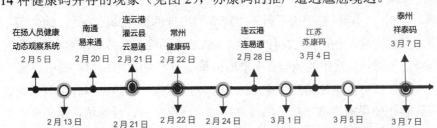

图 2   江苏省辖市健康码应用时间轴

（一）"码上加码"真的更安全吗？

虽推出苏康码！然每个市都不认，都有自己的健康码！散装到家！

——网友 G 先生

2020 年 3 月中旬，马多多到无锡进行培训，在宾馆前台，马多多出示了早就注册好的苏康码。结果却被前台工作人员告知还需要出示近期的锡康码和行程轨迹。马多多不解，争辩道，江苏省自 2020 年 3 月 6 日起已经推行了统一的苏康码，在全省范围内互认，为什么还要重新注册锡康码？本来健康码就是根据定位等信息判断填报人的情况，为什么还需要通过移动、联通、电信等手机运营商根据定位自动生成个人行动轨迹，显示近期去过哪些城市。

前台工作人员回答，这是酒店规定，他们只是按照规定执行。马多多只好关注了"无锡公安微警务"微信公众号，花费了好一阵儿功夫注册好了锡康码，前台工作人员才允许马多多入住。

从苏州回镇江，苏康码和苏城码均为绿色，但是到达镇江火车站被告知只能使用镇江的健康码，服从安排下载健康码之后，镇江健康码竟然变成了黄色，只能被强制居家隔离 14 天。

——网友 L 先生

江苏省出台多项疫情防控政策要求各辖市（县、区）以苏康码为基础，实现数据互通、信息互联，然而各地市在实际防控过程中往往只认各自设立的健康码，相关防疫政策与地区健康码挂钩并衍生相应标准，这导致江苏省健康码呈现出交叉复杂、多码并存、智慧工具手段和行政治理边界冲突的系列矛盾。社会反应呈现两种不同的声音：不需要"跨界"流动的群体，认为这是城市发展水平的体现，拥有地方特色和地方标准很正常；因学习、工作、就医等原因不得不"跨界"出行的群体却因为"一地多码"遭遇多种困扰，一个手机装有多个城市的健康码成为这类群体的常态，防控标准的不同让旅途中的他们在多个填报系统和各种健康码之间来回切换。

由于江苏省各地防控标准不同，一地一码大行其道，多种填报系统的同时存在使得跨界群体疲于填写出行信息，反复扫、反复填让抱怨声越来越多。社会舆论的焦点渐渐对准了江苏健康码。"散装江苏"一词在疫情期间登上了微博热搜。各大网络平台中从散装江苏到散装健康码问题引起众多网友的讨论，"一码归一码"、"散装江苏"健康码、"十三太保"等词汇在网络上频频出现。

（二）"跨过一栏又一栏"

2020年4月份，马多多被派到徐州睢宁出差，正在徐州读书的妹妹提醒他，自己在徐州的时候都是用彭城码，很多地方不看苏康码的。经过一次高铁换乘之后，马多多终于到了徐州市睢宁县，结果发现睢宁高铁站要求出站时先排队测体温，然后再排队出示健康码和手工登记个人信息，导致出站口排了长长的队伍。排了半个小时的队，在登记完身份证号、手机号、前往的地址、行动轨迹之后，马多多终于出了高铁站。

忙碌了一天，马多多工作结束后便借机到徐州市区看望已复学的妹妹。因为疫情期间学校实行封闭式管理，所以两人只能隔着学校的栅栏聊天，马多多聊起自己在睢宁高铁站的遭遇，妹妹也很惊讶，表示徐州市区的高铁站、火车站、商场等均使用彭城码，没有想到睢宁县不仅需要查看健康码，而且竟然还采取最原始的手工登记的防疫方式。

有同样遭遇的还有马多多的弟弟蔡蔡。2020年3月22日，苏康码和苏城码已全变成绿色，无论是大数据还是隔离点的检查都证明蔡蔡和女朋友是健康的，但是仍被要求继续集中隔离，直至14天期满。他们在隔离期间曾尝试打电话到有关部门申诉，得到的答复是"请遵从安排"。

各省健康码为什么不能互通？江苏省不承认湖北省的健康绿码，苏康码没有实现全省互通，苏州市只承认苏城码等；为什么每个地方，甚至每家公司的隔离要求都不一样？江苏省的隔离要求没有统一：有的社区可以居家隔离，有的需要在酒店自费隔离。我俩一次次看见希望，希望又一次次被浇灭。

——蔡蔡

　　蔡蔡事件只是冰山一角，还有很多其他复工的人员也因为一地多码问题遭遇重重阻碍。

五、江苏健康码的互联互通及常态化

　　2020 年 2 月 17 日，江苏省人民政府印发《关于印发落实健康中国行动推进健康江苏建设实施方案的通知》，构建高效、统一、权威的省、市、县三级健康信息平台，提升互联互通水平。随着《全国一体化政务服务平台防疫健康信息码接口标准》的出台，苏康码在江苏省内全面推广，江苏省各地市健康码系统逐渐与苏康码实现数据互通，各地市健康码系统逐渐停用。2020 年 3 月 9 日，南京宁归来率先对接苏康码系统，实现数据互通；3 月 25 日前后，无锡锡康码与苏康码实现数据互通，判定标准和变动规则和苏康码保持一致。从 2020 年 7 月中旬起，江苏省内其余城市健康码陆续停用下线，统一切换成苏康码，到 2020 年 7 月底，苏康码完成了全省统一。

　　健康码在新冠肺炎疫情期间应用而生，体现了政企合作的强大创新能力，但是也暴露了政府间纵横协作的短板。科层制下政府组织结构是有界限的，然而风险是没有边界的，当突发性危机事件来临时，更加考验政府间纵横联动和快速协同。

思考题

　　1. 为什么江苏省会出现"一地多码"的问题？该问题带来了哪些现实困境？

　　2. 江苏省内健康码"一码通用"政策的执行有哪些影响要素？

　　3. 如何破解江苏省"一地多码"带来的城市管理困境，以寻求智慧抗疫和城市合作治理的平衡？

　　4. 健康码如何成为常态化疫情防控的智慧工具？请给出你的理由和建议。

案例分析

　　马多多跨界冲突的城际故事背后是"一地多码"的现实问题，而"一地多码"的小问题折射出政府横纵协同方面的短板。本案例基于政策协调

和数字政府理论视角探讨江苏省内健康码互认互通的深层次问题及其根源、"一码通用"政策执行的影响要素、公共危机跨界协同治理等问题。

一、理论基础

（一）政策协同

政策协同立足政策问题、实现政策目标和最大化公共利益，主要分为两个层面的协同。一是同一层级之间跨部门的协同；二是不同层级部门之间的协同。但在实际的协同过程中，各部门之间并不总是精诚合作，所以导致协同效果往往不尽如人意。协同治理综合模型便因此应运而生，该模型从外部环境、协同动因、协同引擎三个角度描述了政策协同行为（见图3），可用于政策协同过程的分析。

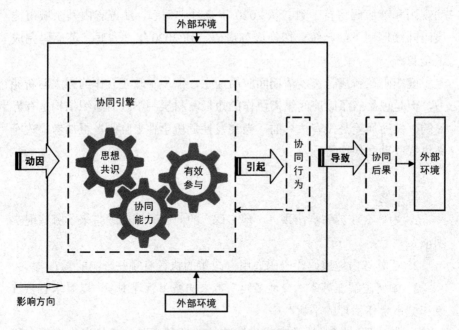

图3　政策协同综合模型

具体而言，外部环境包括政治、经济、法律、文化等，这些因素将对整个协同治理过程产生影响。协同动因包括领导力、相互依赖程度及动机，其相互作用推动协同治理的开展。协同引擎体现为三个层面：一是有效参与，即各参与方是否具有足够的话语权，参与的利益相关方是否具有广泛性。二是思想共识，包含共同目标、信任程度和利益均衡。三是协同能力，包括领导力、学习和机制设计。只有三者良性互动，才能充分发挥协同引擎的作用。

（二）数字政府

数字政府建设不仅有技术问题，更有政府内外行政问题，而后者正是江苏健康码困境的本质。党的十九大报告中明确地提出建设"数字中国"，此后我国加快探索推进政府数字化、信息化的发展进程。

数字政府是指以互联网为基础，以新一代信息技术为支撑，以数据为关键要素的一种新型政府运作模式，利用数据驱动重塑政府职能，实现用数据决策、用数据服务、用数据创新的治理新模式。数字政府与传统电子政务之间存在着很大差别，在技术上，依托云计算、大数据、物联网、移动终端等构建的云端新一代基础设施解决了办公受地域、时间、空间限制的问题，极大提高了政府部门的工作效率，降低了政府的行政成本。实现以人为中心的公共服务价值，推进由传统管理型政府向服务型政府的转变。在行政上，数字政府与政务相连接，建立政务数据中心与数字政府大平台来实现服务共享。"互联网+政务服务"促进了事项关联，通过各模块之间的对接实现数据交换，同时文件、档案、数据均以数字的形式存储于服务器之中，表现出跨不同区域、协调横向职能与纵向权力体系、联系公私部门的网络化组织形态，成为一个促进政府内部纵横联动，并与国家治理体系相呼应的运作系统。

二、案例分析

（一）"一地多码"带来的城市困境

江苏省内各地利用自身强大的行政及技术资源纷纷建立健康码系统，一地多码带来很多现实问题。第一，重复注册。案例中的马多多在跨地区出差时重复注册了宁归来、锡康码、苏城码等多个健康码。江苏省内各地拥有自己的健康码且不互认，重复注册让原本便捷的防控变得极其繁琐。第二，标准打架。江苏省内各地级市和部分县市区独立研发健康码，选择的合作企业、技术方法、搭建方式、核验标准、载体媒介存在差异。由于防控标准不同，有些严格防控的地级市要求必须出示本市的健康码，使得部分从非疫情区跨界的未感染人员新注册的健康码变色。第三，影响复工复产。一地多码现象不利于复工人员的流动，标准打架必然导致检查频率变高。案例中的蔡蔡因为各市防控与健康码政策不同导致重复隔离。重复注册、健康码变色、注册步骤繁琐、重复隔离等问题影响正常的复工复产进程。第四，心理转换。一地多码的现象不仅加重了民众出行的心理负担，也加重了防疫人员工作的心理负担，直接导致出行民众和防疫工作人员的矛盾。第五，政府治理。由于江苏省各市健康码上线推广较早，广大社区以及农村只认可当地健康码。在疫情防控下，原本各市就有复工复产的任务，而上线较迟的苏康码推广工作又加重了政府治理的难度，直接导致苏康码一码通全省的政策只能在一定时间内停留在文件和新闻报道里。

（二）"一码归一码"问题溯源

1. "纵-横"科层制组织架构

运用法理型权威实施管理的科层制在社会环境低度复杂化和不确定性的情况下发挥出较强的作用。随着外部环境的变化，科层制无法在非线性且复杂的管理下形成绩效。疫情的发展呈现出突发性、紧急性、不确定性特点，更加凸显科层制呈现出的封闭性和机械性的弊端。科层制强调"属地管理原则"导致江苏省各辖市（县、区）均建立政务服务网、政务云、数据中心，呈现出区域分割、各自为政、重复分散建设的局面。在江苏省各辖市（县、区）进行治理的过程中，各地在自利性驱使下追求各自领域的利益最大化，本着"管好自家事"的原则，只对本辖区事件负责，严重降低了府际协同动力，增加了跨界公共危机治理的协同成本。建立在科层制基础之上的公共危机治理在一定程度上存在失灵现象。

2. 府际协同"张力"

政府防疫协同和政策协同不力导致智慧防疫衍生出"一地多码"问题，而协同也取决于外部制度设计。一方面，江苏省内各地缺乏应对突发疫情的协调政策及治理机制，在复工复产、人员流动之际，基层政府、农村社区以及交通系统之间在执行健康码相关政策时存在极大偏差。另一方面，江苏省政府部门早期未能及时制定有效的"健康码"管理信息系统框架、数据共享标准规范等，由于短时间内健康码无法有效互联互通，便出现了各地同时发文推广苏康码和本地的健康码，直接导致了一地多码现象的出现。

3. 交易成本与区域条块分割

在协同网络体系的构建中，需要处理"信息、谈判、执行和代理"等方面的问题，在此基础上会产生一定的交易成本。第一，在信息成本中，一方面要收集政府间及政府部门间的不同偏好、规定要求，获取潜在资源及相应机会；另一方面要对所得到的信息进行处理分析，提取两者间的共同数据，此过程中要降低信息不对称带来的弊端。第二，在谈判成本中，为达成意见一致，基层主体间要进行反复交流磋商，并对形成的建议进行多次修改，付出了极大的时间、资源成本。第三，在执行成本中，政府不仅要付出所需的必要成本，还要承担执行偏离后产生的额外成本，增加了执行难度。第四，在代理成本中，区域政府进行合作时，地方政府作为上级政府及社会民众的代理人需考虑委托人的意愿，一旦苏康码无法满足社会群众的需求，不能切实解决现实问题，就很容易产生道德风险，加大了交易成本。

4. 地域梯度差异

第一，经济方面。作为经济大省，江苏省综合竞争力位居全国第一，经济总量也一直位居全国前列。在全国城市 GDP 排名中，江苏省内的十三个地级市全部进入全国百强市。雄厚的经济实力是十三市能够迅速研发出自己城市健康码的重要因素之一。第二，文化方面（民众理念）。江苏省苏南、苏北与苏中地区的语言、饮食习惯、经济发展存在一定的差异。"散装"传统中形成的固有模式不仅会导致政府之间联防联控时互设难题，也会带来基层对省内来往人员防控的不信任。可见，地区发展差异在一定程度上影响重大公共危机中的整体协同。

（三）健康码城际冲突背后的政策执行要素

在健康码推行过程中，因各市健康码依托的平台技术存在差异、城市间存在博弈、市管县行政层级多、政策转换成本大等方面的原因，"一码通行"尚未成为现实。

1. 健康码平台的技术差异

江苏省各辖市（区、县）健康码系统存在名称、启用时间、依托平台、填报内容、开发者的不同。江苏省各地发挥自主性建立起了各自的健康码，但是各个地区的健康码认证平台不一，各大中小企业助力健康码的建立，江苏省内出现腾讯、支付宝、美团、地方公众号等多个认证平台，不同企业、不同平台健康码的标准也存在着差异。这导致苏康码上线后，一时间各地区无法快速与苏康码实现互联互通。显然，技术创新阶段的差异加大了后期实现数据互通的难度，采用相同技术手段、相同合作企业、相同搭建方式的市县更容易实现数据互通。在解决差异的过程中，需要多方调整与适应，必然会耗费社会公共资源，而疫情已消耗了大量资源，故此政府会优先解决疫情防控问题，而不是数据的互通问题。

2. 城市政府竞争

在智慧抗疫过程中，城市之间的协同治理能力面临着严峻挑战。首先，在自下而上政策执行的传统社会治理模式下，各个地区呈现出条块分割、"各管一段"，一旦条块间不"通约"，就容易出现真空地带。在科层组织的固化思维模式下，实现治理的创新需要整体的统筹协调机制。其次，面对巨大的防控压力，城市间不可避免地形成竞争关系，在竞争中优先掌握防控新技术的城市将获得来自上级政府更多的政策倾斜和资金投入，甚至对官员的升迁起着关键性作用。地方政府希望能够掌握尽可能多的核心资源，并避免其他地方政府对自己所拥有的资源"搭便车"。最后，为保障各自辖区的利益，减少责任承担的风险，地方官员出于规避责任的考虑，出现"宽出严进"的现象。久而久之，城市间呈现出强竞争弱合作的情况，导致城市间未能做到协调统一，城市间的竞争成为政策协同不力的重要影响因素。

3. 市管县组织结构

当前，我国地方政府治理体系整体呈现"市管县"体制为主、"省直管县"和"市管县"体制并存的混合状态。政策执行面对群体复杂、多样的情况下，市与县的矛盾凸显出来。主要表现为：一方面，在垂直治理体系驱动下，县级政府被市级政府牢牢控制，为配合市级政策的执行，县级会形成一套适合市级政策的策略选择，由此以来，在市管县的组织结构下，县无法接受省级的直接领导，也无法越过市级直接使用苏康码。另一方面，随着江苏省县域经济实力的增强，县一级表现出更强的自主需求，希望拥有更多的主动权来扩展自身的进一步发展，市与县的冲突立显。在面对健康码的选择中，县级政府自己出台了县级健康码，如江苏淮安使用淮上通，而淮安的洪泽使用洪宜行。县级自主意识的增强，使得江苏健康码真正变为了"一码归一码"。

4. 政策转换成本

政策的执行需要付出一定代价，这种代价成本的高低是政策执行的重要影响因素。江苏省各辖市（县、区）出台自己的健康码，并向大众进行推广时就已经付出了较多的物力财力人力，达成"一码通行"必然要对现有的措施进行调整，甚至停止目前所使用的健康码，转而使用"苏康码"。健康码的统一要实现数据上的互通、技术上的升级、城市之间的协作以及社会大众的配合等，这些情况必将使各辖市（县、区）再一次付出巨大的行政成本，造成资源浪费和成本叠加。并且各地政府出于利益，表现出与上级政府讨价还价式的谈判和非合作倾向，在此过程中往往会错过政策实施的最佳时机，又造成时间成本的增加。

三、疏解智慧抗疫张力，强化全要素政策协同

政治、经济、文化、历史等诸多原因造成了江苏省在新冠肺炎疫情抗疫前期出现 14 个健康码系统，这既是江苏省各地市发展的优势体现，也成为长期发展的障碍，如何破解"一地多码"带来的城市管理困境以实现智慧抗疫和城市合作治理平衡成为急需思考的问题。

（一）技术维度：建立防疫数据"中层互联—基层互通"

自新冠肺炎疫情发生以来，政府数字技术部门直接对接基层入户排查数据、运营商数据、航班火车数据等，建立起疫情数据库，并实时呈现疫情防控工作动态，让数据在疫情防控中发挥出最大效应。互联互通的数字化治理是大势所趋，未来建设要注重细化公共平台的有效对接，保障关键数据互通。第一，汲取各地级市技术创新优势，鼓励和促进技术先进的地级市对其他市县展开技术推广，如无锡市针对进口冷链食品研发的申报追溯系统向全省推广。第二，针对新研发的系统要统一技术标准，破除技术孤岛影响，注重技术的兼容性，促进平台整合与对接。尤其加强地级市之间的数据互联，在一般时期可开展互联内容和标准的工作协商，保持数据反馈的常态化运行，实现在特殊时期的统一协调。第三，各地级市之间应当就特殊时期的公共安全数据互通进行有效协商，讨论可行方案，选择相关人员组成互联互通小组，以信息化建设破除标准壁垒。第四，各地市部门要完善防控平台网络的公共应急功能，将消防、治安、医疗、交通等功能整合，避免横向联系不足导致的信息偏差。

（二）组织维度：构建紧急态下府际"横向协同—纵向落地"

第一，横向协同需要建立起城市间重大政策制定与执行的联席会议制，以制度保障政策协同与互馈。并将会议达成的共识及时通过新闻、报纸、广播、自媒体等多种途径进行宣传，避免信息不对等引起的矛盾冲突。第二，纵向落实要构建起从个体到社群、社区到经济主体再到政府的多层次协同体系，增强各级政府组织部门的联结、决策层与执行层的沟通互动。科学合理界定防控责任，不断加强城市互信和城市协作。第三，在进行多向度开展政策宣传的同时，要提高基层防控主体认知，加强对基层防控人

员的知识培训，建立基层执行与政策内容比较反馈机制，提高基层防控主体素养，强化政策认同意识。

（三）机制维度：强化"省级统筹—市级协同"

利用互联网云端平台实现跨区域治理，实现"互联网+政务服务"是我国的发展方向。苏康码直到 2020 年 3 月 4 日才姗姗来迟，落后于江苏省各地市健康码的开发速度，在一定程度上导致了一地多码的城市困境。因此，急需统筹推动数字技术部门协同。第一，省级数字技术部门应当加强公共安全技术的共享与合作，定期开展城市数字技术治理经验交流会，提高联防联控的技术能力，在特殊公共危机时期提高响应速度，避免社会资源的浪费和重复建设。第二，省、市级政府应当分配专项资源，通过购买服务、招募技术人员等方式，组建相同标准的数字技术部门，避免部门从属单位不同导致无法协同合作的困境。第三，各级政府技术部门应当与行业领先的数据创新企业展开业务合作，对已搭建的数据平台进行升级改造，确定能够在特殊时期稳定高效地对接医疗、通信、交通等系统，提升数字化运行效能。

参考文献

[1]《习近平主持召开中央全面深化改革委员会第十二次会议强调完善重大疫情防控体制机制 健全国家公共卫生应急管理体系》，《中国行政管理》2020 年第 2 期

[2] 南京市卫生健康委员会.《关于进一步加强疫情防控期间来宁返宁人员管理的通告》，http://wjw.nanjing.gov.cn/njswshjhsywyh/202002/t20200213_1790857.html，访问日期：2022 年 6 月 20 日

[3] 中国江苏网.《江苏首个城市"健康码"启用》，http://jsnews.jschina.com.cn/24hour/202002/t20200223_2485604.shtml，访问日期：2022 年 6 月 20 日

[7] 李阳.《标准化视角下数字政府建设的研究》，《电子产品可靠性与环境试验》2020 第 2 期

[8] 刘祺.《跨界治理理论与数字政府建设》，《理论与改革》2020 年第 4 期

[9] 李勇坚、夏杰长.《疫情下政府应携手互联网企业推进社会治理》，《中国经济时报》2020 年 3 月 26 日

[10] 张玉磊.《模式转型与制度调适：跨界公共危机网络治理研究》，《华东理工大学学报（社会科学版）》2020年第4期

[11] 王庆德.《G2C变革下对健康码的分析和思考》，《中国经贸导刊（中）》2020年第6期

[12] 郑宇飞.《互通互认让健康码畅行无阻》，《北京日报》2020年3月27日

[13] 田雄、李永乐.《国家垂直治理体系中省市县关系的反思与改革——基于非完整性"委托—代理"视角》，《中州学刊》2020年第2期

[14] 姚鹏.《论政策执行成本的困境与消解》，《南京工业大学学报（社会科学版）》2006年第4期

[15] 胡重明.《"政府即平台"是可能的吗?——一个协同治理数字化实践的案例研究》，《治理研究》2020年第3期

案例八：跨域冲突如何破局？——南四湖治污"突围之路"考察记①

案例正文

摘　要：跨流域水体污染是快速城市化进程中的一个难题，生态环境系统外部性和流动性要素的综合影响使该问题更趋于复杂。长期以来，我国传统跨流域水污染治理模式逐渐暴露弊端，衍生出诸多区域冲突纠纷，而毗邻苏鲁豫皖四省的南四湖流域水污染治理历程便是其中一个经典缩影。近年来，央地各级政府部门对南四湖流域污染管控扮演了不同角色，一度重塑区域影貌，然而在多种复杂因素影响下，地方治理行动面临行动掣肘与矛盾，进而导致水污染行为的持续发生。南四湖区域水体治污反映了省际行政职能施行中的结构困境，也提供了跨域水体治理的典型样本，如何破解跨域治理困境成为我国跨域空间治理的重大现实课题。

关键词：南四湖；跨域治理；府际关系；政治势能

2021 年 4 月 8 日，最高人民检察院决定对山东省、江苏省、河南省与安徽省交界处的南四湖流域沿湖（河）偷排、乱排等违法违规行为，直接立案启动公益诉讼检察程序，备受社会瞩目。南四湖流域环境治理为何如此引人瞩目？省际生态空间治理有哪些瓶颈？跨域公共政策协同又存在哪些现实难题？这一系列问题引发了我们的深入调研。

---

① 案例素材来源于线下实地调研和线上文本挖掘。2021 年 10 月和 2022 年 1 月，团队成员多次前往江苏省徐州市丰县湖西堤沿després乡镇、铜山区利国镇、山东省济宁市微山县 104 国道沿线乡镇以及微山岛进行实地调研，在前期搜集相关新闻报道和政策文本的基础上，通过与沿湖村民、村委会相关人员进行访谈，获得了大量的一手资料，真实观测到多年来南四湖周边区域污染治理瓶颈、成效以及当地百姓的生活变化。

一、历史的续曲：多方角力的"湖域悲剧"

（一）边界纠纷：利益错综复杂的根源

1953 年，江苏省人民政府成立，鲁苏针对边界问题做出协商，两省边界基本上以湖田湖水为界，山东省将南四湖①湖内纯渔村及沿湖半渔村划设为微山县。随着湖水水面逐年下降，湖田面积随着湖内水位的下降而不断增加，问题悄然出现。湖田作为耕地，耕种以后几乎不需要田间管理就可以获得较好的收成，经济收入单一的农村地区对其依赖严重，湖田顿时成为南四湖周边地区村民争抢的宝贵资源，从 1953 年至 2003 年，苏鲁两地为此爆发过 400 多起大规模械斗，造成 31 人死亡、800 多人受伤。

"当时定的是以水为界，水到哪里，微山县的管辖权就到哪里。但是，湖水水面随着年份和季节会有涨跌，导致两省使用水域界限不清。"微山县县委书记如是说。

多年的争斗冲突使湖区沿线村镇居民与干部长期处于相互蔑视、相互戒备的状态，南四湖边界纠纷与冲突化解成为当地政府的工作重心，环境污染问题成为次要矛盾，直到 21 世纪初，在两地政府不懈的努力下才逐步解除了湖田危机。但是地理边界问题并没有得到彻底解决，这为其后南四湖的污染治理以及各种案件的处理埋下了隐患。

（二）地域之困：无序利用与污染

湖区的一些工厂普遍在缺乏污水处理设施的情况下从事生产，工业废水的排放量在短时间内爆发性增加，使得湖内丰富的水产一度消失殆尽。同时，非法采砂现象十分突出，直接危害到南四湖生态、航运和防洪安全。

水产资源——过度捕捞。南四湖水质肥沃，物产丰富，资源量居同类大型湖泊之首。南四湖地区百姓靠水吃水，聚集形成了生活在湖上的纯渔民村落。由于气候连年干旱，湖面缩小，三乱（乱圈、乱挖、乱占）、三害（电鱼、毒鱼、炸鱼）现象盛行，鱼类的繁育及种类受到严重威胁。

农业资源——肆意污染。渔民为了争夺更多经济效益，肆意地圈湖养殖与捕捞，鸡鸭鹅等畜禽粪便和渔业饲料几乎未经处理直接排入水体中。

---

① 南四湖全境位于中国山东省济宁市微山县行政区划之内，由微山、昭阳、独山、南阳湖组成，因四湖中微山湖面积最大，故称为微山湖，也因地处京杭大运河鲁运河南段、济宁以南，学名被称为"南四湖"。微山湖一般为民间的对外称呼，其定义表述上容易产生歧义；南四湖的称呼则多见于政府文件和新闻报道，为保持统一，全文均采用南四湖称呼。

此外，微山湖两岸仍有大量渔民居住在自家修造的水泥船上，尽管安装了污水收纳箱，但污水最终还是直接排到河里。

航道资源——无序使用。南四湖境内的京杭大运河是我国古代南粮北运的主要通道，且南四湖流域地处水网地区，各类运输船、渔船和港口主要分布在这些河流上，每年南四湖水面通行船只有八万余艘，80%以上的船是易造成油污染的尾挂机船，船上的生活污水和各种废弃物不加处理就直接排入水中，致使南四湖流域的水质持续恶化，河流水位下降，部分航段的大量船舶甚至被迫搁浅和停航（见图1）。

"现在的京杭大运河其实就是从济宁到杭州，济宁再往北就走不了大船，运河里都是船，一条船长得很，运的都是煤啊、砂啊。船上的生活污水和我们以前（的处理方式）一样，就直接往河里倒，水能不脏吗？"（微山县永胜南村村民D）。

图1　京杭大运河（南四湖段）

（三）竭泽而渔：功能性衰退

鱼塘干涸，河流水位下降，沿湖群众挖池抬田，上粮下渔，沿湖湿地破坏严重，久而久之，失去天然植被屏障的南四湖成为名列全国大型湖泊污染前三位的"酱油湖"。

渔业资源——濒临枯竭。未经处理污水的随意排入使得有的控制断面水质个别指标超标近200倍，昔日水清鱼欢的南四湖也被扣上了"死湖""臭湖"的帽子。每值汛期，上游汇入湖中的污水直接漫进渔民圈养的鱼池之中，致使养殖鱼类大量死亡。同时，三乱三害的恶性竞争直接导致鱼类幼苗资源大量损耗，南四湖水质更为恶化，曾经一度出现10余万亩鱼塘干涸绝产，渔业湖产面临绝收的困境。

　　湿地功能——逐渐丧失。鱼塘污染使得湿地成为被开发的对象，当地居民在地势高的地方种麦子、大豆，在低洼处养鱼，采伐树木充当柴火。这一切导致部分湿地水源涵养区水土流失严重，土壤侵蚀加剧、土壤盐碱化，沉陷现象日趋严重。湿地的破坏使水生生物失去栖息的家园，渔业资源和湿地经济植物失去开发场地，给渔业生产也带来了致命打击。

　　农田矿区——大面积塌陷。湿地的破坏和煤炭的无序开采导致南四湖境内土地大面积塌陷，严重破坏动植物的生存环境，湖堤外的部分农田也因此沦为一片汪洋，原本平坦的土地道路也变成了常年的坑洼地，人多地少的矛盾越加突出，偶发性的塌陷严重影响人们的生活（见图2）。塌陷区边缘形成裂缝，交通道路、通信线路、水利设施和地下水系统均遭到破坏，每年都直接造成巨大的经济损失。

图2　南四湖沿湖104国道沉陷路段

二、央地合力：污染治理成效初现

　　2003年，南四湖成为国家南水北调东线工程中调蓄输水的重要一环，国家对南四湖水质提出了严格要求，南四湖的污染治理可谓牵一发需动全身。在南水北调东线正式通水前，周边地方政府整治污染，虽然显著提升了南四湖的生态环境质量，但是潜在危机依然隐现。

（一）警钟乍响

　　2014年，山东、江苏两省部分地区大旱，由于南四湖地区生态环境脆弱，下级湖水位快速降至死水位，严重影响京津冀与胶东地区的供水与当地百姓的正常生活。国家防汛抗旱总指挥部、淮河防汛抗旱总指挥部工作组、国务院南水北调办公室、山东省和江苏省防汛抗旱指挥部等单位制定应急调水方案，历时二十天将长江水注入南四湖，该工程量相当于将8个杭州西湖蓄水量运输了400公里。

"当时旱得厉害，我们这边的湖底、河底都漏出来了，自家塘里一点水都没有，网箱里养的鱼虾蟹都死光了，甚至有些人家的鱼塘底都干裂开了。"（微山县永胜北村村民C）……"我们在船上生活的人，连喝的水都没有了，那年真的难。还好后来国家调水了，才缓解过来。"（微山县永胜南村村民D）。

（二）中央政府牵头整治

生态兴则文明兴，江河美则生活美。中央政府针对南四湖污染问题，积极采取多种措施，科学施策，取得了显著的生态环保效益。

定边界——解决痛点问题。自2015年起，中央多次派出专门调查组针对南四湖边界问题进行协调，由于省际勘界未完成，区分违建码头、违规企业及渔民所在行政区划难；加之部分码头、企业经营权多次转包等原因，南四湖环境整治工作成为"老大难"。面对这些痼疾，水利部带头发出加快河湖管理范围划定工作的号召，淮河水利委员会不断赴苏、鲁等地的南京市、济南市、新沂市、徐州市铜山区、滕州市、微山县等地，与有关省水利厅及地方政府商谈南四湖划界事宜。2020年9月，淮河水利委员会发布南四湖无堤段管理范围划定成果公告，标志着南四湖管理范围划定工作的全面完成。

设界桩——明确边界范围。水利部针对南四湖流域开展中央直属水利工程确权划界项目，从划界测绘面积，到标示牌制作安装，再到界桩制作安装，全部由水利部出资。依托现代化的设备设施，在南四湖湖面中设立永久性保护区界碑、界桩、浮标、标识牌，所有信息均可通过界桩巡查App查询，辅助相关部门及时准确地界定行政区域归属。

控源头——督办污染企业。2015年，中央出台《水污染防治行动计划》（简称"水十条"），将南四湖流域污染治理作为中央督办项目，明确把治理污染排放物问题提升到"国家水安全"的高度。计划一出，除了给地方政府巨大的环境治理压力外，也形成了一次彻底整治的契机，济宁市以壮士断腕的勇气和决心，加大了污染控制的力度，关停市内近30家煤炭、焦化、造纸、酿酒等规模以上企业，保障湖区生态良性循环，从源头上阻断污染物的排放。

抓落实——督导组重点巡查。2017 年 8 月 10 日，中央第三环保督察组进驻山东省开展环保督察，重点督察山东省党委、政府贯彻落实国家环保决策部署、解决突出环境问题、落实环保主体责任情况。2018 年 11 月 1 日，中央第三生态环保督察组进驻山东省开展"回头看"工作，对其中南四湖问题进行一次"全面复查"和"再次会诊"。2021 年 8 月 26 日，第二轮中央环保督察组进驻山东省，全面进入下沉工作阶段，查实一大批南四湖突出生态环境问题，问责大量党政领导干部。

（三）地方政府强力推进

在地方政府的重视下，先后出台《微山生态县建设规划》《生态微山建设三年行动计划》等文件，将指标完成情况列入当年发展考核体系。

推治污——加大水资源的循环利用。为使排入湖中的水不再是毒水、废水，济宁市成立微山首创水务有限责任公司，强力推进城市污水处理厂建设与企业污水处理工程，处理后的污水水质达到《城镇污水处理厂污染物排放标准》中一级 A 排放标准，在短时间内倒逼城市污水处理率达到 93%。

防采砂——重点打击非法破坏行为。为治理违法采砂问题，济宁市政府出台《济宁市泗河河道采砂管理办法》，现场爆破六条非法采砂船，依法取缔辖域内 300 余艘非法采砂船，"铁腕政策"全面遏制住南四湖周边泛滥的非法采砂活动。

增绿色——退还湿地、湖泊。为支持南四湖重现昔日光彩，中央和地方各级累计投入 14.9 亿元，微山县自成立南四湖人工湿地建设管理办公室以来，实施退渔还湖、退池还湖，退耕还湿 34 万亩，建成人工湿地 6 万余亩，增加生态涵养林 1.67 万亩，积极引导渔民、农民转变生产生活方式，鼓励渔民发展养殖业。

育生态——建设生态示范区。围绕南四湖湿地保护、生态景观旅游、特色农业的发展，建设防洪、蓄水、净化、养殖、旅游功能区，培育特色养殖、生态立体农业、文旅等产业，建设南四湖国家绿色生态示范区。

筑屏障——建立联席会议制。为破解执法难题，微山县正式成立全省基层法院首家环境资源审判庭，并以"公正号"审判船为平台，深入湖区办案，与公安、检察、环保、水利、自然资源保护局建立联席会议制度，从严审理非法捕捞、非法狩猎、非法采矿、滥伐林木等环境资源犯罪案件，为绿色生态建立强大的保护伞（见图3）。

图3　湖上法庭和流动调解站

破壁垒——联合行动，攻坚克难。济宁市主动打破行政区域壁垒，率先建立了信息情况联通、矛盾纠纷联调、非法行为联打、河湖污染联治、防汛安全联保的边界河湖"五联"机制，破解了非法圈圩、非法建设、非法采砂等一系列历史难题，推动河（湖）长制从"有名"到"有实"。

促联动——探索环境执法长效机制。南四湖流域达成《苏、鲁、皖边界跨界污染纠纷处置和应急联动工作机制》和《边界"土小"企业清理取缔联防联动工作机制》协议，依据协议微山县多次联合徐州市铜山区、沛县和山东省滕州市开展环境执法行动，对边界区域"散乱污"企业实施清理取缔。

（四）流域机构挂牌督办

1990年，中央层面在水利部成立淮河水利局委员会，下设直属单位沂沭泗水利管理局，再下设直属单位南四湖水利管理局，负责南四湖流域主要河道、湖泊、枢纽等工程的统一管理。党的十九大以来，南四湖水利管理局以两个挂牌督办项目为重点进行突破。

强执法——推动监管工作走深走实。南四湖水利管理局严格按照专项行动完善执法程序"三步曲"要求，明确责任主体，完善执法程序，通过行政处罚、行政强制执行等执法手段强化对涉河湖水事违法行为的监管，全力推进重点案件的立案查处工作。

清四乱——促进水域生态持续改善。在南四湖管理局及地方河长办的共同努力下，通过"清四乱"（乱占、乱建、乱堆、乱采）专项行动，拆除违法建筑，整改未达标准标码。同时对建筑工地、煤矿煤场、商品砼企业、餐饮行业等进行规范整治，并在主要河流入湖口建设水质净化工程，先后清理大量非法的湖内网箱网围、水上经营性餐饮船、非法货运小码头以及畜禽养殖场。

清积案——打好河湖执法攻坚战。为加快推进陈年积案"清零"行动进度，督导组多次组织实地调研工作，市县政府相关部门、企业迅速行动，主动拆除违法建设项目，实现陈年积案清零。

三、现实的困境：污染难题往复

党的十九大以来，绿色理念引领新时代发展，更严苛标准治理使昔日的"酱油湖"再现草长莺飞的景象。然而，随着社会发展及防污治理工作的推进，南四湖流域的污染重难点也逐渐浮出水面，治理工作面临重重关卡。

"虽然目前南四湖流域水生态环境呈现稳中向好态势，但仍然面临着下游治污上游排污、昨天治污明天反弹的顽瘴痼疾。对环境污染问题的深入分析研判表明，根源就在'不统一'。"最高人民检察院检察员刘家璞如是说。

（一）湖域治理的"发展关"

为保障南水北调东线工程顺利实施，微山县通过"退渔、退养、退矿"等举措使得湖面生态环境得到明显改善。但是，前后有近18万名渔民因拔掉自家捕鱼网围支持环境整治，微山县丢掉了淡水鱼产量山东省第一名的位子，经济遭到巨大损失。退渔、退养的渔民获得的生态补偿资金并不能支撑其生活。而微山县多数镇地处湖区，耕地又少，渔民无法从事其他行业，其生计问题无法解决，承受着巨大的经济压力（见图4）。

图4　随意停靠的船屋和废弃水泥船

此外，济宁市通过实施水系联通、库塘整治、植树造林、水质净化等工程进行湿地建设以改善生态，但大量的湿地需要人工维护，后续地方财政预算捉襟见肘。一旦湿地植物得不到及时清理，腐烂后不但造成水质污染，还会抬高湖底，致使部分区域出现沼泽化。

（二）湖域治理的"标准关"

"湖区周边排放标准不一样，山东省的河流排放标准为三类水，而其他省份则为四类水，有的指标相差 5 倍多。虽然水在河里都达标，入湖却都成了污水，这个问题也向领导反映过，但是并没有商量出一个解决办法。"微山县生态环境局调研员 E 如是说。

济宁市以南四湖省级自然保护区为核心，统筹流域内山、水、林、田、湖、草综合治理，率先在全国实行最严格的水污染物统一排放标准。然而，由于水域的边界不明晰，各个区域、各个部门不同的排放标准也不同，"标准"水便成功排入上游河流。一到夏季汛期，其他城市数万平方千米流域内累积了近一年的农业面源及工业污染水，全部流入南四湖，导致部分湖面生长出大片茂密的绿色浮萍，湖水呈明显黑色。

（三）湖域治理的"合作关"

据统计，从部委到省，再到市县，涉及南四湖的管理机构多达 20 个，交通、环保、水利等管理职能交叉，导致体制不顺，权属不清，存在开发建设、审批许可不统一等系列问题。不仅当地百姓困惑，而且也令政府头疼不已。

南四湖苏鲁边界水域中渔民的池塘和网箱网围犬牙交错。南四湖局曾多次联合微山县、铜山区依法强制拆除南四湖内违法圈圩，但是收效甚微。山东省渔民退养后，江苏省渔民甚至圈占微山县渔民退养的区域，并对山东省渔民进行出租。这不仅没有实现"退养"计划，苏、鲁两地渔民间的关系还出现了裂痕，滋生了潜在的不稳定性。南四湖生态环境受损问题持续多年，成为沿湖群众强烈反映的痛点、难点问题，区域性环境问题凸显，新老问题交织，污染治理之路道阻且长。

（四）湖域治理的"诉讼关"

2015 年，山东省基层法院首家环境资源审判庭在微山法院揭牌成立，专门负责环境资源案件的专业化审判。2018 年 3 月，微山县检察院迎来一场"特殊"的诉讼，刘某等人因微山湖休渔期使用电击等禁用方法捕捞水产品，被公安机关移送微山县检察院审查起诉。无独有偶，2020 年 11 月，任城区检察院对李某等人在南四湖非法采砂提起公诉。随着南四湖治理进入胶着状态，对生态环境破坏的罪责由最初的民事责任变为刑事责任附带民事责任，罚款不再是整治的唯一手段。2021 年 4 月，最高人民检察院决定对南四湖流域沿湖（河）企业偷排、乱排等违法行为直接立案启动公益诉讼检察程序。为推动公益诉讼案件的发展，山东省、江苏省和安徽省三地省委书记均就南四湖专案作出批示。

南四湖治理虽取得突破性进展，其中的问题依旧令人揪心。公益诉讼案件审理需要生态环境部、水利部、农业农村部、交通运输部、自然资源部等部门的协同治理。面对此类案件，为确保审查公平正义性，对微山湖环境的"施暴者"究竟如何定罚？微山湖边界不清的隐患夹杂地区主体责任不明，位于江苏省境内的姚桥煤矿、徐庄煤矿、孔庄煤矿是否应该受到审查，跨区域又该谁来负责？目前来看，各地之间暂且保持着表面的平静，公益诉讼制度的探索并非一朝之事。

结语

2021 年 8 月，习近平总书记在河北省承德市考察时指出，全党全社会要坚持绿色发展理念，弘扬塞罕坝精神，持之以恒推进生态文明建设。50多年，塞罕坝从荒漠沙地变为"河的源头、云的故乡、花的世界、林的海洋、鸟的乐园"，见证了中央到地方政府把环境污染治理好、把生态环境建设好的坚定决心。毕竟，良好的生态环境是最普惠的民生福祉，塞罕坝的成功治理给予当代区域生态治理深刻启示。同样，南四湖的治污道路为我们提供了一个典型样本，成为区域生态环保攻坚的缩影，尽管还将面临许多困难和挑战，但未来光明前景值得期待。由此，如何破解跨域水体治污所遇到的空间治理难题，最终实现真正意义上的"长治久清"和省际公共政策协同，是生态环境建设中亟待解决的问题。

案例分析

四省南四湖流域水体治污的坎坷道路值得深入思考，如何破解跨域水体污染与公共政策协同困境，成为当代生态治理研究领域及政府实务部门高度关注的焦点，也是实践中的难点。本案例依托政治势能、注意力分配和空间治理（space governance）理论，探索对南四湖省际治污内在逻辑的过程分析，以期形成若干针对性的启示。

一、理论与分析框架

（一）理论基础

1. 政治势能及其适用性

政治势能的本义取自于物理学中的势能，是指公共政策发文的不同位阶展示出不同强弱的政治信号。相较于西方"政治权威"及政策官语"高位推动"等概念，政治势能的表述显示出历时性、动态性与变通性特征，是具有中国风格的学术概念，适用于认知和分析中国公共政策运行特有的跨部门利益和层级性碎片化问题。政治势能凭借其强政治功能推动政策变现，过程分为三阶段五层次，其中阶段为：领导在场—构建权势—借势成事；其发生机制为：趋势—权势—声势、造势—概化—做事。政策势能所展现出中国公共政策执行者的政治逻辑，是执政党和国家释放出来的政治信号和能量。这种自上而下的政治势能可以调动执行者注意力和重视程度，有效推动资源的集中和政策的有效执行。

南四湖治污道路体现动态性与复杂性特征，单纯依靠府际论、协同论来解释跨部门机构和层级性政府执行行为，显得过于模式化。将政治势能构建的分析框架嵌入南四湖案例中，有助于更好地引入时空维度来解释南四湖治理中的行动起伏和演化特征，以及政策"位阶"对区域环境治理产生了何种程度的影响。因而，本案例在该理论指导下梳理南四湖跨域省际治理过程，更能体现中国特色的地方生态治理特征，洞悉公共政策背后的潜在行动逻辑。

2. 注意力分配及其适用性

注意力分配原本是心理学概念，是指行为主体的注意力配置。在公共治理实践中，政府的注意力是一种稀缺资源。国内学者代凯认为注意力分配受到科层规则、官僚利益和外部压力等多重因素影响，不同因素支配和交互作用下，政府的注意力分配发生变化，进而呈现出不同的行为模式和特征。在中国本土情境下，地方政府行动注意力受到主要领导的注意力影响，诸如"高度重视"等论述普遍存在于话语体系之中，无论是领导者讲话还是辖区治理的规划思路，都体现领导对地方治理的偏好。当领导高度重视时，政策执行过程会形成相对稳定的行动取向。

在政治势能推动下，领导重视程度极大影响到跨区域协同治理政策的执行。由此，本案例将基于南四湖流域所在地方政府的领导注意力分配，进一步梳理南四湖跨域水体治污过程中存在的局限性。

3. 空间治理（space governance）及其适用性

空间治理理论强调通过资源配置实现国土空间的有效利用，以及达到各地区间相对均衡的发展目标，这一理论目前被国土、城乡、社区、环境治理等公共管理研究领域广泛应用。空间治理本质上是对流域内资源和要素的开发、分配、使用的系统协调过程。这个协调过程至少包含政府与流域、中央和地方、地方与地方三重重要的空间关系，不仅要兼顾各方主体的利益诉求，还要统筹经济、社会、生态等各方面。因此，流域空间治理是在三重空间功能（生产、生活、生态）、三类治理机制（政府、市场、社会）和三个职能层次（中央、区域、地方）拓展整合的基础上完成的。推进流域空间治理需要通过对流域内空间资源的控制、规划、干预和影响，统筹长远与当下、效率与公平、局部与整体，调节流域内外人口、经济、资源环境的空间均衡，以实现流域可持续发展。

流域空间治理理论认为破解跨域治理问题，需要科学的空间规划，着力探索政府、市场、社会等主体如何有机协同配合，生产、生活、生态三者发展之间如何总体和谐布局，以及中央、区域、地方之间如何推动有效资源整合（见表1）。故此，现有流域空间治理理论提出的分析视角提供了鲜明的实践认知工具，同样适用于省际南四湖问题，可以揭示跨域治理过程中的主体行动逻辑。

表1　环境风险的跨域空间治理

层级	类型	势能供给	治理责任
第一层	日常风险	监管、检查	行政区责任
第二层	区域风险	应急、管控	区域内协同
第三层	总体风险	政治势能、整合联动	跨区域协同

（二）基本模型与分析框架

综上，本案例借鉴政治势能理论模型，融合政府行为选择的注意力分配框架和流域空间治理框架，将南四湖流域污染治理过程进行全景展现和系统反思，核心思想如图5所示。

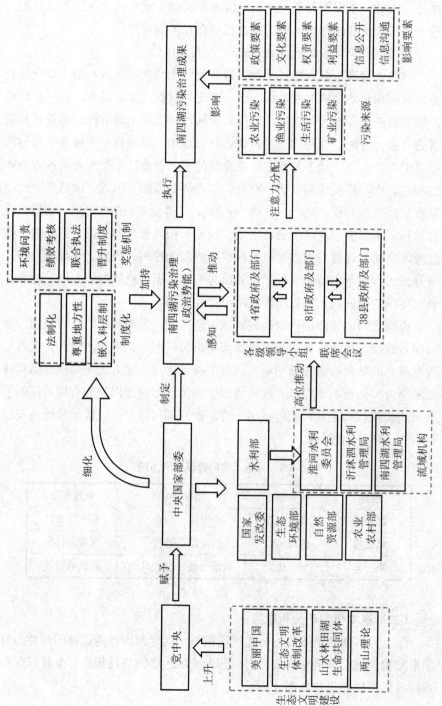

图 5　南四湖污染治理流程框架

　　党的十八大以来，生态文明建设理念不断强化，成为环境治理类公共政策文件出台的大背景。中央部委制定相关治理政策或提出指导性意见时，都会进行细化并构建更为规范的激励机制，以推动政策快速落实。地方政府层面，各个层级往往会成立相关领导工作小组，或者召开联席会议，制定针对性政策，并层层传导到乡镇村级基层单位。在政治势能驱动之下，各级地方政府将注意力更多地投向南四湖治理，但具体措施往往受到政策、文化、权责、利益及信息公开等诸多要素影响。由于南四湖存在特殊历史原因，导致政府协同过程中上述要素的影响程度被不断放大，地方利益与区域整体利益冲突成为湖区治理的根本障碍。尤其在政治势能较弱的情况下，南四湖治理的复杂性和利益主体多元性，导致地方政府的政策制定与执行常常出现不统一和各自为政的状态。每当地方政府遇到瓶颈的时候，往往都需要国家部委对污染治理中的新旧问题，再次制定相应政策，并形成新一轮的政治势能。

　　经过政治势能传导，协调沟通、下情上达和监督成为解决政策执行梗阻问题的重要保障方式，促使地方政府将更多注意力集中于南四湖治理之中，随着政治势能与激励机制的不断强化，污染治理的政策变现力越来越高。梳理整个流程，可以将南四湖治理归结为三个阶段，分别是政治势能弱-激励机制弱、政治势能强-激励机制弱、政治势能强-激励机制强，目前还未能达到政治势能弱-激励机制强的阶段，南四湖每个阶段的治理都要经历这四个的传导过程，本案例将基于此展开详细分析。

二、南四湖治理政策变现周期

（一）A 类政策变现（2003—2012 年）：谁牵头，谁负责

　　第一阶段是弱政治势能与弱激励机制的组合，此时政策的执行效果显然最低。1953 年，为统一管理南四湖，政务院批准设立微山县，从行政区域来看，整个南四湖湖区几乎都属于微山县，这也导致南四湖湖面的污染治理完全成为微山县一个县的主要责任。南四湖流域包含 21 个子流域，入湖河流合计 53 条，由湖西入湖的河流有 25 条，由湖东入湖的河流有 28 条，整个流域涉及 4 省（市）。对于南四湖污染治理，区域间政府关系的失序问题逐渐显现出来。

　　各流域城市站在各自利益立场，彼此缺少认同，加上信息不对称的影

响，更加容易产生治理低效现象。河湖上下游、左右岸属地不同，使得治河护河上各司其职、各施其政，没有形成合力。在区域治理中，微山县和沛县横向签订《沛微水利工作边界联动机制协议书》，旨在通过情况联通、矛盾纠纷联调、非法行为联打、河湖污染联治机制推动湖区治理。但是在实际中，联动机制只是搭建了两地沟通交流的平台，"谁牵头，谁负责"的运行原则导致联络更多停留在会议层面，并未能从源头解决区域污染问题。地方政府间的协作往往依靠领导人的意向来推动，城市经济发展差异制约着横向协同机制的成熟。加之，水污染的治理需要消耗大量资金，各地政府对污染专项治理基金的投入严重不足，也导致县级政府和部门无法形成实质性合作。

（二）B 类政策变现（2012—2018 年）：利益博弈、边治边污

第二阶段由于政治势能渐强，政策变现力也随之渐强，但此时激励机制不足，政策变现往往在一定程度上大打折扣。由于南四湖污染事件发生在基层，治理问题通过层层传导，至最基层部门，而基层政府受自身资源与能力限制，导致环境治理的低效率。环境治理压力从最顶层的中央政府通过属地管理及部门管理，层层传至基层政府及部门，最终作用于污染源头。在整个传导过程中地方决策层与基层执行会在经济发展与环境治理之间进行博弈，地方政府及部门也会与污染源头进行博弈。在纵向的府际关系中，存在系统性腐败、选择性执法、行为邦联化和竞争无序化等诸多缺陷，单纯的纵向府际关系往往失序，造成"上游排污，下游叫苦"跨行政区水污染典型特征，无法有效解决复杂的跨域污染问题。

水利部与生态环境部作为中央主管部门，其分别承担了"负责重大涉水违法事件的查处，协调和仲裁跨省、自治区、直辖市水事纠纷，指导水政监察和水行政执法"以及"重点流域生态环境保护修复协调与监督；跨省（国）界断面水生态环境质量考核"等工作。但在实际治理工作中，水利部与生态环境部往往通过对纵向的资源控制来约束地方，主要依靠省级层面的水务或环保部门与地方政府进行意见传达，并不会直接与省市级政府进行协商沟通。这样的府际关系导致中央部门成为实际上权力集中的控制者，地方水务或环保部门往往陷入尴尬处境：一方面要向中央寻求执法的专业资源，另一方面又要向省、市两级政府寻求生存及业务拓展资源。因此，处理南四湖流域污染问题时，即便作为正厅级流域机构的淮河水利委员会也无法做到全流域的统筹规划管理。纵向府际关系的交叉博弈，使得以流域为主体的管理机制无法发挥其应有的功能，甚至边治理边污染现象悄然出现。

（三）C类政策变现（2018—2021年）：势能阶差，条块联动

在环境治理绩效压力下，为解决政府部门间协同失序问题，地方政府往往选择不断拆解绩效目标，组建新的纵向专职部门点对点负责治污工作。譬如，为应对南四湖湖区煤矿塌陷环境问题，山东省济宁市委、市政府决定成立采煤塌陷地治理中心来实施采煤塌陷地空间治理与生态修复规划。面对湿地恢复建设工作，济宁市生态环境局成立南四湖人工湿地管理处，挂牌山东省南四湖东平湖环境管理委员会办公室，来完成独山片区污水处理工程、独山岛湿地生态修复工程、微山岛湿地、白鹭湖人工湿地等一系列建设工作。随后，济宁市又设立南四湖自然保护区服务中心，使其承担湖区保护管理事务性工作。济宁市畜牧兽医事业发展中心成立南四湖流域畜禽养殖污染整治部门，全面排查整治入南四湖40条河流外延5公里范围内养殖场户。

在考核奖惩体系加持下，不断细化的环保考核、问责、激励办法对各市（县、区）工作压力形成层层传导。每月考核、排名、通报等强力措施使得各级部门的精准治污水平在这一时期大幅提升。南四湖地表水与地下水协同防治、上下游联防联控、各级水源地规范化建设、湖区水质保护与入湖污染管控、入河湖排污口分类整治、沿湖农业面源污染防治、船舶和港口污染控制等工作不断推进。加之大量财政拨款的保障，南四湖流域环境污染防治监督管理工作得到进一步贯彻落实。

第三阶段的污染治理政策变现模式表现为政治势能与激励机制的双强。它可以突破政策执行时的层级性障碍和部门间合作困境，修正地方行动者偏好，但是高压的政治势能也在一定程度上导致常规化、制度化建设弱化，环保的"一刀切""一律关停"等现象不时出现。环境污染非一日之寒，生态修复也需要时间，如何治标治本实现长效治理仍有待探索。

三、南四湖跨域治理的未来进路

（一）立足生态共同体，破除跨域治污"心结"

第一，树立全局观。习近平总书记人类命运共同体的重要内容强调生态民生，认为良好生态环境是"最普惠的民生福祉"，要坚持"生态惠民、生态利民、生态为民"。地方各级政府要以命运共同体理念为指导思想，增强人们对于共建流域生态的自觉意识。第二，确立有限压力机制。要从源头入手，运用多重方式加大对地方环境治理的压力，如将微山湖污染防治纳入地方官员考核体系，使得官员对水体治污有着清醒的认知，推动区域协作意识的重塑。第三，打破"职责同构"。坚持以问题为导向，在政府纵向职责配置中实行"环节分解"。针对微山湖治理，由淮河水利委员会承担非执法类职责，进行监督指导，明确流域内地方政府的具体责任，构建各地流域水污染治理的考核指标。作为微山湖所在区域的治理主体，济宁市水务局与徐州市水务局应强化统筹协调，发挥监管作用，协调争取交通运输部、环境保护部等部门支持地方治理工作。微山县政府应做好执行者的角色，采取"强制+柔性"的治理手段，加强府际之间的学习，定期召开交流研讨会，通过签订协议和联合行动共同维护流域生态稳定。

（二）立足市场体制保障，强塑生态补偿机制

完善南四湖流域生态补偿机制，既要注重保障相关方短期利益，也要避免其长期利益受损。第一，确定流域横向生态补偿机制框架，明确省级、市级、县级之间的补偿基准、补偿方式、补偿额度、水质测定的基本要求以及完成时限。各市及辖区内县（市、区）建立完善横向生态补偿机制，调动流域上下游治污积极性，推动产业发展和社会治理合作，形成流域一体化保护和发展格局。第二，推进南四湖流域重点区域水权和排污权交易，制定责任与权力统一的生态行政责任机制，强化资源与环境政策工具，突破鲁、苏、豫、皖省份之间生态补偿的局限。第三，将流域跨界断面水质类别或浓度值作为补偿基准。明确流域跨界断面水质监测的基本思路，针对国家、省、市确定的水质目标，补偿基准不得低于目标要求。并以水质标准谈判取代补偿价值谈判，完善生态补偿的监督考核机制，健全南四湖流域生态资源要素监测及生态补偿大数据平台。第四，强化激励约束，将流域横向生态补偿工作纳入各省、市、县高质量发展综合绩效考核内容，加强对各市横向生态补偿机制实施情况的督导，对工作成效突出的给予适当奖励，对工作进展慢、落实不力的予以公开通报。

（三）立足府际联动格局，实现流域协调整合

流域协调管理机构作为利益相关方参与、决策的平台，可以监督和约束地方政府的行为，保障府际合作的稳定性和长期性。在国家"共抓大保护、不搞大开发"要求下，南四湖流域管理机构职能影响流域的生态环境保护和经济发展。第一，加强流域管理机构的强制约束力。从纵向协调问

题来看，需要进一步提高南四湖水利管理局的地位，甚至是淮河水利委员会的地位。从横向协调来看，通过签订法律合作协议等方式确保流域管理机构在政府间博弈中处于有利地位，使流域管理的优先级高于区域管理。第二，优化流域管理中的利益分配。应吸收各方利益主体参与，使得流域管理的政策更符合实际情况，便于决策层面解决利益分配问题。第三，明晰职能定位，加强部门联动。南四湖水利管理局的职责重心包括流域的安全运行、监督管理与执法监察工作。在行使职责的过程中，管理局应明确自身定位，加强自身建设，积极与相关部门联动，保障监督职能充分发挥，提升流域治理效能。

（四）立足国家法律要求，补足跨域治污管控短板

跨域治理需要建立一套与之匹配的法律支持体系。第一，把建立流域协调机制放在流域立法的核心位置。加快《南四湖流域管理条例》等专项制度制定进程，针对南四湖流域制定统一的环境影响评估方法、责任边界划分以及污染物排放标准，界定流域江河湖库各主体职责，为协同治理体制提供良好的制度环境。第二，为"湖上法庭"提供法律保障。南四湖湖产资源丰富，利益冲突难免，"送法进湖"有力解决了湖区执法难的问题，确保法院人员能够依法深入船塘渔港、就地巡回审判、上门调处纠纷、宣讲法律法规，满足群众法治诉求，有效提升渔民的法律意识，使湖区渔民足不出湖即可化解涉水涉渔矛盾纠纷。第三，要明确认定责任划分和赔付补偿标准。清晰界定各主体的责任与义务，细化完善处罚条例，使违法行为有对应判决依据，避免主体之间推卸责任、逃避追责等现象出现。第四，补充跨域污染追责法律依据，规范府际合作行为。南四湖水面主要由山东省济宁市微山县负责管理，而湖西滩地（湿地）使用权则属于江苏省，涉及主体众多，且各主体间关系错综复杂。因此，制定健全的跨流域污染追责法律条例就非常有必要了。

结语

跨流域水污染良性治理成为协调边界地区利益冲突、凝聚社会共识、践行绿色发展理念的必然要求，也是健全完善府际关系、实现治理转型的突破口。南四湖跨流域治污历史进程，体现了各级政府对于生态环境治理的决心。当前，新一轮的湖域治理正蓄势待发，相信在不久的将来，南四湖治污效果必将充分展现，南四湖湖面上必将碧波荡漾，船来船往。

附录

部分中央、省市、县区文件及新闻报道目录

1. 国务院.国务院关于印发水污染防治行动计划的通知（国发〔2015〕17号）

2. 国务院.国务院批转南水北调办等部门关于南水北调东线工程治污规划实施意见的通知（国函〔2003〕104号）

3. 中华人民共和国中央人民政府.南水北调工程供用水管理条例（中华人民共和国国务院令第647号）

4. 检察日报.最高检召开南四湖流域生态环境受损公益诉讼专案第二次推进会

5. 检察日报.最高检立案办理南四湖环境公益诉讼案

6. 山东省人民政府.山东省人民政府关于南四湖流域水污染综合整治三年行动方案（2021－2023年）的批复（鲁政字〔2021〕122号）

7. 环境保护部华东环保督查中心.《长三角地区跨界环境污染事件应急联动工作方案》

8. 山东省生态环境厅.山东省南四湖生态保护条例（征求意见稿）

9. 山东省生态环境厅.山东省生态环境厅山东省财政厅关于建立流域横向生态补偿机制的指导意见（鲁环发〔2021〕3号）

10. 徐州市政府办公室.徐州济宁签订南四湖地区边界河湖管理保护沟通联系协议

11. 山东省水处理协会.改善流域生态环境 守护一泓清水北上——山东济宁持续改善南四湖水质，全市20个国控、省控断面年均值达到考核目标

12. 济宁市生态环境局.南四湖流域生态保护"三年行动计划"（2021-2023年）实施方案

13. 济宁市发展和改革委员会.市发展改革委对市十七届人大会议第112号建议的答复《南四湖生态保护和高质量发展规划》

参考文献

[1] 贺东航、高佳红.《政治势能：党的全面领导提升社会治理效能的一个分析框架》,《治理研究》2021年第5期

[2] 贺东航、孔繁斌.《中国公共政策执行中的政治势能——基于近 20 年农村林改政策的分析》,《中国社会科学》2019 年第 4 期

[3] 贺东航、孔繁斌.《重大公共政策"政治势能"优劣利弊分析——兼论"政治势能"研究的拓展》,《公共管理与政策评论》2020 年第 4 期

[4] 贺东航、吕鸿强.《新时代中国共产党治国理政的政治势能》,《东南学术》2019 年第 6 期

[5] 代凯.《注意力分配：研究政府行为的新视角》,《理论月刊》2017 年第 3 期

[6] 练宏.《注意力分配——基于跨学科视角的理论述评》,《社会学研究》2015 年第 4 期

[7] 庞明礼.《领导高度重视：一种科层运作的注意力分配方式》,《中国行政管理》2019 年第 4 期

[8] 郭晗、任保平.《黄河流域高质量发展的空间治理：机理诠释与现实策略》,《改革》2020 年第 4 期

[9] 邱衍庆、罗勇、汪志雄.《供给侧结构性改革视角下流域空间治理的路径创新——以粤东练江流域为例》,《城市发展研究》2018 年第 10 期

[10] 任保平、邹起浩.《黄河流域高质量发展的空间治理体系建设》,《西北大学学报(哲学社会科学版)》2022 年第 1 期

[11] 陈易主编.《转型时代的空间治理变革》. 南京：东南大学出版社,2019

[12] 黄征学、张燕.《完善空间治理体系》,《中国软科学》2018 年第 10 期

[13] 颜金.《论政府环境责任中的利益困境——基于府际关系视域》,《理论与改革》2014 年第 3 期

[14] 戴胜利、段新、杨喜.《传导阻滞：府际关系视角下地方政府环境治理低效的原因分析》,《领导科学》2018 年第 23 期

[15] 王频、陈科霖.《我国纵向府际关系失序现象及其内在逻辑》,《学术论坛》2016 年第 6 期

[16] 靳乐山.《中国生态保护补偿机制政策框架的新扩展——《建立市场化、多元化生态保护补偿机制行动计划》的解读》,《环境保护》2019 年第 2 期

[17] 习近平.《习近平谈治国理政：第三卷》. 北京：外文出版社,2020